移動の時代を生きる
人・権力・コミュニティ

大西仁・吉原直樹 監修
李善姫・中村文子・菱山宏輔 編

東信堂

本書は、東北大学国際高等研究教育機構融合領域研究所の研究活動の一環として、東北大学大学院法学研究科グローバルCOEプログラム「グローバル時代の男女共同参画と多文化共生」の研究成果シリーズとして、また文学研究科グローバルCOEプログラム「社会階層と不平等教育研究拠点」国際移動部門の研究成果の一部として、刊行される。

刊行にあたって

　本書は、2010年2月に東北大学国際高等融合領域研究所の言語・人間・社会システム領域基盤に所属していた李、中村、菱山が「移動する社会の融合研究」と題するセミナーを開催したことをきっかけに企画された。

　もちろん、「移動」は今になって始まったものではない。過去の時代から人々は「移動」し続けてきたし、それとともに物や知識や文化が「移動」してきた。すでに世界は、様々な「移動」によってつながっていたのであろう。それにもかかわらず、あらためて「移動」に着目する理由はなにか。過去の「移動」は特定の人や物のみに限定されていたが、現代の移動は、だれもが、あるいはどれもが「移動」の主体となり得る。様々な「移動」の主体は、その移動をどのように捉えるのか、「移動」によって何が、どのように変化していくのか。セミナーでは、文化人類学、政治学、社会学の分野における様々な主体の「移動」の現在を報告することで、グローバリゼーションにおける「移動」がどのように新たな社会現象を生み出し、それに呼応して人々がどのように対処しているのかを明確にすることを目指した。

　そして、このセミナーをきっかけに議論・研鑽を積み、その成果を「移動」をテーマとする本の出版に結び付けるべく、始動した。その間、編者の

一人である菱山は鹿児島大学教員に着任し、我々の編集会議も電話やメールという電波の移動に大いに依存することになった。昨年には、東日本大震災を経験し、周囲の人々の「移動」する・しない、「移動」できる・できない等の議論を目の当たりにしながら、改めて「移動」というテーマの重さに気づかされた。

　最初のセミナーから2年が経った今、この本はようやく形を現すに至った。この紙面を借りて、各原稿を丁寧に修正・コメントして下さった大西先生と吉原先生に感謝を申し上げるとともに、本書の出版を意欲的に推し進め、支えて下さった国際高等研究教育院の井原聰院長にもお礼を申し上げたい。そして、至らない編者に辛抱強くお付き合い下さり、支えて下さった執筆者の方々や、ともに「移動」を議論して下さった研究関係者有志にも感謝の意を表したい。

　現代社会における「移動」は、直接的にも潜在的にも様々な変数として社会を動かし、またその結果、新たな「移動」が生じている。そして、「移動」そのものは、もはや止まることを知らない。変数の多い現代社会の中で、我々は不安にならない社会の構築を必要とする。しかもそれは、「移動」する側も「移動」しない側も共に安心できる社会でなければならない。社会科学の分野から融合研究を発信することで、その答えを見つけることが今後の課題となるだろう。本書はその始発点にすぎない。

2012.1　編者一同

まえがき

　本書は、グローバリゼーション（globalization）が進む現代の世界において、ヒトの移動が人間と社会にどのような変容をもたらしているかについて、社会学・政治学・経済学・教育学などの多角的観点から考察するものである。

　「グローバリゼーション」あるいは「グローバル化」という言葉は、今日、日常語としても学術用語としても頻繁に使われているが、その意味するところは、論者によって区々である。しかし、グローバリゼーションとは、大量のヒト・モノ・カネ・情報が国境を越えて移動するにつれて、世界中の社会が似たようなものになっていく現象を表す概念であり、多数の人間が、近年、旅行者、ビジネスマン、出稼ぎ労働者、留学生、宗教家、戦闘員、社会運動家等として国外に出かけて行くことが現代のグローバリゼーションの重要な一側面を成していることについては、概ね見解の一致があると言えよう。

　それでは、今日の世界で一体どれ位の人間が国境を越えて移動しているのだろうか。IOM（International Organization for Migration、国際移住機関）は、2008年において世界で約2億1400万人の人間が生まれた国を離れて生活

していると推計しているが（IOM, *World Migration Report 2010*）、これは当時の世界人口の約3.1％に当たる。これだけでも大きな数字だが、これに旅行者など短期間だけ国境を越える人間の数を加えれば、さらに巨大な数となる。

　これだけ大規模なヒトの移動が行われれば、当然にそれを受け入れる社会においても、送り出す社会においても、相当に大きな変化・問題が生じていると推測される。例えば、受け入れ社会の変化について言えば、最近は、多くの先進国で、大量の移民の受け入れによって治安が悪化したとか、新たな財政的負担が生じたというような否定的に捉える世論が目立つようになっている一方、労働力の流入によって産業の発展が促進されたとか、異文化流入によって文化の発展が刺激されたということから、これを積極的に推進すべきであるとする見解も有力になっている。

　本書は、冒頭に述べたように、今日の世界で多くの人間が移動するようになった結果、人間と社会にどのような変化が生じているかを多角的観点から探ることに主目的を置いている。より具体的には、大量のヒトが移動することによって、移動した人間、受け入れ社会、送り出し社会のそれぞれについて、ひとりひとりの人間が人間として発展する条件はどのように変化したのかを考察したい。

　グローバリゼーションの進行に伴って、国境を越えるヒトの移動が増大しているばかりではなく、国内におけるヒトの移動も活発化しており、その両方のヒトの移動はしばしば密接に関連しているものと見られる。そこで本書では、国内社会内部でのヒトの移動も考察対象とする。また、大量のヒトが移動しているとはいえ、今なお、多数の人間は移動せずに生まれた国・地域での生活を続けている。本書では、大量のヒトが移動するようになった結果、移動していない人はどのような影響を蒙ったかも注視していきたい。

　要するに本書は、グローバリゼーションが進行する現代社会の様々な場面

において、移動する人間と移動しない人間がより人間らしくなる条件をどの程度獲得しているのか、あるいは、失っているかを探り、そのような変化がどのように、またなぜ起こったのか、そこで国家や社会はどう絡んでいるのかを論じるものである。

　本書の各章を執筆したのは、東北大学の国際高等研究教育機構融合領域研究所、文学研究科グローバルCOE「社会階層と不平等教育研究拠点」、法学研究科グローバルCOE「グローバル時代の男女共同参画と多文化共生」の３つの研究活動のいずれかに参加している若い研究者たちである。これらの研究者は、ここ数年間、本書には寄稿していない何人かの若い研究者とも協力して、移動に関する共同研究を進めてきた。そしてその研究成果の一端を単行本にまとめることを思い立ち、編集者の中村文子、菱山宏輔、李善姫を中心に公刊の準備を進めてきた。したがって、最終段階で吉原直樹教授と私とが監修者として加わったものの、新しい観点からの研究の成果がこのように一冊の本に結実したのは、専らこれまで共同作業を進めてきた若い研究者たちの情熱と努力の賜である。

　本書の執筆者の専門分野は多岐にわたっており、各章で扱うテーマも、目次に示す通り、多彩な内容になっている。本書において、執筆者たちが異分野間の学術的対話を成熟させる事に大いに成功したとまでは言いきれないかもしれないが、異分野の他の執筆者の見解に大きな刺激を受けながら執筆を進めることがなければ、このユニークな本は出来上がらなかっただろう。また、固より本書はヒトの移動に伴って現代世界に発生している重要な社会問題のすべてを網羅するものではないが、本書の各章を読み進むにつれて、人類誕生以来、ヒトが繰り返してきた移動と定住という現象が従来とは違った姿で立ち現われてくるのが感じ取れるのではないだろうか。

　最後に、本書の刊行にご支援を賜った東北大学の国際高等研究教育機構、文学研究科グローバルCOE「社会階層と不平等教育研究拠点」、法学研究

科グローバルCOE「グローバル時代の男女共同参画と多文化共生」に深く感謝申し上げると共に、出版に際してご尽力下さった東信堂編集部の方々にもお礼申し上げたい。

2012年1月　大西　仁

移動の時代を生きる／目次

刊行にあたって..編者一同　i

まえがき..大西仁　iii

第1章：グローバル化時代の仲介型結婚移民............李善姫　3

第2章：移民の子どもの教育に関する一考察
　　　　　　　　　　　　　　　永吉希久子・中室牧子　43

第3章：日本留学は学生の「人間開発」に寄与するか
　　　　　　　　　　　　　　　土田久美子・竹中歩　91

第4章：高技能労働者の国際移動..................中室牧子　121

第5章：地域的な人権ガヴァナンスの一考察........中村文子　151

第6章：難民政策の二重性........................高松香奈　177

第7章：ゲートを超えるバリ島のゲーテッド・コミュニティ
　　　　　　　　　　　　　　　　　　　　菱山宏輔　209

あとがき..吉原直樹　249

移動の時代を生きる／詳細目次

刊行にあたって ……………………………………………………………………… i

まえがき ……………………………………………………………… 大西　仁　iii

第1章　グローバル化時代の仲介型結婚移民 ……… 李善姫　3
　　　　　東北農村の結婚移民女性たちにおける
　　　　　トランスナショナル・アイデンティティ

1. はじめに　3

2. グローバリゼーションと人の移動　5
   - 2-1　現代社会における人の移動と「移住の女性化」　5
   - 2-2　グローバル化時代の移民研究における
         「トランスナショナリズム」論　9

3. アジアに広がる「国際結婚」と日本の結婚移民　10
   - 3-1　「国際結婚」と女性の移住　10
   - 3-2　広がる結婚移民と日本における結婚移民研究　14

4. 結婚移民のグローバリゼーション的要素
   ――韓国出身結婚移民女性のライフ・ヒストリーを中心に　16
   - 4-1　逆グローバル・ハイパガミーへの選択　17
   - 4-2　結婚移民の選択におけるグローバル的要因　27

5. 移住先における結婚移民女性のトランスナショナル・アイデンティティの行方　31
   - 5-1　ステレオタイプ化された結婚移民女性像がもたらす障害　32
   - 5-2　他の結婚移民女性との差異化
         ――コミュニティなんかいらない？　34

6. おわりに――結婚移民の新たな可能性　37

第2章　移民の子どもの教育に関する一考察
なぜ日本に住む移民の子どもの教育達成は困難なのか
………………………………永吉希久子・中室牧子　43

1. はじめに　43
2. 移民の子どもの教育達成における問題の実態　45
   - 2-1　不就学　46
   - 2-2　学力不足　49
   - 2-3　高校・大学への低い進学率　52
3. 日本の移民の子どもの教育に関する先行研究　55
   - 3-1　子どもの言語操作能力　55
   - 3-2　家族　59
   - 3-3　エスニック・コミュニティ　63
   - 3-4　日本の学校制度・文化　66
   - 3-5　これまでの先行研究の問題点　71
4. アメリカにおける移民の子どもの教育達成についての先行研究　73
   - 4-1　家族とエスニック・コミュニティの教育の重視　75
   - 4-2　居住国における制度的・社会的包摂の程度　78
5. 移民の教育達成における日本の特殊性　80

第3章　日本留学は学生の「人間開発」に寄与するか
留学生の選択プロセス
………………………………土田久美子・竹中歩　91

1. はじめに
   ——国際移動の形態としての留学　91
2. 留学生獲得競争が激化した背景　95

3. 留学生による選択　101
    3-1　インタビュー調査の概要　101
    3-2　インタビュー調査の結果　102
    3-3　留学生にとっての日本　113
4. おわりに　115

第4章　高技能労働者の国際移動 ……… 中室牧子　121

1. はじめに　121
2. 高技能移民労働者に関する研究の近年の動向　124
    2-1　頭脳流出の推計　124
    2-2　頭脳流出の要因　127
3. 高技能移民の負の側面　129
    3-1　開発途上国における医療従事者の頭脳流出　130
    3-2　先進国における頭脳浪費　132
    3-3　高技能移民はどこまで開発途上国の開発の妨げとなるのか　133
4. 頭脳獲得　136
    4-1　人的資本の蓄積　136
    4-2　高技能移民労働者の帰国　139
    4-3　高技能移民からの送金　142
5. おわりに　146

第5章　地域的な人権ガヴァナンスの一考察 ……… 中村文子　151
国際人身売買の問題を中心に

1. はじめに　151
2. 国際的犯罪としての人身売買の定義　155

3. 国境を越える人身売買の増加と反人身売買のグローバル規範の
   形成　156

4. 地域的ガヴァナンスとグローバル規範の社会への浸透に関する
   主要な理論　158

5. 東アジアとヨーロッパにおける人身売買の現状と対策　162
   - 5-1　東アジアとヨーロッパ地域における人身売買の現状　162
   - 5-2　東アジアとヨーロッパにおける人身売買の対策　164

6. 地域機構の役割に関する主要理論の省察　168

7. おわりに──移動・地域的人権ガヴァナンスと東アジア共同体の
   創造の可能性　172

第6章　難民政策の二重性　　　　　　　　　　　　高松香奈　177
難民認定制度と申請者の不安全化

1. はじめに　177

2. 国家と難民庇護の義務　181

3. 「外」へ向けての政策　184

4. 「内」に向けての政策
   ──難民認定制度　187

5. 難民認定申請者の現状
   ──ビルマ人難民認定申請者の事例から　190

6. 難民認定申請者の周辺と政策　195
   - 6-1　在留資格　195
   - 6-2　難民認定申請者への行政サービス　200
   - 6-3　生活者としての存在の不可視化と排除　202

7. おわりに　205

第7章　ゲートを超えるバリ島の
ゲーテッド・コミュニティ……………菱山宏輔　209

1. はじめに　209
2. ゲーテッド・コミュニティ論の視点　212
    2-1　批判のなかのゲーテッド・コミュニティ　212
    2-2　現代的コミュニティの濃縮としてのゲーテッド・コミュニティ　213
    2-3　ゲーテッド・コミュニティ論は現代のコミュニティの新たな意味づけを導けるのか　217
3. 排他的ゲーテッド・コミュニティの形式とその変質
    ——米国とジャカルタ　219
    3-1　米国のゲーテッド・コミュニティ：自動車・郊外化・セグリゲーション　219
    3-2　ジャカルタにおける郊外開発の特殊性と地域社会　222
    3-3　ジャカルタ形ゲーテッド・コミュニティの特徴　224
4. バリのゲーテッド・コミュニティ　226
    4-1　バリの伝統的住居とゲートの意味世界　227
    4-2　多元的集団構成　229
    4-3　都市化と社会変容　230
    4-4　シミュラークルとしてのローカル：中規模〈BA-GS〉の事例　235
    4-5　インナーシティのローカルと不確実性の侵入
        ：小規模〈PAG〉の事例　237
5. おわりに　241
    5-1　コミュニティ論と地域社会研究への応用可能性　241
    5-2　補論：「運動性」概念からみたゲーテッド・コミュニティ　243

あとがき……………………………………吉原直樹　249
索引……………………………………………………252
執筆者紹介……………………………………………255

移動の時代を生きる——人・権力・コミュニティ

第 1 章　グローバル化時代の仲介型結婚移民

東北農村の結婚移民女性たちにおける
トランスナショナル・アイデンティティ

李善姫

1.　はじめに

　近年、アジア全域には民間の斡旋業者のみならず、地方自治組織や知人の紹介によって国外の男性と「国際結婚」をする、いわば結婚移民女性の数が増えている。アジア内における越境する結婚移民は、80年代末、当時経済的に困窮していた東南アジアや一部の東アジアの諸国の女性が日本や台湾の農村地域の男性と結婚移民をすることから始まっていたが、25年経った現在は、ベトナム、ウズベキスタン、カンボジア、モンゴルなどの新たな経済新興国が花嫁送出国として加わった一方で、韓国や中国の一部が新たな受け入れ国となり、今やアジアの多くの国が仲介型結婚移民のマーケットに関わっていると言える。ところで、このように拡散しているアジアの結婚移民は、「望ましい移動」と「望ましくない移動」の両面性を兼ね備えている。フェミニスト研究者の中には、「仲介型国際結婚」を論じる際に、必ずグローバルな経済的格差や家父長制の中の犠牲者としての結婚移民を言及し、

＊本章は東北大学グローバル COE プログラム「グローバル時代の男女共同参画と多文化共生」で発行される『GEMC journal』no.7（2012.3）に査読論文として掲載された拙稿、「ジェンダーと多文化の狭間で―東北農村の結婚移民女性をめぐる諸問題―」を大幅に修正・加筆したものである。

「仲介型国際結婚」を人身売買の一種として捉える見解も少なくない。しかし一方では、仲介型とはいえ、開発途上国の女性たちが新たな生活の機会として自己選択した結婚であるという肯定的側面も有しており、仲介型国際結婚の否定的な側面だけに焦点を当てるのは一面的に過ぎると言えよう。また、受け入れ社会では、結婚移民女性が、自国内の結婚市場に参入できない男性たちの救済や、社会的に不足している再生産労働分野[1]の担い手という機能を果たしていることも事実であり、この面でも「仲介型国際結婚」を「望ましくない移動」と言いきるのには無理があるようである。

本章の主要テーマは、「仲介型国際結婚」をグローバル化する社会の中での移動の一つとして捉え直すことによって、改めて、なぜ近年アジアにおいて少なからぬ女性が「仲介型国際結婚」を選択しているのかを考察すると共に、筆者が行った聞き取り調査を基に結婚移民女性がアジア社会に新たな「トランスナショナリズム」をもたらす可能性を探ることにある。すなわち、第一に、従来の研究の中では「仲介型国際結婚」をもたらすプッシュ・プル要因として、専ら先進国と途上国との間の経済格差や、出身国内での女性の周縁化が注目されてきたのに対し、本章では、グローバリゼーションが進行する現代の世界において、多くの女性が主体的に国境を超える移動を選択する側面が大きくなっているという近年の変化を踏まえ、今日のアジアにおける結婚移民の主要な原因は何かを考察したい。そして第二に、筆者が2009年の冬以来、日本の東北農村部で行っている韓国出身の結婚移民女性に対する聞き取り調査の結果を主な手がかりに、「仲介型国際結婚」が受け入れ社会及び結婚移民女性自身にどのような変化をもたらしているのか、あるいは、もたらしていないのか、を探りたい。より具体的には、これらの結婚移民女性やその受け入れ家族を中心とする当事者が、「仲介型国際結婚」をどう捉えているのか、又、受け入れ社会において彼女たちが十分に自己表現出来て

---

[1] 再生産労働という用語は、1999年の国連経済社会局が発表した「女性2000―21世紀のジェンダー平等、開発、平和のための基本文書」の定義によると、社会構造を維持し、強化する労働とし、大方の家事労働、子供、高齢者、病人のケア、地域のボランティア労働、生存維持のための自給用生産を含む（足立2008：231）。

いるか否か、できていないとすれば、それを妨げているものは何か、を明らかにすると共に、これらの結婚移民女性と受け入れ社会の間で生じている新たなトランスナショナルな社会関係に焦点をあてて、結婚移民がアジア社会に新たな「トランスナショナリズム」をもたらす可能性を探求していきたい。

そこで、本章ではまず、次節において「移住の女性化」論や「トランスナショナリズム」論など移動に関する従来の主な議論について手短く省察し、第3節では、アジアと日本における結婚移民の現状とそれに関わる先行研究をいくつか取り上げて、その主な成果を探りたい。そして、第4節では、前述の結婚移民女性に対する聞き取り調査の結果に基づいて、彼女等の結婚移民の動機やプロセス、そして受け入れ社会での適応、悩み、課題などをライフ・ヒストリー法で記述・分析し、彼女等の結婚移民の要因を考察したい。第5節では、移動を選択した後結婚移民女性が受け入れ社会においては、自らの移動を否定的に捉える傾向が強いことについて、その実態と原因を探り、最後に結婚移民に対する新たな認識への必要性とまたその新たな可能性を提示する。

なお、本章で結婚移民というのは、移住を目的とする「国際結婚」全般を意味するものとする。今まで日本の農村の男性とアジア系の外国人女性との異文化間結婚は「国際結婚」と称され、その女性たちは「農村花嫁」「外国人花嫁」などと呼ばれることが多かった。本章では、「花嫁」という言葉が含む「日本人の配偶者」というニュアンスを排除し、女性当事者の主体性を表すため結婚移民女性という言葉を使用する。なお、結婚移民の中で、業者の仲介による国際結婚は、恋愛による国際結婚と区別し、「仲介型国際結婚」と呼ぶことにする。

2. グローバリゼーションと人の移動

2-1 現代社会における人の移動と「移住の女性化」

伊豫谷は、2007年に著わした本の中で、移民の歴史の中で、グローバル

な現代移民への転換は、1960年代後半から70年代にかけてのグローバルな資本による世界経済の統合に伴って始まったと論じている。すなわち、伊豫谷によれば、グローバルな現代移民は、発展途上国における「低賃金労働力」の商品としての国際移動に外ならず、それ以前の「植民地移動」に比べると、より「自由」な移動として捉えることができる（伊豫谷2007：16）。しかし、そこでの「自由」とは、ポストコロニアルな状況下における、制限された選択肢の中での「自由」に過ぎない。すなわち、グローバリゼーションが進む中で、資本を持つ人の移動における「自由度」は著しく高まっている一方、資本を持たない者の「自由度」は厳しく制限されたままであり、一般的に階層によって移動の自由度は大きく異なっていると考えられる。この事についてブリューゲルは、高等教育を受けて専門技術を持つ人には、移動の機会は拡大されるが、教育水準が低い低賃金労働者や失業者の移動は厳しく、その結果、貧困の深化と経済格差の拡大が生じていると指摘している（Bruegel 1999；イソンジェ・キムヨンヘ他2005：12再引用）。

　他方、グローバリゼーションのもう一つの側面として、今日の世界では情報がより多くの人に広く、早く伝わるという現象がある。アルジュン・アパデュライは『さまよえる近代』の中で、グローバル化の構造を探求する枠組みとして「エスノスケープ」「メディアスケープ」「テクノスケープ」「ファイナンススケープ」「イデオスケープ」と五つの次元を提唱している。そこで彼は、人が移動する「エスノスケープ」と「メディアスケープ」の関係について述べ、「電子メディア」の発達・普及の結果、人々は自分が生まれた場所以外での生活を容易に想像できるようになったと指摘し、「想像力」の働きが人の移動を活発化させていると論じている（アパデュライ2004: 22-25）。彼の指摘のように、グローバリゼーションは、階層間の移動の「自由度」の格差はあるにしても、人々は移動に関する情報や「想像力」への接近性をより高めてきた。その結果、移動の「自由度」が低い層においても、季節的出稼ぎ労働者や非合法労働者などの形をとって国境を越える移動が著しく増えている。

　さらに、このような出稼ぎの労働移動は、世界システムの中で広がる国家

間の経済格差を縮め、貧困国の貧困層の救済にも役立っている面がある。近年、移住が途上国の発展に与える影響は、世界銀行や UN 開発計画のような国際機構において重要な議題になっている。このような事情を勘案して国際労働機関（ILO）は、「まともな生活」と「まともな仕事」を求める自由の権利を宣言しているし、国連総会でも 1990 年に全ての移住労働者及びその家族の権利の保護に関する条約である移住労働者権利条約（International Convention on the Protection of the Rights of All Migrant Workers and Members of Their Families）を採択し、移住労働者とその家族が不当な差別や搾取されることの禁止を決めている。しかし、2011 年現在、批准国は 44 カ国のみであり、そのほとんどは北アフリカと南米の労働力送出国である。受け入れ国である EU やアメリカ、そして日本などの先進国はこの条約を批准していない。先進国がこの条約を批准していない主な理由は国内の失業や治安の悪化を憂慮していることにあると思われる。

　このような事を背景にして、2006 年、アナン国連事務総長は「国際移住と発展に関する報告書」を提出した。その報告書によれば、2005 年現在世界には 1.91 億人の移民がいて、そのうち 1.15 億人が先進国に居住している。そして、国際的移民の流れは、受け入れ国では賃金の低下や失業の増加をもたらすと懸念されているが、移民そのものによる影響は少なく、むしろ受け入れ国の労働人口を補完するという望ましい効果を及ぼしている面が強い。また、移住先からの送金は、送出国にとっては最も直接的な利益となっており、2005 年は 2,320 億ドルが送金され、1995 年の 1,020 億ドルと比べて倍以上増えている[2]。

　ところが国際移住は、国家や市場のコントロールによって、その在り方が変わることがある。武者小路は、社会的移動には、垂直的移動と水平的移動があるが、国家が移民の垂直的移動に制限を設けることによって、国境を越える水平的移動がますます促進されると言う。ここで垂直的移動は、移住先での社会的地位上昇を意味し、水平的移動は国から国へと居住地の移動を意味する。そして武者小路は、人がまともな生活と仕事を求めて、送り出し国

---

[2] http://www.hurights.or.jp/news/0606/b06.html より

や受け入れ国の政策とは無関係に行う移住を「自然移住」とし、この「自然移住」が国家や市場のコントロールによってインフォーマルな移住となってしまうことがある事を明らかにしている（武者小路 2008：24-26）。

　近年の「移住の女性化」という現象も、インフォーマルな移住として捉えられる。「移住の女性化」は 1980 年代から世界的に本格化し始めたもので、それは第三世界の農村地域の変化につれて女性の貧困化が進んだことに、その大きな原因が求められる。2000 年現在、女性は全世界の移住者の半分を占めている。ところが、アジアの一部の国では女性移住者が男性移住者よりはるかに多く、移住の女性化傾向が際立っているが、これは受け入れ国家のコントロールによって促進された面が強い。

　伊藤は、「『国際移動の女性化』はグローバリゼーションの過程がモノやサービスの生産領域だけでなく、生殖やケア労働といった人間の再生産領域にまで深く食い込んできていることの表れでもある」と指摘している（伊藤 2008：21）。すなわち「移住の女性化」は、先進国の女性の社会的地位の向上によって生じた家事労働や感情労働領域という再生産労働に社会的空白が生じた事を補うため、再生産労働が産業化した事と深く関連しており、その結果、いわゆるエンターティナー貿易という娯楽産業や国際結婚仲介業の組織化と商業化が進んだと述べている。

　「移住の女性化」に対しては、否定的に捉える見解と肯定的に捉える見解がある。世界的経済格差やジェンダー差別の犠牲者とするのは前者の例である。この見解においては、女性と貧困・国際犯罪組織との関連、移住先において移住女性が人権侵害や搾取をされるなどの深刻な女性差別の現状を生み出している点に強い関心が向けられる。他方、「移住の女性化」に対しては、これら移住女性が出身国の伝統的家父長制度下から逃れ、経済的な活動に参加することによって、自分の生き方を自ら決定することができるという自己発展に繋がる可能性をもたらすものと、肯定的に捉える立場もある。

　このような相反する見解については、第 3 節でより詳しく論じる。

2-2　グローバル化時代の移民研究における「トランスナショナリズム」論

　現在の移民・移動研究の中で、新しく注目されているのは「トランスナショナリズム」という視座からの研究である。「トランスナショナリズム」論は、現在の世界で移民が増加するにつれて、移民者たちの間で国境を跨いだトランスナショナル・コミュニティや社会的ネットワークが形成され、その結果、新たなトランスナショナルな場が生まれ、ナショナル・アイデンティティに拘らない、トランスナショナル・アイデンティティを持つ人々が増えてきているという主張である。言うまでもなく、このような事が生じたのは、交通の発達やインターネットを始めとする情報テクノロジーの発展とグローバリゼーションが背景をなしている。

　村井は、アメリカでトランスナショナリズム論が最初に登場したのは、グリック・シラーらの人類学者グループによる研究においてであることを述べた上で、シラーらの次のような結論を紹介している。シラーらは、カリブ海諸国からニューヨークなどへの移民の中には、トランスナショナルな移住ないしはトランスナショナリズムと呼ぶべき新しい現象がみられることを提示した。そして、「移民という言葉を聞くと、恒久的に故国から引き裂かれ、根こそぎにされ、古いパターンを投げ捨て、苦心惨憺新しい言葉と文化を身につけるといったイメージが喚起される。ところが今や新しい種類の移民が台頭しつつあり、彼らはホスト社会と故国の両方にまたがるネットワークや、活動や、生活のパターンを有している。彼らの生活は国境をまたいでおり、二つの社会を一つの社会的な場にしているのだ」(Glick-Schiller, Basch, and Blanc Szanton, 1992：1；村井、2007：24-26)。

　たしかに、シラーらが述べるように、現代における移民は、旧来の移民とは性格大きく異なっている。様々なテクノロジーの発展は、移民後にも移民者と出身国を繋いでおり、新移民と呼ぶに相応しい面がある。そして、その越境的なネットワークは、様々なレベルで大きな社会的影響を及ぼしていると考えられる。シラーらが注目したのは、越境ネットワークが持つ母国への影響力であり、シラーらはそれを「脱領土的国民国家」という新しい国民国家の出現と位置付けている（村井2007：28）。ところが、トランスナショナ

ルな移民がもたらす影響は、国家レベルだけに留まらない。

　ここでは、それとは違うレベルである「下からのトランスナショナリズム[3]」に関心を向けたい。グァルニーソとスミスは、資本による国を越えた統制や支配の動きを「上からのトランスナショナリズム」と言い、それに対して多様なアイデンティティを持つ人々の出現・増大、もしくはトランスナショナルな企業家による国境を越えたビジネス展開や異文化の交流を「下からのトランスナショナリズム」と名付けた。そして、「下からのトランスナショナリズム」が個人や社会に変化をもたらす主な舞台は、国ではなく、地域であり、地域は、移民たちの日常的な実践が行われる場であり、それこそが、国境を越える行為や複数の国家にまたがって生計を営む家族や、トランスナショナルな社会的関係性の再生産性に意味を与えると主張する（Guarnizo and Smith, 1998：11-18）。

　日本の東北の農村地域も結婚移民女性の増加によって少しずつトランスナショナル化が進んでいると言える。近年まで東北の地域社会の中での結婚移民女性に対する社会的期待は、東北のイエ制度の中で、良い嫁として、良い母として、家庭の中や地域社会の中で溶け込んでいけばいいということで、彼女らが家庭や地域に変化をもたらす存在としての認識はほとんどなかったと言える。ところが、グローバリゼーションは東北の結婚移民女性の考え方や生き方にも大きな変化をもたらしているばかりでなく、結婚移民女性を取り巻く家族や地域にも、変化の兆しが見えつつある。その具体的事例については、第6節で提示する。

3.　アジアに広がる「国際結婚」と日本の結婚移民

3-1　「国際結婚」と女性の移住

---

[3]　Guarnizo and Smith は資本による国家を超えた統制や支配の動きを「上からのトランスナショナリズム」とし、多様なアイデンティティを持つ人々、もしくはトランスナショナルな企業家による国境を超えたビジネス展開や交流を「下からのトランスナショナル」とした。（村井 2007：32-33）

現在、アジアにおいて女性の結婚移民が広がりつつあることはすでに述べた。日本の場合、農村地域の嫁不足を解決するために、1985年から始まった「ムラの国際結婚[4]」をきっかけに、国際結婚が増加した。1985年の国際結婚は、全国で1万2,181件あり、そのうち夫日本国籍・妻外国籍のカップルは7,738件、妻日本国籍・夫外国籍カップルは4,443件であった。それが1990年には計2万5,626件に増え、夫日本国籍・妻外国籍カップルは2万26件、妻日本国籍・夫外国籍は5,600件と、結婚移民女性が急増していることがわかる。2000年には、全体の国際結婚件数が3万6,263件（夫日本・妻外国28,326、妻日本・夫外国7,937）となり、2006年には4万4,701カップル（夫日本・妻外国35,993、妻日本・夫外国8,708）が国際結婚であった。2008年には多少減少し、3万6,969件（夫日本・妻外国28,720、妻日本・夫外国8,249）が国際結婚をしている。2009年度は3万4,393件（夫日本・妻外国26,747、妻日本・夫外国4,113）、そして2010年には3万207件（夫日本・妻外国22,843、妻日本・夫外国3,664）となっている。

他方、国際結婚の離婚率も年々増えており、2000年には1万2,367件だった離婚が、2008年には1万8,774件と増加した[5]。離婚後、同一の外国人が日本人と再婚や再々婚をするケースもあるので、正確な数値を示すことは困難であるが、1975年からの国際結婚件数の統計を参考にすると、1975年から現在までに日本国内には延べ40万人以上の外国人女性が結婚移民してきたと言える[6]。

韓国においても、事情は同じである。韓国の場合、韓国行政安全部の2011年1月の統計によると、90日以上国内に滞在している外国人住民（国籍取得者、不法滞在者を含む）は、1,265,008名で人口（50,516千名）の2.5%に該当する。その中で、外国人労働者は55万2,946名と、全外国人住民の

---

[4] 日本の農村地域の嫁不足が深刻化するにつれ、アジアの女性とお見合いして、結婚するという新たな形の「国際結婚」をいわば、「ムラの国際結婚」という。

[5] http://www.e-stat.go.jp/SG1/estat/List.do?lid=000001082331 の国際結婚、離婚の統計表参照。

[6] 佐竹・メアリー 2006：32頁に収録されている表「日本における婚姻件数、年次×夫妻の国籍別（1975〜2006年）」を参照。

43.7％で、2007年の35.9％に比べると大幅に増加している。同時期の結婚移民者（国際結婚移民者及び婚姻帰化者）は21万1,458名で、全外国人住民の11.2％に該当し、2007年度に比べ17,430名（13.7％）増加している。また、国際結婚家庭の子供は1,154万8千名で、全外国人住民の11.9％を占めている。国際結婚家庭の子供は、2006年の2万5千名から07年は4万4千人、08年には5万8千人にまで毎年増加しつつある[7]。

　台湾も日本とほぼ同じ時期から、中国本土やベトナムから大量の結婚移民を受け入れるようになり、1987年から2007年までの間に、国際結婚によって台湾に移住した外国籍配偶者の数は累計40万人以上であると推計されている（奥島 2008：23）。

　このような結婚移民は、今に始まったものではない。結婚移民は、「戦争花嫁」や「写真花嫁」、「メール・オーダー・ブライド」のように、時代時代において様々なかたちをとって行われてきた。「戦争花嫁」は、女性が戦争後駐留していた戦勝国の軍人男性と結婚をし、終戦後その軍人を頼って移民する形態の結婚移民であり、日本でも第2次世界大戦後に多くの日本人女性がアメリカ駐留兵の妻となってアメリカに渡った。「写真花嫁」とは、海外で暮らす男性が結婚の時に本国の花嫁を求め、女性は写真だけでお見合いをして、男性がいる国に女性が渡っていくことであった。「メール・オーダー・ブライド」は、結婚業者が初めて国際結婚を仲介した事例である。シドニー、メルボルンなどの結婚業者がオーストラリアの男性にフィリピンやインドネシアの女性リストを見せ、選ばせたうえで、マニラやバリの事務所にオーダーをし、女性に連絡をする。その後、男性が現地を訪れ、女性に会い、結婚を申し込んで、帰国し、女性の入国を待つというものであった。ところが、男性の中には女性が気にいらないと一方的に暴力を振い、離婚し、そしてまた別な女性の呼びよせをくりかえす人もいた。オーストラリアでは、このことがマスコミによって知られ、女性の人権を完全に無視した結婚として、大問題となった。オーストラリア政府もこの問題提起を受け入れて、入管法を改正し、海外から配偶者を呼べるのは最大2回までとし、二人目を

---

[7] 韓国統計庁の資料より。

呼べるのは前の配偶者との離婚や婚約破棄から5年がたってからとした（佐竹・メアリー、2006：67）。

「メール・オーダー・ブライド」は、国境を越えて、文化的・社会的背景を異にした見知らぬ男女が仲介業者の紹介によって結婚し、女性が男性の国に渡って生活を始めるもので、現在の「仲介型国際結婚」と形態は同じである。しかし、「メール・オーダー・ブライド」の主なマーケットは「嫁不足」が深刻な社会問題となっていない、欧米やオセアニアの個人男性であるのに対して、アジアにおける「仲介型国際結婚」の主なビジネスのターゲットは、嫁不足が社会的問題となっている東アジアの農村地域である点で大きく異なる。そこでは、人権問題が問われながらも、厳しく取り締まることができない社会的事情があり、暗黙の承認の中で仲介は行われているのである。

　もちろん、このようなアジア地域におけるヒトの移動は、仲介型国際結婚だけの現象ではない。仲介による国際結婚よりも、遥かに多い数の女性が家事労働者として、産業研修生として、あるいは介護看護師として世界中の出稼ぎ労働に出ている。といっても、それらの職種の海外移住が、結婚移民と全く異なるカテゴリー上にあるわけではない。興行ビザで働きにきた多くのフィリピーナーがパブで出会った日本人男性と結婚して、日本人の配偶者になったり、産業研修生の中国人が結婚で日本人の配偶者となったりする等、労働移住者が結婚移民者になるケース、逆に結婚移民者が離婚によって労働移住者になるケースなど、いずれも同じ移住システムの上にあるのである。結婚移民が、他の女性の再生産労働分野における移住と異なる点は、多くの結婚移民者の場合は、学歴や専門能力などの文化的資本が移住の必須条件として要求されない、さらに移住国において長く安定的な滞在資格を簡単に得られるという利点を有している。しかし、その半面、彼女らは「受け入れ先の男性の配偶者」として、イエの者となり、他の移住よりもより不可視化され、移住先のナショナル・アイデンティティへの強要という点で不利も負っている。

3-2　広がる結婚移民と日本における結婚移民研究

上述した「戦争花嫁」や「メール・オーダー・ブライド」に続くアジアにおける結婚移民現象は、アジア諸国におけるグローバリゼーションの産物と言えよう。日本における行政主導的結婚移民――アジアの女性と農村の男性とのお見合い結婚――は、1985年の山形県の朝日町の試みに始まったと広く言われてきた。実際、朝日町は当時、問題となっていた農村の嫁不足を解決するために行政主導のお見合い「国際結婚」を始めた。そして朝日町での成功は、嫁不足で悩んでいた多くの自治体も行政主導の国際結婚の斡旋に乗り出すきっかけになった。しかし宿谷が明らかにしているように、朝日町の最初の国際結婚の背後には、民間の国際結婚斡旋業者JPM（ジャパン・フィリピン・マリッジ）の存在があった。JPMは、カラオケ・ゲーム機のリース業者とゴルフ・事務用品販売業者、そして元中学校教頭の3人が始めた組織で、フィリピンでエビの仲買をしていた教頭の友人がフィリピンの仲介役をしていた（宿谷1988：45）。このように東北農村発信の「国際結婚」の背後には、当初からグローバルな市場でのビジネスに携わる人々の関与があったのである。

このような背景の中で日本におけるアジアの女性と農村の男性とのお見合い結婚――本章のいう「仲介型国際結婚」――の研究は、1980年代後半から1990年代後半までの第1次的ブーム期のものと2005年以降現在までの第2次ブーム期のものとに分類できる。第1次ブームの時には、嫁不足が深刻な日本の農村問題を指摘した光岡（1987）の研究や、「ムラの国際結婚」で実際に農村の花嫁となった結婚移民の問題をルポルタージュした宿谷（1988）の研究などが挙げられるが、そこには、「仲介型国際結婚」に対する当時の批判的見解が明確に示されている。宿谷は、当時の地方自治体による国際結婚斡旋の背後に隠された事実を明らかにした上で、結婚移民女性本人からその苦境を聴き取って記録し、それらを基にアジアの女性を犠牲にし、利用している日本のエゴイズムを批判している。宿谷に続き、本来の姿とは異なる不自然な結婚に地方自治体が関わることに対する批判（佐藤1989）や、国際結婚女性を地域の国際化のシンボルとして利用する自治体行政を非難す

るなど（仲野 1998）、「ムラの国際結婚」を否定的に捉える研究が多かったと言える。また、当時山形県で精神科医として NPO のボランティアとして結婚移民女性への支援活動に携わっていた桑山（1995）の結婚移民女性のストレスに関する研究は、現在でも結婚移民女性の研究において数多く引用される文献となっている。桑山の研究は、当時結婚移民女性の支援体制が十分ではない山形県の地域状況の中で、異文化生活や家族生活に外国人として女性として経験するストレスを類型ごとに詳しく分析し、地域の中での彼女らのケアの必要性を主張した点で、現在にも通じる知見が多い。

「ムラの国際結婚」研究の第 1 次ブームが過ぎた後の 2000 年から 2004 年にかけては、農村における「仲介型国際結婚」の研究の波が著しく減少し、研究の空白期間となっている。この期間は、結婚移民研究のパラダイム変換期と見ることも可能であろう。この空白の時期に海外で発表されたコンステイブルの論文は、従来の経済格差論やハイパガミー論に基づく結婚移民研究では、先進国の男に自分の運命を受動的に託す可哀そうな女性という誤った固定観念を作ったと指摘し（Constable 2005）、ナカマツも、「アジアの花嫁さんを母国の犠牲者として描くことは、日本の生活における彼女らの自己決定能力、チャレンジ精神、希望を軽視した見方である」と指摘している（Nakamatsu 2002：52；佐竹 2011：258〜259 再引用）。経済システムやジェンダー構造の中で犠牲者となっている女性ではなく、自分で結婚移民を選択し、新たな道を開こうとする結婚移民女性の主体性（agency）が注目されるようになったのである。

その影響から、日本においても 2005 年以降の研究の多くが、結婚移民当事者たちの主体性に着目している研究が圧倒的に増えた[8]。しかしその半面、当事者の主体性だけでは、解決が困難な問題が多いのも事実である。ムラの中ではワタシではなく、あえてヨメを振る舞うことによって地域に上手く溶け込む結婚移民女性のストラテジーの事例（藤田 2005）や、保守的でジェンダー秩序に厳しい夫の家族と世代間交渉を行うことで、最終的に主導権を獲得する女性の事例（柳 2006）は確かに結婚移民女性の主体性の一端を捉え

---

[8] 藤田美佳（2005）、柳蓮淑（2006）、佐竹とメアリ（2006）など参照。

ていると言える。しかし、主体性だけで結婚移民に伴う困難を克服するにはやはり限界がある。多くの結婚移民女性は、確かに自分の生活の中で奮闘し続けている。しかし、個人的奮闘が行き詰まった時には、手助けをするコミュニティやネットワークが必要である。現在、東北地方の地域社会には、彼女らをバックアップすることができるコミュニティやネットワークの存在が非常に限られている。このような側面にも注意を向ける必要があるだろう。この問題については、第5節で述べる。

4. 結婚移民のグローバリゼーション的要素
──韓国出身結婚移民女性のライフ・ヒストリーを中心に

　多くの社会学者が言うように、ヒトの移住には送り側のプッシュ要因と受け入れ側のプル要因があり、それが人々の移動を促している。中国人女性の日本への結婚移民の要因を分析した賽漢卓娜は、中国人女性―日本人男性間の「国際結婚」のプッシュ要因として中国国内における女性の周縁化を指摘し、プル要因としては日本農村の花嫁不足をあげている（賽漢2011）。この解釈は、決して誤りではないが、現代の多様な結婚移民の原因を単純化し過ぎていると言えよう。現在、東北地方に在住している中国人の結婚移民女性たちは、年齢層が多様である上に、都会出身者も少なくない。なお、最近の仲介業者の紹介ネットを見る限り、農村出身の周縁化された中国人女性だけが国際結婚市場に参入しているとは思えない。

　日本で「ムラの国際結婚」が始まって、すでに25年が過ぎている。今に至るまで絶えず行われてきた「仲介型国際結婚」を、20年以上前から変わらないものと捉えるのは無理があると言うべきだろう。すなわち社会状況も変わり、人々の考え方も変わっており、より多様な背景をもつ女性たちが、より多様な価値観で「仲介型国際結婚」を選択するようになったという推測が成り立つと考えられる。そのような多様な現状の結婚移民の実態を韓国女性へのインタビュー調査を通して探ってみよう。

4-1　逆グローバル・ハイパガミーへの選択

　横田は、2008年の台湾における結婚移民女性に関する論文「グローバル・ハイパガミー？」の中で、女性が海外に嫁ぐ際、より良い暮らしへの欲求、就業機会の拡大、収入の増加や親族への経済的援助を念頭においていることが、多数のケースにおいて認められると述べている（横田 2008：80）。多くの社会で、女性にとって「上昇」への期待は最大の結婚決定要因として考えられ、そのような女性の社会地位の向上を伴う結婚をハイパガミーという。ハイパガミーは、そもそも文化人類学研究において登場した言葉であり、「婚姻の成立に際に、男性及びその親族が女性及びその親族よりも、その社会にとって重要な特定の意味で、支配的であることを条件にする場合生じる通婚の様態」（佐々木 2007：581）と定義されている。特にハイパガミーは、父系社会において家族間に不均衡がある場合に生じるものであり、花嫁及びその家族は姻族から利益を引き出すことが可能であるが、花婿側にとってみれば花嫁の社会的地位は花婿に殆ど影響しないとされてきた（Lavley 1991:288；横田 2008：82 再引用）。

　この概念を用いて結婚移民を国境を越える「ハイパガミー」と捉える見解がある。コンステイブルはそれを「グローバル・ハイパガミー」と呼び、グローバル・ハイパガミーは、孤立し、より低開発な地域から開発され、孤立していない地域へ、すなわちグローバル的には、貧しい南から豊かな北へと動く、マリッジ・モビリティーであると論じている（Constable 2005:10）。このような、グローバル・ハイパガミー論は、世界的経済格差の存在や従属論を前提として成り立っているが、すべての結婚移民を「グローバル・ハイパガミー」として捉えるのは妥当ではない。すでにいくつもの調査が示しているように、結婚移民による「社会的地位の上昇」が見られないケース、さらには「逆グローバル・ハイパガミー」と見られケースも多数存在しているのである[9]。以下、筆者が2009年から行っているインタビュー調査に基づき「逆グローバル・ハイパガミー」と見るべき事例をいくつか紹介したい。以下に詳しく見ていくように、彼女等の選択した結婚移民には、インフォーマ

---

[9] 横田 2008 の他、Oxfeld 2005, Freeman 2005 などの論文がある。

ルな移住システムの介入、コロニアルの経験や虚構の想像力、家族観への変化など様々なグローバル的要因が連動しているのである。

事例1）A（2000年来日・来日当時40代・初婚）

　Aは岩手県に住む現在50代の女性である。ソウル出身で、大学ではフランス文学を専攻した。大学卒業後に、日系のアニメーション会社で働き、その後独立して、自分の会社を設立した。早くして父親を亡くし、30歳の時に母も亡くした。兄弟はいるがそれぞれ結婚しているので、未婚の彼女とは関係が薄くなっていた。そんな時、1997年韓国でアジア通貨危機が起こった。そして、その余波で彼女の会社も倒産してしまった。Aの年齢はすでに40歳を目前にしており、新たに別な会社に就職するのも容易ではなかった。未来への道が見えない中、新聞で日本の男性と国際結婚を斡旋するという広告を見た。一応話を聞いてみたいという軽い気持ちで、斡旋所を訪ねた。斡旋所では、日本観光をするという気持ちで行ってみてはと勧められた。気分転換を兼ねてと思い、観光客として来日し、お見合いをした。会社経営の時にも仕事の関係上、日本人との接触が結構あったので、日本に対して比較的に親近感をもっていた。しかし、お見合いの相手の男性は、あまり気に入らず、結婚までは考えられないと思い、そのまま韓国に戻った。ところが、お見合いをした相手は諦めきれず、その後も韓国にいるAに手紙を送り続けた。持続的に手紙をもらうことでAの気持ちも少しずつ動かされた。再来日にして、彼と彼の両親と会った。その時に、夫よりも義理の母親の印象がよく、家族を作って一緒に住みたいと思った。

　結婚して、義理の親と同居生活が始まった。結婚生活初期は田園生活で満足した。大都会のソウル出身の自分には新しい体験だった。しかし、一年後からは都会に行きたいという気持ちが高まった。時には、一人で家族にも断らず仙台や東京まで行ったこともあった。そんな時、味方になってくれたのは姑だった。しかし、姑は癌で2004年に80歳で突然亡くなり、2005年に義理の父も亡くなった。Aは、「義理のお母さんと一緒に生活し

た時がここでの生活の中で一番幸せな時間だった」と振り返る。

　8歳年上の夫は、けっして悪い人ではないが、文化的差異を感じる。Aはフランスの哲学者ルソーの言葉を引用しながら、「人を差別することはいけないが、差異は存在する」「私がまだ、未熟なだけかもしれないが、やはり差異を感じるのは仕方がない」と、夫とはあまり話しが通じないと言った。

　また、Aは「このような結婚（仲介型の国際結婚のこと）は、人格冒涜だ」ときっぱり言う。自身も紹介で結婚したわけだが、ひどいケースが本当に多く、女性たちを人が住めないような山奥の家につれていき、男性と住むように強制することもあると言う。Aも最初は、どうせなら健全な仲介をする人も必要なのではないかと思い、仲介業でのビジネスを模索したことがあったが、他の仲介業の人と接触するうちに、あまりにも怖くなってしまい辞めた。一度、好意で母の友達の息子さんと朝鮮族の女性とのお見合いを仲介したケースはあったが、結局は夫婦のギクシャクに巻き込まれ、紹介した女性には裏切られるなどの辛い経験で終わってしまった。

　Aは、周囲の同国の人々とも日本人とも、それほど良い関係を築くことはできなかった。結婚初期頃には、夫を紹介した仲人の人たちなどの周辺の人々にいじめられた経験があった。地域の人々とも交流をしたいと思い、近年は町の婦人会にも参加したという。しかし、来日10年にもなると地域の人々はAを日本人と同じように扱う。Aは、「いくら長く住んでいても、私は外国人なんだよ。彼らは何もかも当然と祭りの準備をさせて役割を決めていくが、私にとっては、やったことがないものばかり。地域の人々と付き合うのも少々疲れてしまった」と言い、現在は婦人会を休んでいると言っていた。

　今、Aの生きがいは、町で韓国語教室の先生をやっていることである。韓国ドラマが大流行した後から、たびたび個人的に韓国語を教えてほしいという依頼を受けていたが、他国の言葉をそう軽い気持ちで習うことができるのかと思い、最初は断っていたという。しかし、夫も友人とも死別してうつ病になっていたある隣のお婆さんが、韓国ドラマを見て生きる力を

戻していく姿を見て、何かと自分が他の人々に生き甲斐を与えられるのであればと思い、2005年から引き受けてやっているとのことである。

彼女は自分で日本名をつけて使用してきた。本名の発音が難しく、家族が呼びにくかったので、自分でつけた。当時は日本の名前をつけたことだけで、姑がとっても喜んでいた。しかし、今は通称をつけたことを一番後悔していると言う。韓国語教室をはじめることで、少しずつ自分の本名を使用するようにしている。

事例2）B（2004年来日・来日当時40代・初婚）

Bは、2004年に知人の紹介で今の夫と結婚し来日した。Bは、韓国の釜山出身で、大学では日本語日本文学を専攻し、卒業後学校で日本語の先生をしていた。Bの結婚動機は、純粋に老後の心配だった。学校の先生をしていたが、常勤ではなく、歳を取るにつれて仕事が持続できるかどうか、心配になった。しかも、40を過ぎた自分に良い結婚相手は見つからないと思い、国際結婚を決心した。Bには、母親と兄弟がいる。特に女兄弟が多いので、一人くらい海外に出ても良いと思った。日本人の夫は、当時定年退職を目前にしていた公務員であった。

最初から夫が100%気に入っていたわけではなかった。「僕を貴方の老後保険にしてくれ」という言葉に応じた形となった。夫婦間の言語障害はなかったものの、結婚生活が何もかもうまくいったわけではない。一番大変だったのは、夫の家族との付き合いだった。今まで家族の中で存在感が大きかった夫の姉との付き合いが一番大変だった。B自身、長男の嫁としての覚悟の上での結婚であったが、義理の姉は彼女に「長男の嫁」の座を許さなかった。親戚の中で、誰かが、家のことに関して義理の姉を通さずにBと話をすると、義理の姉の嫉妬が始まる。しかし、Bはそんな姉と対立するより、近隣との付き合いや冠婚葬祭の仕来りなど外国人として対処し難い問題を、義理の姉に相談するなどし、徐々に良い関係を築いてきた。今は、親戚もBを信頼して、頼りにして来ると言う。ちなみに、Bの義理の母は、今老人性疾患のため、施設に入院している。

大学出身者のAとBは、老後の将来を見込み国際結婚を選択した例である。そして、それぞれ滞在10年と7年という年月の中で、現在はある程度受け入れ地域に適応していると言える。しかし、地域の中で長い間自分の居場所を探し続けていたAに比べ、Bは元々日本語が堪能である自分の文化資本をうまく使い、来日後の早い時から地域の婦人たちの集まりにも積極的に参加していた。そして、それらの活動はホスト側の日本人たちの目に留まり、地域の国際交流事業の一員として活動する機会が与えられた。Bは、以後地域の国際交流の文化活動や外国人相談員などを経て、市が地域の多文化共生のモデル事業として施行している、市の外国人臨時職員として働いた。関係者は、Bの性格の穏和さや協調性を高く評価し、地域外国人女性の手本としているという。Bは、自分の名前をそのまま使っている。

　しかし、地域で手本となっているBでも、韓国人同士での付き合いにはいろいろトラブルが多く、慎重に付き合っているという。それは、何を意味するのか。次節で考察したい。

事例3）C（2007年来日・来日当時30代・初婚）

　Cは2007年に結婚を目的に来日した。韓国では、大学で家政科を卒業した。Cは、大学2年の時に日本に短期留学に来たことがある。当初の滞在予定は6カ月間であったが、場合によっては長期的に日本で留学することも考えていた。しかし、日本に来て3カ月も経たない時に、韓国から父が亡くなったという連絡を受け、留学を断念し帰国した。Cには兄弟はいない。母と子の二人きりの生活が始まった。韓国の地方郵便局に就職し、その後、公務員という安定した職場でコツコツ働く日々だった。そんなCに大きな転機が訪れた。それは、借金だった。とうとう彼女の給料までもが差し押さえになる事態になった。このまま、韓国にはいられないと思い、結婚相談所を訪ねた。

　結婚相談所では、事例1のAと同じく、気軽に海外旅行の気分でということで、日本行きの飛行機に乗った。斡旋所では、飛行機代はもちろん、滞在費として50万ウォンも出してくれた。Cが着いたのは、東北のH市。

3階建ての建物に女性が何十人もいた。その時、Cは自分だけは皆がいる大部屋ではなく、別な階の小部屋につれて行かれたという。お見合いも2日後にさっそく行われた。相手は、初婚でCより三つ上のかなり背が高く、がっちりとしたイケメンの男だった。自動車工場で働いている彼は、年収も悪くない。相手もCが気にいったということで、お見合いは成立。婚姻届もさっそく出した。一年後には子どもも生まれた。その日から、5年過ぎた今までCさんは一度も韓国に帰っていない。韓国の母に電話をしたり、送金したりしているが、帰ることはなかった。

　Cは、日本語を習うために必死に勉強した。町の日本語講座にも通ったが、他の初級の人とレベルが合わないので、独学で勉強した。また、夫が途中で短期間単身赴任に行っていた時期を除いて、毎日3段弁当を作り、夜間作業をする夫の送り迎えをしている。日本人の夫は、そんなCを信頼し、彼の給料の全額を彼女に任せている。C夫婦は、結婚当時は借家で生活していたが、結婚1年後にはCの希望で家を建てた。家を建てる時も夫はすべてを任せてくれた。

　そんな彼女にも悩みはある。韓国で長い間、仕事をしていたせいなのか、主婦として家だけにいることには不満がある。常に何かしたい、働きたいと思っている。しかし、育児中の外国人に仕事はない。大学で取得した栄養士の免許があるが、日本ではそれを生かすことができない。ストレス発散として、よく訪れるのはパチンコである。近所のお婆さんたちとの付き合いはあるが、深くはない。友人関係においても、往来している韓国人の友達がいるが、性格が合わず、「レベルが低いのであまり付き合いたくはない」とのことである。

　近所の人に国際結婚を仲介したが、失敗した経験もあり、今ではその男性と会わないように避けているという。

2) 選別する事・選別される事

　以上の3人の事例は、大卒で専門的知識があり――その専門知識を日本で発揮できているのかどうかは別として――紹介による結婚とは言え、自分

たちの「国際結婚」を肯定的に捉えようとする姿勢が強い。しかし、「仲介型国際結婚」のケースには、順調に行かなかったケースも多い。

事例4）D（2007年来日・来日当時40代・再婚）
　Dは、韓国の南部の中小都市の出身である。彼女は高卒で、結婚も早かった。前の夫は洋服屋を経営していた。娘が三人いる。長女が小学5年生の時にソウルに移住した。理由は、子どもの教育のためである。しかし、ソウルに移住して以来、夫はほとんど働かず、おまけに浮気をしていた。Dは、洋服屋でやっていた裁縫の技術で、ソウルの有名な市場の中の韓服屋で針仕事をした。その内、結局離婚に至った。離婚後にも、前の夫からは3人娘の養育費は一銭ももらえなかった。針仕事で娘たちを育てた。娘たちがそれぞれ大学や短大に入る頃には、家の借金も雪だるまのように増えていた。針仕事では、生活費ぐらいの稼ぎにしかならない。長年の針仕事で体もボロボロになったDは、日本の男性と国際結婚をすることに期待を寄せることにした。成人した娘たちを、社会福祉団体などの寮に入れ、唯一の財産であるアパート引き払って、保証金をもらい、借金の一部を返済した。
　しかし、Dにとってお見合いも上手くいかなかった。日本に3カ月滞在している間に相手を見つけなければ、また韓国に帰るしかない。韓国には、もうすでに自分が身を寄せる場所もないのだ。三日後には出国しなければならなくなった時に、仲人に連れられて会ったのが今の夫であった。すでに日が暮れていたし、お見合いの場所も暗かった記憶がある。相手の男性は、とっても痩せて、疲れているように見えた。一瞬、病気があるのではと思ったが、選択の余地はなかった。Dは、彼と婚姻の手続きをした。
　夫は、工事現場の労働者だった。中学卒業後、真面目にコツコツと働いてきた人であった。と言っても、日本語が全く分からなかったDに彼の状況が分かり始めたのは1〜2年は過ぎた頃からだった。夫はずっと母と住んでいたが、10年ほど前に彼の母が亡くなり、その後は一人暮らしだった。結婚して1年間の仕事は、10年間夫が溜めておいたゴミを捨

ることだった。夫は何も教えてくれなかったので、ゴミを分別しないでそのまま捨ててしまい、近所の人とトラブルになることもしばしばあった。Dさんも、その時は自分に嫌がらせをしていると思い、近所の人と喧嘩ばかりしていたと言う。そんなDさんを見て、夫は怒るばかりだった。しかし、悪いことばかりあったわけではない、夫は韓国にまだ残っていた借金を返済してくれた。翌年には、Dと一緒に韓国に行って、娘たちと会ってくれた。

　結婚2年目に、夫が作業現場で怪我をする事故があった。その時から仙台の大きい病院で入院を繰り返した。まだまだ日本語が不充分だったDには夫の病気の全貌が分からなかった。結婚3年目になり、彼の病気が癌であることに気付いた。

　筆者がDに初めてあった時に、彼女は夫の介護をしながら、複雑な自分の心境をのぞかせた。夫が亡くなる前に何をどのように準備すれば良いのか。まだ、永住許可をもらっていないのに、いきなり明日にでも夫が死んでしまったらどうするのか。そう思いながらも、夫があんな状態なので、永住申請など自分のことに専念ができない。

　介護においても、彼女は文化的差異の中で葛藤していた。病院の説明がほとんど理解できず、もっと治療を受けさせてほしいと訴える彼女に対して、病院側は受けられる放射線治療は全部終わったので、病院にいてもこれ以上治療というものはできない。これからは緩和病棟に入ることが最善だが、そこはすぐ入れず、申請してから一カ月は待たなければならないということだった。筆者が通訳すると、彼女はその時、癌だとはわかっていたが、末期であることは今日初めて聞いたと言って涙を流した。

　その後、退院して自宅に戻ったが、Dの夫は2カ月も経たないうちに亡くなってしまった。

　事例5) E（2008年来日・来日当時40代・再婚）
　2008年に結婚目的で来日した。Eは、再婚で、前の夫との間に小学生

の息子が一人いる。前の夫とは、夫の事業の破綻と借金のため、別れた。前の夫は、刑務所で服役中だという。韓国には、母親と妹たちがいるが、頼りにすることはできない。子どもにも、日本で教育をさせた方が良いと思い、国際結婚を決心した。日本語は一言も知らなかった。日本人の夫は、大工である。背が小さく、可愛い容貌のEに、仲人と呼ばれる仲介人は綺麗な服を着させて、お見合いの場所に連れていった。お見合いの相手は、Eと会う前にすでに3人の女性とお見合いをしたと言った。Eが4人目のお見合い相手だった。相手は、一目でEに惚れたと言い、OKをした。Eからの条件は、安定的な収入と彼女の子どもを受け入れてくれることであった。Eは、その条件を仲人が相手に話してくれたと信じていた。

　お見合いは成功し、さっそく婚姻手続きをした。結婚手続きが終わって、子どもがいる韓国に戻った。子どもを日本に呼び寄せてくれると待っていたが、夫からは子どもの話は出ず、なぜ戻ってこないのかだけが、質問された。もちろん、仲人を通じての連絡である。結局、夫は結婚前に子どもの事は何も聞いていないとのことだった。おそらく、日本人の夫側は、夫なりに韓国から一向に戻ってこない韓国人妻に腹を立てていたことだろう。

　Eは、子どもを受け入れてくれないのであれば、もう日本に戻ることはできないと意地を張った。結局、夫は子どもを受け入れてくれた。息子と再来日したのは、入籍してから7カ月が過ぎてからだった。10歳の子どもは、新しい父親になついていたと周囲の人たちは言う。しかし、この夫婦のギクシャクは終わらなかった。大工の夫は、不景気であまり稼ぎが良くなかった。Eは、時には韓国の家族からお金を送ってもらい、そのお金で生活をしていたと言う。日本語を少しずつわかるようになってくると、郵便物に税金の督促が多いことに気付いた。夫には年金も保険も何もない。Eは、夫に未来を託すことに不安を感じ始めた。彼女は、夫が子どもの名前を日本名に変えてくれないことにも不満を持っていた。

　Eは、結局離婚を要求した。しかし、夫は応じてくれなかった。離婚してからも日本にいられるのかどうか、夫が離婚を拒否し続けられたら自分はどうすればいいのかなど、様々な情報が彼女の周りで錯綜していた。彼

女の精神的不安も高潮し、家の中で暴れることがあったが、その時夫は暴力で彼女を制圧することもあった。それは、彼女にとって、またもや夫に対する不信感とトラウマとなった。周りの人々を巻き込んでのドタバタの末、結局夫はEにDVで訴えられ、離婚書類に判を押した。

後から聞いた話では、Eは地域の中でそれほど評判が良くはなかったようである。結婚後も悪い仲間たちと交流しながら、一時期は家出をして、Y県のスナックで働いたこともあったとうわさされていた。確かに、人のライフ・ヒストリーを中心に調査をする場合、調査対象者が語った内容をそのまま事実として受け入れるのは危険があるのだが、ここで筆者が重要視しているのは、事実関係ではなく、それぞれの調査対象者の話で、再生産され、表出される社会的言説を理解し、当事者たちの心的状況を察知することにある。

当時Eの周りには、離婚をあおった人たちがいたことは事実である。その中には、Eが離婚することでもう一度仲介のチャンスができると思い煽った人もいた。そして、E自身もそれをよく知っていた。彼女は、離婚を決める前に非常に不安がっていた。それは、自分と子どもが韓国に戻ることになるかも知れないということだけではなかった。離婚後に自分が悪い人たちによって利用されるのではないかという不安だった。Eは、離婚を決心する前に何度も筆者にメールや電話を寄越した。筆者は、永住許可もない今離婚すると、結局は新しい結婚相手を探す以外に日本にいられる道はなく、そうなった時に、より良い条件の人に会うとは限らないとアドバイスした。Eは、「わかっています。また、仲介する彼らがどんな人なのかもよく知っています。しかし、今の夫のもとで永住許可をもらうためには、また4～5年を待たなければならない。もう韓国に帰る事になっても、もう3年も彼と一緒にいたくないです[10]。私はもう若くもないし、これ以上、歳をとってしま

---

[10] Eは、離婚の前の結婚3年目の時に永住許可を申請した。しかし、許可は下りなかった。不許可の理由は、彼女が入籍後7カ月も韓国に滞在した事と夫の税金未納入が問題となった。彼女がもう一度永住許可申請をするためには、2～3年後に生活の実績を入管に見せなければならない。しかし、彼女は夫が税金を未納入していることは、自分の永住許可を邪魔するための手段であると言っていた。夫に対する不信感はすでに極に達

うと選ばれるチャンスも無くなるのです」と言った。Eは、仲介の世界においては、自分が商品でしかないことをよく認識していたのである。自分の商品価値がまだある時に再チャレンジしたいとの事だった。

「仲介」による国際結婚の道は、選択することとされること、選別することとされる事の前提の上に成り立っている。

4-2 結婚移民の選択におけるグローバル的要因

以上の事例に、共通している「国際結婚」の選択の動機は、経済的困難や不安である。これは最も単純に考えられる「仲介型国際結婚」のプッシュ要因と言える。さらに、送出国の女性たちが抱える経済的な困難や不安は、女性たちの年齢と離婚に起因する。

20年前に、東北地方における「ムラの国際結婚」をその地域でボランティア・精神科医として見てきた桑山は、当時の山形県に嫁いだ外国人花嫁たちの初婚年齢の違いに注目している。例えばフィリピンの女性は概ね20代前半で日本人男性と結婚しているが、中国の女性は大体が20代後半から30代前半であり、韓国からの女性は30代か時には40代の女性が多いと述べている。また、韓国人女性たちに関しては、ほとんどの女性がソウル近郊出身で、高学歴とキャリアを有する女性が多いという。そして、その原因として、韓国の高度成長期の中で働いてきた女性たちが、年をとって会社にもいられなくなった時には、すでに婚姻年齢を過ぎていることから韓国国内で相手を探すことができなくなるという社会的事情を挙げている（桑山1995：67-73）。

表1-1は事例にあげた5人を含め、筆者が信頼関係を形成して調査をし続けている10人の結婚移民女性のデータを整理したものであるが、そのデータから見ても韓国出身の国際結婚移民女性の年齢は、桑山が述べた通り高いことがわかる。むしろ20年前と比べると年齢層はますます高くなっている傾向がある。特に、事例1から3までは、桑山が分析した通り、韓国国内でキャリアウーマンとして働いている内に婚期をのがしていたケースで

しているように見えた。

表1-1 岩手南部・宮城県北部地域における結婚移民女性の事例

事例	来日年・(当時年齢)	婚姻形態	子ども(実父・現在住居)	親との同居	夫の仕事・結婚歴	結婚動機	現在
1	2000（40）	初婚・仲介業者	無	死亡（最初は同居）	牧畜・初婚	破産・喪失感	パート・韓国語講師
2	2004（43）	初婚・知人紹介	無	最初は同居・現在施設入院	引退（元公務員）・初婚	老後の不安	韓国語講師
3	2007（39）	初婚・仲介業者	有（現）	別居	工場・初婚	経済的理由	育児
4	2007（46）	再婚 2010年死別・仲介業者	有（前・別居）	無	工事現場労働者・初婚	経済的理由	相続問題・一人暮らし
5	2008（44）	再婚・仲介業者	有（前・同居）	無	大工・初婚	経済・子どもの将来	2010年離婚 2011年農家の男性と再婚
6	2009（45）	再婚（夫も3回目）・仲介業者	有（前・別居）	別居	農協職員・再婚	経済・新生活への期待	日本語学校に通学・ビジネスチャンスを模索中
7	2000（40）	初婚・紹介	有（現）	無	不動産業・再婚	経済・老後	職探し・離婚考慮
8	2001（43）	再婚・仲介業者	有（前・一人別居・一人同居）	無	運転・初婚	経済・子どもの将来	ビジネス模索中
9	2008（39）	初婚・知人紹介	無	有（別居）	水産関係・初婚	結婚願望・日本での新生活	2011年の災害で夫が死亡。日本での生活の持続
10	2008（44）	再婚・仲介業者	娘一人（前・別居）	有（同居）	漁業・初婚		

ある。これらは、韓国社会における雇用のジェンダー差別による、中高年独身女性の将来的経済不安が関係したケースと言える。離婚も女性の貧困に繋がる。事例の4と5のように離婚後、前の夫から養育費ももらえない場合は、経済的負担を一人で背負わなければならず、これも結婚移民の原因となると考えられる。

　しかし、単純にそれだけの要因で仲介型の国際結婚をしているのだろうか。

現在、韓国社会は急速に変容している。家族の形態は核家族化し、離婚率が増えた分、再婚も多く行われている。男性たちも女性の結婚歴をあまり気にしなくなっている。ましてや、韓国国内の農村地域では嫁不足が深刻で、中国、ベトナムからの仲介型国際結婚が盛んなのである。

　そのように見てくると結婚移民のプッシュ要因はもっと多様化していると思われる。事実、「文化接触」が要因として作用したと考えられるケースもある。事例2は言うまでもないが、事例1、3、そして表1-1の中の6、7、8のケースは、それぞれ独身時代から社会生活の中で日本と関連する人や物や文化に触れている。グローバル化社会の中の文化接触は、人々に様々な異文化に対する想像力をもたらす。彼女等にとって、日本との文化接触を通じて、日本と日本人男性にある種の像を作っていたと考えられる。高い学歴がなくても、田舎に住んでいても、日本人の男性は優しくて、勤勉であり、贅沢はできないかも知れないが、安定的な老後をおくることはできるという想像が結婚移民の決定に関与していることは間違いない。事例1のAが、お見合いした相手の家族に出会って、温かい家庭を夢見たというのは、まさにそのような事例と言える。本国の競争社会とは違って、日本ではスローライフを楽しむことができるという漠然としたイメージを描いてきたのではないだろうか。もちろん、その想像は、仲介業者の宣伝により、より具体化され、より高められたのであろう。

　また、子どものことを思って結婚移民を選択した場合もある。本章で取り上げた事例では、事例5のEがそうであった。韓国で育てるよりは日本で育てた方が何か子どもの教育に良い影響を与えるのではという考えである。少なくとも日本語という文化資本を子どもに残すことができるという思いは、コロニアルの経験の残影なのかも知れない。このような思考は、特に子どもを連れて再婚する場合に多く見られる。しかし、その一方で、中には日本の教育の実態に失望し、本国に子どもを送り返した例も見られる。

　もう一つ指摘したいのは、彼女らのほとんどは「トランスナショナル」な生活をしていることである。表1-1の結婚移民女性中、すでに韓国の両親が亡くなっている事例1と借金から逃れてきた事例3を除いて、ほとんどの

女性は、1年に1〜2回は韓国に里帰りをしている。しかも、一度帰ると一カ月以上滞在する人も多い。20年前の結婚移民とは異なって、いつでも帰ることができるという「トランスナショナル」の思考が、結婚移民に対する選択を容易にしているのだ[11]。

　最後に、家族観の変化も要因としてあげられる。表1-1の事例6のFの夫は、今回で3回目のお見合い婚である。3回とも韓国人女性との結婚であった。最初の韓国人の妻は本人より10歳以上年下の20代の女性だった。当時は、実家で母親と未婚の妹と同居していたため、最初の奥さんも実家で同居した。しかし、最初の若妻は、一年もたたない内に家を出てしまった。2番目の妻は、広島で大学院まで卒業した韓国人女性だった。日本語にも不自由はなかったが、田舎での生活に適応できなかった。田舎で自分がやれる仕事は何もないと、いつも不満だらけだった。3年間一緒に住んで、永住許可をもらった時に夫側から離婚を提案した。現在、Fとは非常に仲が良い。Fは、そもそもビジネス・ウーマンだった。ソウルの大きい市場を中心に貿易業を営む人々と一緒に働いてきた。途中で、初恋の美術家と結婚し、子どもを出産したが、芸術家の夫に収入は少ない。F自身が生活の前線で働かなければならなかったが、それでも彼の夢に付き合えることで幸せだった。問題は彼の家族だった。彼の両親や兄は、借金をしては返済しない。借金の時に保証人になっていたFが、彼の家族の借金を全部返済しなければならなかった。ことは一回で終わらず、最後には当たり前のようにお金を要求してきた。そんな、家族との絆を断ち切れない前の夫の優柔不断さがいやになり、離婚をした。生活力があった彼女は、離婚後も特に再婚のことは考えていなかった。しかし、今度は一緒に事業をしていた人からの裏切りがあった。離婚してからは、ビジネスパートナーとして接近しては、恋愛関係までを要求した人もいた。韓国社会の中でビジネスを持続することに自信をなくしていた時に、

11　結婚移民女性の「トランスナショナル」性に関しては、2011年3月11日の東日本大震災の時の帰国避難と関連して書いた拙稿「『多文化ファミリー』における震災体験と新たな課題——結婚移民女性のトランスナショナル性をどう捉えるか」をご参照いただきたい。

他の国に行って新しく始められる道もあるという誘いがきた。

　Ｆは、知人から「結婚もビジネスだ」といわれたという。最初は、その言葉に拒否感もあったが、今は知人の言葉は正しかったと言う。Ｆの夫は、以前のように失敗したくないと思い、実家から独立した。Ｆは最初から、日本でビジネスをしたかったので、それをバックアップしてくれる人と結婚すると条件を出したと言う。ビジネスをするためには、言葉が必須だと思い、わざわざ都市の日本語学校に登録し日本語を勉強した。日本語学校は、町の日本語教室とは違って、毎日授業がある。普通の日本人の夫は、毎日出かける外国人嫁を認めない場合が多い。しかし、Ｆの夫は、そんなＦを全面的にバックアップしている。というと、Ｆがまるでわがままな女性に見えるかもしれないが、そうではない。Ｆは、日本にいる間は、一週間に数回、夫の実家に行く。家族の誕生日や行事がある時には、夫が参加できない日でも一人で行き、韓国料理を作って振る舞う。自分の夢を追いながらも、上手に周囲の日本の家族と付き合いをしているのである。「今になってようやく私の後見人に出会った気がする」とＦは言う。今まで女一人で頑張ってきたことに疲れていたが、今は自分の後ろに、自分を支えてくれる人がいる。「結婚はビジネスだ」と言う言葉は、何かしら世俗的で冷たい。しかし、そのビジネスの中でも愛情が生まれることはあるのである。

　以上のことから見ると、多くの結婚移民当事者たちは、確かに送出国において周縁化された存在であったことは事実である。しかし、それだけではない。グローバリゼーションによる「文化接触」の機会の増加や社会的価値観の変容が結婚移民を維持・促進させており、なおいつでも移動できるというモビリティ性の高い社会、そのものが結婚移民を容易にさせているのである。

5.　移住先における結婚移民女性のトランスナショナル・アイデンティティの行方

　前節で、筆者は結婚移民女性たちが、グローバル化する社会の中で、選択と選別の交差をくり返しながら主体的に生きていることを明らかにした。少

なくとも、韓国―日本間の国際カップルの間では経済的格差だけを結婚移民を選択する動機とすることは難しい。グローバル化に伴う様々な移動のフローの中での彼らの選択における主体性を理解する必要があるのである。

ところが、このような結婚移民女性たちが抱いているグローバルないしトランスナショナル・アイデンティティは、必ずしも受け入れ先において肯定的な結果を生んでいる訳ではない。実際のところ、彼女らのトランスナショナル・アイデンティティは、日本の受け入れ社会において、十分に家族や地域の変化に繋がりにくい実態がある。そして、その背景には商業的移住システムが深く関わっていることはもちろん、結婚移民女性のコミュニティが弱体であることも大きな原因となっている。

5-1 ステレオタイプ化された結婚移民女性像がもたらす障害

前に述べたように、結婚移民に対して、多くの研究やマスコミ報道が、アジアから来た花嫁を可哀そうな女性、又は結婚で地位上層を夢見る女性というイメージを広く日本社会に与えたのは事実である（武田 2011：19-22）。さらに、最近においては、以下に示すように、偽造結婚や結婚詐欺など結婚移民女性に関わる否定的内容のニュースが多く報じられるようになり、結婚移民女性に対する否定的イメージが強まっている。

2010年5月25日の『産経新聞』に、「東北で農村男性狙う『結婚詐欺』ひんぴん」というタイトルの記事が出ていた。内容は、宮城県内を中心に山形、岩手の農村部で、40～50歳代の独身男性に韓国籍の女性らを結婚相手として紹介し、結納金名目で高額の現金を支払わせる「結婚詐欺」が、50件以上あったとのことである。被害対策弁護団の発表によると、相談があったのは宮城、山形、岩手3県の主に農村部に住む40～50歳代の農業、自営業などの男性計50人以上で、今年3月以降、相談が急増したということである。

そしてその内容とは、業者が独身男性宅を直接訪れ、「ホームステイ」と称して外国人の女性を1～2週間滞在させ、男性と親密な関係ができた後、結納金や結婚成立料などの名目で300～330万円を請求するというもので

あった。

　この報道は、日本の社会に大きな反響をよび、全国放送の朝の番組でも取り上げられた。また、産経新聞は、10月25日から「東北再考」という連載記事を特集とし、東北の嫁不足の実態と国際結婚に対する特集を組んで報道した。しかし、東北の嫁不足の社会問題は今に始まったものではなく、国際結婚が手掛けられた25年前にも同じ社会問題がマスコミの話題となっていた。

「国際結婚」の仲介業務の主な担い手が自治体から民間に移った時から、「仲介型国際結婚」には多額のお金がつきものとなっていた。お金をかけて、お見合いをして結納金を出すことで、年寄りの日本人家族や親戚は嫁を買ったと受け取ることが多かった。時には、夫自身がそう思うケースもある。しかし、実際に結婚した外国人花嫁に、直接高額のお金が渡されるわけではない。ほとんどの場合、飛行機の旅費や滞在中の小遣いをもらうくらいである。特に男性だけが結納を贈る慣習がない韓国人女性にとっては、夫がそんなに高額のお金を仲介業者に出したことを想像もしない場合が多い。言葉と地域生活にある程度適応してから、同じ結婚移民女性との間でその話を聞く例も多い。

　もちろん、お金目当ての、結婚詐欺がまったくないわけではない。事例1や事例3の女性は、お小遣いを稼ぐくらいの気持ちで、近隣の日本人男性に外国人女性を紹介した経験がある。しかし、後から紹介した女性が経歴などを騙していたことで、周りからはグルではないかという冷たい視線を浴びることになったという。現在、商業化された仲介の多くは、ダイレクトに知っている二人を紹介するというシステムではなく、複数の仲介人が関わっていると言う。したがって、仲介した本人も相手のことをよく知らないままお見合いが成立する場合が多い。もちろん、結婚が成立すると紹介手数料も、それぞれ分配されることになっている。中には、お小遣いを稼ぎたい気持ちで仲人となる結婚移民女性が、すでに結婚していた知りあいの女性を何人かの日本人男性とお見合いをさせて問題になったケースもあった。そしてこのような結婚移民女性の仲介業界への参入は、ますます地域社会における彼女

らのイメージを損傷する悪循環を生み出しているのである。

　言うまでもなく、言葉が通じないまま行われる「仲介型国際結婚」は、普通の結婚よりリスクが高い。それゆえ、離婚率も高く、そこに否定的な事例や事件が起こると、地域に住む結婚移民女性たちは「ますます肩身が狭くなる」と言う。「仲介型国際結婚」における高いリスクそのものへの理解なしに、逃げた妻だけが悪者になるのである。事例6のFは、自分が夫の3番目の妻であることで、周りでは今の奥さんはいつ逃げるのかを見ているようだと笑いながら率直に語っていた。事例4のDの場合も、夫の姉は結婚に反対していたと言う。その姉とは、夫が亡くなってから相続問題をめぐってトラブルが起きていたが、Dとしては、入院中の夫に見舞にも来ていない姉が、なぜ自分を責めるのかが理解できないと言う。事例5のEは、離婚を決心しながらも、「私は騙して男を利用しようとここに来たのではない。そういう女性とは違う」と何度も言っていた。事例9と10の女性は、いずれも、今現在、嫁に冷たい姑の下で奮闘している最中である。

5-2　他の結婚移民女性との差異化──コミュニティなんかいらない？

　インタビュー調査を通して感じたのは、いずれの女性も彼女らのそれぞれの状況の中で、最善を尽くしていることである。しかしその一方で、誰一人自分たちの存在、つまり「仲介型国際結婚」を通して来日した自分たちを同質的に捉え、肯定的にグルーピングしようとする人はいなかった。彼女らから、「ここまで来たからには」という表現をよく耳にする。また、必ず付け加えて「私は、その人たちとはあまり付き合っていない」と言うことも多い。「その人たち」とは一体誰なのか。

　結論から言うと、「その人たち」は同じ韓国出身の他の結婚移民女性たちである。その女性たちは、自分と親しくしていない韓国出身の結婚移民女性たちで、特に特定グループを結成している訳でもないのに、一まとめにして「その人たち」と呼ぶのである。そのことが示すように、韓国出身の「国際結婚」女性たちは、同じ地域に住む同国出身女性同士でグループ化することがほとんどない。したがって、自助組織もなかなか結成されない。このよう

な傾向は中国出身者の結婚移民女性にも見られる。韓国や中国出身の女性たちが「国際結婚」で東北に入ったのはすでに20年以上の前の事であるが、彼女らの自助組織、あるいはグループの存在はなかなか見受けられない。韓国人女性の場合は、キリスト教教会に集まる傾向があるが、あくまでも信仰的意味での集まりであり、自助グループとしての役割は果たしていないと思われる。

　桑山は、韓国人花嫁同士のネットワーク形成について、縄張り意識が強く、同じ村に「嫁いだ」花嫁同士でさえ、互いに避け合うことがあり、同国人のまとまりに欠けていると指摘している（桑山1995：150）。仲野も、「韓国人花嫁」は韓国人同士で集まるよりも、日本人のコミュニティの中で生活することを望んでいると指摘する。仲野によると、山形県戸沢村では、韓国物産館を設立し、「韓国人花嫁」を働かせようとしたり、キムチの販売をすすめたりしていたが、それは「韓国人花嫁」が自らというより、自治体が主体となって行ったプロジェクトだったということで、韓国人の女性側は「この村に死ぬまで住むから、韓国人同士ではなく、日本人と生活するほうが良い」と発言したという（仲野1998）。

　それでは、なぜ韓国出身や中国出身者は同じ国出身の結婚移民女性同士で、自助グループを作ることができないのであろうか。考えられる一つの要因は、それぞれの結婚移民女性は、ステレオタイプ化されている結婚移民者へのイメージから逃れるため、他の女性と「差異化」している点にある。そして、その「差異化」は、自分自身を同じエスニック・グループから引き離して、日本人の中に位置づける「戦略的不可視化」として現れているといえる。

　事例3のCは、インタビューの中で何回も自分は来日してその次の日にお見合いをして、一回でゴールインしたことを自慢げに語った。仲人がCのことを、特別視したという趣旨である。観光ビザが切れるギリギリまで、相手が決まらなかったDに比べると、大きな差なのである。結局は、離婚の結末になったEの場合も、相手は自分に一目ぼれだと仲人に言われたと自慢する。彼女等は、最初の段階から「外見」や「気質」で選別される。その勝ち抜いた経験に自尊心をくすぐられるのである。

「仲介型国際結婚」は他のディアスポラとは異なる。多くのディアスポラの場合、受け入れ社会の中で同じ差別や社会的苦労を経験し、やがてその経験は、属性を同じくする同国出身者内でのエスニック・グループの結束を強化し、そのグループは自助組織としてネットワークを広げる傾向が強い。ところが、結婚移民女性の場合は、その図式が通用しないのである。「仲介型国際結婚」の場合、受け入れ社会で経験する困難や差別は、同じようなものであるが、そのプロセスの始まりは、同じ立場の女性間の競争から始まる点が他のディアスポラとは異なる。より良い条件の男性に選ばれるために、女性たちは無意識の中に競争を強いられる。また、仲介業者は、結婚を成功させるために、それぞれの女性に対しどれだけ有利に選別されたのかを強く意識するよう働きかける。

　もうひとつ、受け入れ社会において「国際結婚」女性が成功する道が、エスニックビジネスを行うしかないという社会的状況も、自助グループの組織化を妨げる要因として働いている。「国際結婚」移住女性は、国籍を不問して、皆受け入れ社会で働くことを望む。単に夫に依存して生きるよりは、働いて、自分で自由に使えるお金を稼ぎたいと思っている。しかし、彼女らが働ける職種は限られている。特に、高学歴出身者が多い韓国人女性は、工場などで働くことを嫌う。成功した韓国人女性のパターンを見ると、概ねキムチづくりや韓国食堂の経営で成功するか、韓国語講師として有名になった人に限られている。同じ文化資本で、互いに競争し合っている構造となっているのである。

　移住者に対するより現実的なケアシステムとして、桑山は、ホスト社会における制度的人権保障はもちろんのこと、多国語の支援システムの構築や異文化に対する理解など、受け入れ社会でインフラを構築していくことが必要であるとしながらも、それに加えて自らの力でお互いを助けあう仕組みも必要であると指摘している（桑山、1995：179）。しかし、結婚移民女性の間では、来日当初から同国出身の女性の間で、厳しい競争の原理の中で、彼女らが意識的に取る「差異化」と「戦略的な不可視化」は、結婚移民女性の自助グループ化をますます困難にさせ、他方では、彼女らの「トランスナショナ

ル・アイデンティティ」を強化させることになる。逆をとれば、彼女らの「トランスナショナル・アイデンティティ」は、結婚移民女性たちの同一エスニック・グループにおける自助グループ形成の妨げになっているとも言える。

6. おわりに
──結婚移民の新たな可能性

　以上において、結婚移民を選択した当事者の女性へのインタビュー調査に基づく考察を進めてきたが、そこから結婚移民女性が現在まで置かれた状況について次のように捉えることができる。

　①現在の結婚移民は、経済格差という側面からの選択、つまり経済的理由だけで理解することはできない。確かに、現在でも経済的困難や不安が一つの結婚移民における動機として働くケースは多いものの、「文化接触」や子どもの教育、そして従来の結婚観からより柔軟なパートナーシップへの価値観の転換など、より多様なグローバル的要因が結婚移民を選択する要因として働くケースが増える傾向がある。

　②現在の結婚移民を理解するもう一つのポイントは、彼女らの「トランスナショナル性」である。従来のような、いったん結婚移民してしまえば、婚姻先に適応して生活し続けるしかないというパターンはもはや少なくなっている。ほとんどの結婚移民女性は常に出身国の家族とコンタクトを取っており、定期的に帰国している。すなわち、彼女たちの多くは依然として移動のフローの中にいる人たちなのである。

　③ところが、この移動のフローをより促進させているのは、結婚先が彼女等にとって必ずしも居心地のよい場所になっていないという事情もある。結婚先の家族や地域は、今なお古いステレオタイプ的な、偏見の目で彼女等を見ている。さらに、現在の結婚移民のシステムは、仲介業者が操作する選別の競争のメカニズムによって駆動しているため、結婚移民女性の間での自助グループの形成が困難である。その結果、彼女らが移住国で生きる条件を望ましいものにするために残された方法は、一人で頑張るという個人的主体性

の向上だけとなっているのである。そして一人で頑張ることができなかった女性は、また次の移動を望むのである。

　それでは、今後結婚移民女性たちが結婚先で生活する条件を向上させるために「一人で頑張る」以外の途はないのだろうか。上述のように、国籍別の自助グループ形成が構造的に困難であるとなれば、トランスナショナルなグループを組織することが一つの方法ではないだろうか。さらには、受け入れ社会が結婚移民女性のトランスナショナル的性質を理解し、トランスナショナル化（インターカルチュラル化）を促進させることができないだろうか。上述したように、結婚移民女性を地域の構成員とするためには、彼女らに居心地の良さを与えなければならない。しかし、家庭という私的領域に行政当局が介入することは望ましいことではない。そこで、民間の間でそれを手助けする組織が求められる。そのような組織は、関係のない第三者が可哀そうな女性たちを助けるというものでは持続が難しいだろう。結婚移民の当事者たち——移住女性とその家族——が自ら参加する必要がある。地域社会の中で自ら居場所を作り、相互に助け合えるような構造を形成していかなければならない。

　現在、宮城県登米市では、「多文化ファミリー登米（以下家族会）」が地域の多文化共生の形成に大きな役割を果たしている。「家族会」は、外国人花嫁をもつ夫たちが日本語教室に通う送り迎えの際に顔を合わせることをきっかけに結成され、現在は「家族会」として、地域と結婚移民女性を繋いでいる。「家族会」は日本人の夫が主となっているが、多様な国籍の結婚移民女性たちの存在も大きい。年に1回主催する「多文化ファミリー」交流会には、市長や市議会議員はもちろん、地域の住民も参加して、結婚移民女性とその家族と交流する。東北地方で「国際結婚」家族が自らインターカルチュラルな組織を作ったのは、これが最初の例であることから、他の地域からも注目されている。

　仲介による「国際結婚」は、そもそもリスクが大きい結婚であることはすでに述べた。仲介業者の商売と売買婚という家族内の不平等さに加え、送り先社会と受け入れ社会におけるジェンダー構造やグローバリゼーションの進

み具合の差も大きい。社会学者キデンズは、グローバル化に伴うリスクは除去すべきではなく、管理すべきであると述べた上で、リスクとはポルトガル語で「あえて行う」という意味であるとつけ加えている（ギデンズ 2001：76）。現在のアジアにおける結婚移民があえて行わなければならないものであるならば、より肯定的な立場からそのトランスナショナル性を評価し、彼女等のトランスナショナル性を新たな家族形成と地域社会形成の多文化共生に繋げていくことが今後進むべき望ましい道ではないだろうか。受け入れ社会の積極性が新たに問われる時代なのである。

参考文献
足立眞理子, 2008,「再生産領域のグローバル化と世界保持」伊藤るり・足立眞理子編『国際移動と〈連鎖するジェンダー〉』作品社.
アパデュライ, A ., 門田健一訳, 2004,『さまよえる近代―グローバル化の文化研究』平凡社（Arjun Appadurai, 1996, *Modernity at Large: Cultural Dimensions of Globalization*; University of Minnesota Press）.
カースルズ, S.・ミラー, M. J., 関根政美・関根薫訳, 1996,『国際移民の時代』名古屋大学出版会（Stephen Castles and Mark J. Miller, 1993, *The Age of Migration: International Population Movements in the Modern World*. London: Macmillan）.
コーエン, R., 駒井洋監訳, 角谷多佳子訳, 2001,『グローバル・ディアスポラ』明石書店（Robin Cohen, 1997, *Global Diasporas*. London: UCL Press）.
藤田美佳, 2005,「農村に投げかけた『外国人花嫁』の波紋――生活者としての再発見」佐藤郡衛・吉谷武志編『ひとを分けるもの、つなぐもの――異文化間教育からの挑戦』ナカニシヤ出版.
藤田結子, 2008,『文化移民』新曜社.
ギデンズ, A., 佐和隆光訳, 2001,『暴走する世界―グローバリゼーションは何をどう変えるのか』ダイヤモンド社（Anthony Giddens, 1999, *RUNAWAY WORLD: How Globalisation is Reshaping Our Lives*: Profile Books, Ltd）.
李善姫, 2012,「『多文化ファミリー』における震災体験と新たな課題――結婚移民女性のトランスナショナル性をどう捉えるか」駒井洋監修・鈴木恵理子編『移民・ディアスポラ研究 2　東日本大震災と外国人移住者たち』明石書店.
――――,「ジェンダーと多文化の狭間で――東北農村の結婚移民女性をめぐる諸問再」『GEMC journal』no.7, 東北大学グローバル COE「グローバル時代の男女共同参画と多文化共生」.

―――――, 2011,「韓国における『多文化主義』の背景と地域社会の対応」『GEMC journal』no.5, 7-19頁, 東北大学グローバルCOE「グローバル時代の男女共同参画と多文化共生」.

伊藤るり, 2008,「再生産労働の国際移転とジェンダー秩序の再編――香港の移住家事労働者導入政策を事例として」伊藤るり・足立眞理子編『国際移動と〈連鎖するジェンダー〉』作品社.

伊豫谷登士翁編, 2007,『移動から場所を問う』有信堂高文社.

―――――, 2001,『グローバリゼーションと移民』有信堂高文社.

日暮高則, 1989,『「むら」と「おれ」の国際結婚学』情報企画出版.

広田康生, 2003,「越境する知と都市エスノグラフィ編集――トランスナヨナリズム論の展開と都市的世界――」渡戸一郎・広田康生・田嶋淳子編『都市的世界／コミュニティ／エスニシティ――ポストメトロポリス期の都市エスノグラフィ集成』明石書店.

桑山紀彦, 1995,『国際結婚とストレス』明石書店.

光岡浩二, 1996,『農村家族の結婚難と高齢者問題』ミネルヴァ書房.

宮島喬・加納弘勝, 2002,『国際社会2 変容する日本社会と文化』東京大学出版会.

村井忠政, 2007,「アメリカ合衆国における移民研究の新動向――トランスナショナリズムをめぐる論争を中心に」村井忠政編『トランスナショナル・アイデンティティと多文化共生』明石書店.

武者小路公秀監修, 浜邦彦・早尾貴紀編, 2008,『ディアスポラと社会変容』国際書院.

仲野誠, 1998,「『外国人妻』と地域社会――山形県における『ムラの国際結婚』を事例として」『移民研究年報』: 92-109頁.

西井涼子・田村繁治編, 2006,『社会空間の人類学――マテリアリティ・主体・モダニティ』世界思想社.

奥島美夏, 2008,「序説 インドネシア・ベトナム女性の海外進出と華人文化圏における位置づけ」『異文化コミュニケーション研究』第20号, 神田外国語大学.

賽漢卓娜, 2011,『国際移動時代の国際結婚―日本の農村に嫁いだ中国人女性』.

佐々木衛編, 2007,『越境する移動とコミュニティの再構築』東方書店.

佐竹眞明・メアリー・アンジェリ・ダアノイ, 2006,『フィリピン――日本国際結婚移民と多文化共生』めこん.

佐竹眞明編, 2011,『在日外国人と多文化共生』明石書店.

佐藤隆夫編, 1989,『農村（むら）と国際結婚』日本評論社.

宿谷京子, 1988,『アジアから来た花嫁――迎える側の論理』明石書店.

武田里子, 2011,『ムラの国際結婚再考――結婚移住女性と農村の社会変容』めこん.

柳蓮淑, 2006,「外国人妻の世帯内ジェンダー関係の再編と交渉――農村部在住韓国人妻の事例を中心に」『お茶の水女子大学大学院人間文化研究科人間文化論叢』第8巻.

横田洋子, 2008,「グローバル・ハイパガミー？」『異文化間コミュニケーション研究』第

20号, 神田外国語大学.

김영옥, 김현미외 (キムヨンオク・キムヒョンミ他), 2009, 『국경을 넘는 아시아 여성들 (国境を越えるアジアの女性達)』이화여자대학교출판부 (梨華女子大学 出版部).

이선주, 김영혜외 (イソンジュ・キムヨンヘ他), 2005, 『2005 연구보고서 -5 세계화와 아시아에서의 여성이주에 관한 연구 (2005 研究報告書― 5 世界化とアジアにおける女性移住に関する研究)』한국여성개발원 (韓国女性開発院).

Bruegel Irene, 1999 "Globalization, Feminization and Pay Inequalities in London and the UK", in Gregory, Jeanne, Rosemary Sales and Ariane Hegewisch (eds.), *Women, Work and Inequality: the Challenge of equal pay in a deregulated labour market*, McMillan, London.

Caren Freeman, 2005, "Marrying Up and Marrying Down: The Paradoxes of Maritl Mobility for Chosonjok Brides in South Korea", in Nicole Constable (ed.), *Cross-Border Marriages: Gender and Mobility in Transnational Asia*, Philadelphia: University of Pennsylvania Press.

Ellen Oxfeld, 2005, 'Cross-Border Hypergamy? Marriage Exchanges in a Transnational Hakka Community'in Nicole Constable (ed.), *Cross-Border Marriages: Gender and Mobility in Transnational Asia*, Philadelphia: University of Pennsylvania Press.

Glick-Schiller, Basch, Blanc-Szanton, 1992, *Towards a Transnational Perspective on Migration: Race, Class, Ethnicity and Nationalism Reconsidered*, NewYork Academy of Sciences.

Guarnizo L. E. and M. P. Smith (eds.), 1998, *Transnationalism From Below*, New Brunzwick and London: Transaction Publishers.

Lavley, W., 1991, "Marriage and Mobility under Rural Collectivism," in R.S. Watson and P.B. Ebrey (eds.), *Marriage and Inequality in Chinese Society*, Berkeley and L.A.: University of California Press.

Nicole Constable (ed.), 2005, *Cross-Border Marriages: Gender and Mobility in Transnational Asia*, Philadelphia: University of Pennsylvania Press.

Tomoko Nakamatsu, 2002. "Marriage,Migration and the International Marriage Business in Japan," Ph.D. dissertation, Murdoch University.

―――――, 2003, International Marriage through Introduction Agencies;Social and Legal Realities of "Asian"Wives of Japanese Men Nicola Piper and Mina Roces eds. *Wife or Worker?: Asian Women and Migration* The United States of America: Rowman & Littlefield Publishers, INC.

―――――, 2005, 'Face of "Asian brides": Gender, race, and Class in the representations of immigrant women in Japan' in *Women's Studies International Forum 28*.

第2章　移民の子どもの教育に関する一考察

なぜ日本に住む移民の子どもの教育達成は困難なのか

永吉希久子・中室牧子

1.　はじめに

　過去30年でみてみると、日本においてもニューカマーと言われた移民の子どもら[1]が学齢期に差しかかり、彼らの就学や進学にかかわる問題が顕著となってきている。ここで、移民の子どもとは、親世代とともに学齢期に海外に移住した子どもたち、もしくは親の移住先の国で生まれた移民2世を指す。一般に、こうした移民の子どもは、教育達成が困難な状況に置かれることが少なくない。日本では、1990年の「出入国管理及び難民認定法」の改正を契機とした移民の増加に伴い、彼ら、または、彼女らに同伴される子どもも増加した。そして、後述するように、日本においても、移民の子どもは日本人の子どもに比べ、不就学率が高い、高校における中退率が高いなどの傾向がみられ、教育達成に困難を抱えていると考えられる。

　移民の子どもたちの教育達成について考察することは、2つの意味で重要

---

[1] 日本は定住を前提とした外国人の受け入れを行っていないため、「移民」という語は適切でないかもしれない。しかし、2010年の統計では、一般永住者・定住者、日本人や永住者の配偶者等、定住が見込まれる在留資格をもつ外国籍者は全体の46%を占めており、実態としての「移民」の受け入れはすでに日本においても始まっているといえるだろう。また、本章での「移民の子ども」という語は外国出身の親をもつ子どもを指し、国際結婚の家庭に育った子どもも含まれる。

である。第一に、教育を受ける権利は、すべての子どもに保障されるべきものとして「子どもの権利条約」の中であげられている。したがって、移民の子どもたちが不就学状態に置かれていることは、子どもの人権を保障するという観点から、大きな問題となる。第二に、教育は、人的資本の蓄積を通じ、移民の子どもらの職業や賃金など、社会的地位に大きな影響を与える。したがって、教育達成における困難は、移民の社会的周辺化が生じる分岐点の一つといえよう。樋口（2005）は、ブラジル人移民の子どもたちの教育達成が困難な状況におかれていることに言及し、彼ら、または、彼女らが将来的に両親よりも低い社会階層へと下降移動し、社会の最底辺層を構成するようになる可能性が高いと指摘している。移民の社会的周辺化は、民族的差異を超えて社会経済的平等を達成するという統合の理念に鑑みて望ましくないというだけでなく、社会の不安定化を招くものでもある。そのため、移民の子どもたちの教育達成をいかに可能にするかということは、日本社会にとって看過できない問題であるといえるだろう。

　移民の子どもたちが教育達成に困難を抱えていることが日本で明らかになるにつれ、その実態や原因についての研究もさかんに行われるようになった。多くの先行研究は、ある特定の地域や学校でのフィールド・ワークを通じて、移民の子どもたちの抱える困難についての詳細な記述を行っている。特に、日本の学校のモノカルチャリズムと外国人児童に対する取り組みについては、多くの批判的考察がなされている。その一方で、これらの研究は扱っている地域や移民の子どもの出身国が限定的であり、アメリカにおける研究に多く見られるような、地域・出身国・階層などの要因がどのように互いに関連しあい、教育達成に影響を与えるのか、という理論的分析枠組みを意識的に用いた研究はほとんど行われてこなかった。その一方で、日本においても移民の子どもの教育達成に困難が生じるメカニズムは、移民の社会的地位や持っているネットワークなど複数の要因が絡み合った複雑なものであると考えられる。したがって、その問題の解明には、理論的な分析が必要不可欠であろう。

　そこで、本章では、この研究上の空白を埋める試みの一つとして、日本の

先行研究からえられた知見を、アメリカで発展してきた「分節された同化理論」(Segmented Assimilation Theory)(Portes and Zhou 1993)を用いて概念化し、分析することによって、日本における移民の子どもの教育達成が困難になるメカニズムを解明したい。以下、まず次節で日本における移民の子どもの教育達成の現状を概観し、二極化が生じていることを明らかにしたい。次に、第3節で日本における先行研究を振りかえり、そこで何が明らかになり、何がいまだ明らかにされていないのかを探りたい。そして、第4節において、移民の子どもの教育達成の程度が多様となるメカニズムを説明する理論である、「分節された同化理論」を紹介する。最終節では、このアメリカでの移民の子どもの教育達成の問題にかんする「分節された同化理論」を用いた議論が、そのまま日本における同種の問題の説明として適応可能なのか否か、また、もし適応可能でないところがあるとしたら、それはなぜ生じるのか、という点について、考察したい。

2. 移民の子どもの教育達成における問題の実態

現在、日本にはどの程度の移民の子どもたちが暮らしているのだろうか。2010年の国勢調査では、日本に居住する19歳以下の外国籍者は211,333人にのぼる。さらに、父母の一方が外国籍の子どもは、1995年以降、毎年2万人程度生まれており、この中の何人かは日本国籍を取得していると考えられるため、日本に居住する移民の子どもの総数は上記の数よりも多いものと考えられる。

では、これらの子どもたちには、教育を受ける十分な機会や条件が与えられていると言えるのだろうか。実際には、日本に住む移民の子どもは、以下に述べるような教育達成上の様々な困難に直面しており、教育を受ける十分な機会・条件が与えられていないものと推測される。そのような困難としては、教育段階に沿ってあげると、義務教育年齢において学校に登校していないという不就学の問題、学業において困難を抱えるという学力の問題、高

校・大学への進学がネイティブよりも低いという進学における問題、高い中退率が示すドロップアウトの問題などをあげることができる（図2-1）。本節では、以下、日本におけるこれらの問題の実態について、既存のデータをもとに探っていきたい。

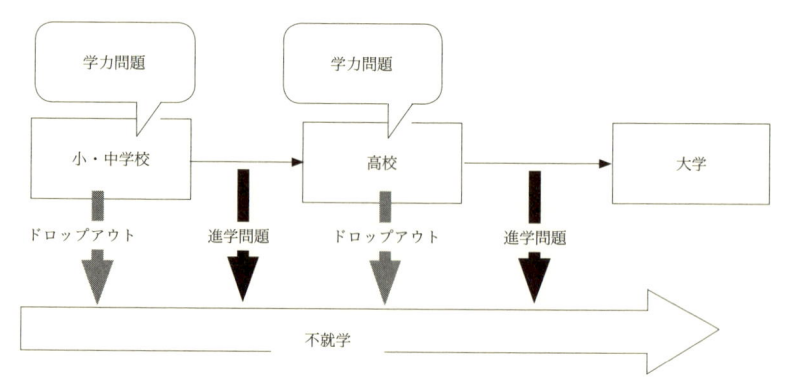

図2-1　移民の子どもの教育達成における諸問題

2-1　不就学

　日本は「国際人権規約」および「児童の権利に関する条約」を批准しており、外国人児童生徒が公立義務教育諸学校への就学を希望すれば、日本人と同様に無償で受け入れることとなっている。しかし、義務教育年齢の移民の子どもがすべて教育を受けられているわけではなく、不就学の問題は、日本における移民の子どもの最大の問題であるといわれている。しかし、その実態は必ずしも明らかではない。移民は転居・一時的な帰国などで移動することが多く、住民登録上の居住地と実際の居住地は一致しないことが少なくない。そのため、政府や自治体が行っている統計から、移民の子どもの不就学の実態を把握することは極めて難しい。外国籍の児童の不就学の実態を把握する目的で、文部科学省が行った調査によると、外国人が集住しているとみられる1府15県29市では、義務教育就学年齢にある児童の不就学率は全体のわずか0.7％にとどまっている。日本全体の不就学児童の割合が0.1％

未満であることを考えれば、移民の子どもらの不就学率は日本人と比較して高いことは確かであるが、この数値を見る限りでは、移民の子どもの間で不就学が問題になっているとまでいえるような高水準ではない。しかし、この調査では、転居・出国その他により連絡が取れない児童が全体の21.5%を占めている。これらは、何らかの理由で就学状況を把握できなかった児童であり、この中には不就学者が相当程度含まれているものと推察される。

　それでは、実質的な不就学率はどのくらいなのだろうか。一つの参考になるのは、愛知県が行った調査である。愛知県には、主に自動車関連の工場などで就労する南米系外国人等が集住しており、公立学校に在籍する外国籍児童の数が全国で最も多い。同調査によると、外国人の子どもの不就学率（学校に「通わせていない」または「以前通わせていたがやめた」と回答した人の割合）は8.2%となっている。ところが、前出の文部科学省の調査で調査対象となっている愛知県下の岡崎、豊田、西尾の3市では、不就学率はそれぞれ0.8%、0.6%、1.3%にとどまっている。このことから、文部科学省の調査で、就学状況を把握できなかった児童のうちの多くが、不就学となっている可能性が高いことが分かる。

　不就学の原因は何だろうか。前出の文部科学省の調査では、実際に不就学となっている外国人児童の親への聴き取りもあわせて行っている（表2-1）。それによると、子どもの不就学の第一の理由は、経済的な理由である。さらに、言語や母国との習慣の違いなど、日本の社会・教育システムへの適応の難しさを指摘する声があるほか、すぐに母国へ帰るなどの理由で、学校に通う必要がないと考える回答者も10%程度、存在している。最後の理由での不就学については、外国籍の子どもをもつ親には、法律上の就学義務がないことも関連していると考えられる。これにより、子どもの就学・不就学の決定がほとんど親の意向に任されてしまうのである。小内（2009）は、在日韓国・朝鮮人において、子どもたちの不就学が大きな問題とならなかったことに言及し、不就学の問題はニューカマーに特有の現象であると指摘しているが、一部のニューカマー移民において、日本への滞在が暫定的だと認識され、就学が重んじられていないことが、不就学に影響していると考えられる。た

だし、文部科学省の調査においては、不就学の子どもをもつ親のうち、今後、日本の学校への就学を希望する割合は比較的高いことも指摘されており、就学手続きにかんする情報が十分にいきわたることで、就学状況が改善される可能性もあることが示唆されている。

表 2-1 不就学の理由

		(%)
経済的事情	学校へ行くためのお金がないから	33.0
	仕事・アルバイトをするから	1.9
	兄弟姉妹の世話をするから	0.9
日本の教育制度への不適応	日本語がわからないから	16.0
	勉強がわからないから	8.5
	母国の学校と生活や習慣が違うから	3.8
	学校へ行くといじめられる等するから	3.8
	友達ができないから	3.8
就学に対する考え方の相違	すぐに母国へ帰るから	10.4
	学校へ行かなくてよいと考えているから	5.7
	その他	12.3

出典：文部科学省「外国人の子どもの就学状況等に関する調査」

　移民の子どもの不就学にかんするデータの収集を行うという文部科学省や各自治体の試みは、その実態を把握するために必要な第一歩と言えるだろうが、直ちにこれらの調査結果から、移民の子どもの不就学の全体像を把握することは不可能である。なぜなら、第一に、これらの調査で集計または推計した結果出て来た不就学率の値にかなり幅があり、このことは、これまでに実施されたこれらの調査が不十分なものであり、移民の子どもの不就学の規模を正確に把握できていないと考えられるからである。また、自治体が行った調査は前出の愛知県に加え、長野県や栃木県のものが存在するが、これらの県には外国人の集住地域があり、民族系または外国人学校が存在するなど、他の地域にはみられない特徴がある。当然、不就学をはじめとする移民の子どもの教育は、こうした地域の持つ特徴的な環境に大きく依存していると考

えられるため、他の地域でも同様のことが起こっていると類推することはできないという問題がある。

2-2　学力不足

不就学に加えて、学力の面でも、移民の子どもが日本人の子どもよりも困難を抱える傾向にあることが指摘されている。2010年の文部科学省の調査によると、日本の公立小・中・高等学校等に在籍する外国籍の児童は74,214人で、このうち日本語指導が必要な外国人児童生徒数は、28,551人に上り、全外国人児童のうち38.4%が日本語指導を必要としている（図2a、2b）。ただし、「日本語指導が必要」か否かは、あくまで在籍校の担当者や担任教員などの判断によるものであるため、日常言語には問題がないが、授業についていくのは困難だという層が抜け落ちている可能性もあり、実際に学習に困難を抱える移民の子どもの数は、ここにあげられた数より多いと考えられる。

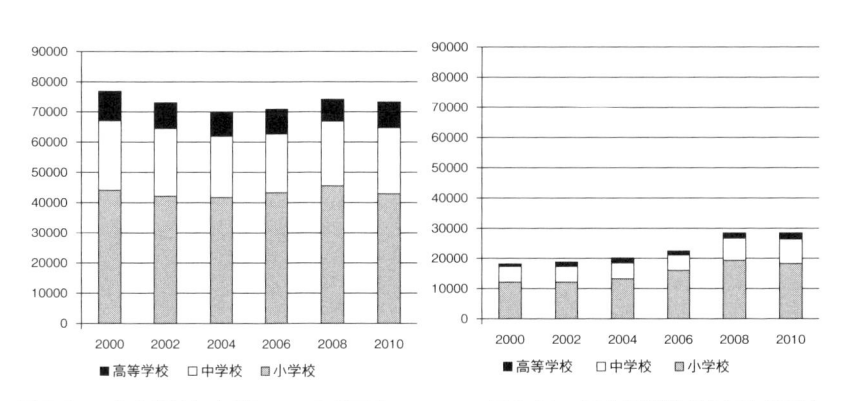

図2-2a　公立学校に在籍している外国人児童生徒数

図2-2b　日本語指導が必要な外国人児童

出典：文部科学省「学校基本調査」「日本語指導が必要な外国人児童生徒数」

時系列的にみると、日本語指導が必要な生徒数は、10年前と比較して1.5倍になっている。母国語別では、ポルトガル語、中国語、フィリピノ語の順に多く、上記3言語で全体の7割程度を占めている。また、10年前と比較

すると、中国語を母国語とする児童よりも、ポルトガル語、スペイン語を母国語とする児童の増加率が高い（**表 2-2**）。このことは 14 歳以下の人口において、ブラジルをはじめとする南米国籍の外国人児童の割合が増加していることを反映したものであると考えられる。

表 2-2　日本語指導が必要な外国人児童の母国語

	2000 年	2002 年	2004 年	2006 年	2008 年	2010 年
ポルトガル語	7,425	6,770	7,033	8,633	11,386	9,477
中国語	5,429	5,178	4,628	4,471	5,831	6,154
フィリピノ語	–	–	–	2,508	3,367	4,350
スペイン語	2,078	2,560	2,926	3,279	3,634	3,547
ベトナム語	–	–	–	–	–	1,151
韓国・朝鮮語	–	–	–	–	–	751
英語	–	–	–	–	–	717
その他	3,500	4,226	5,091	3,522	4,357	2,364
合計	18,432	18,734	19,678	22,413	28,575	28,511

出典：文部科学省「日本語指導が必要な外国人児童生徒数」

一般に移民の子どもたちが学力に困難を抱えていることは、経済協力開発機構（Organisation for Economic Cooperation Development: OECD）が収集している国際的な学力調査（Programme for International Student Achievement: PISA）の 2006 年データからも分かる。オーストラリアやカナダでは移民の子どもがネイティブの子どもよりも高い学力を示しているのに対し、イギリスを除く西欧諸国では、移民の子どもの学力がネイティブの学力を下回っている（**図 2-3**）。日本においても、他の国と比べて顕著に格差が大きいわけではないが、移民の子どもはネイティブの子どもよりも学力が低い傾向にあり、特に読解力において大きな差がみられる。ただし、調査対象にエスニック・スクール[2] が含まれていないため、日本に居住する移民の子ども全体を代表するサンプルとはいえないことは念頭においておくべきだろう。

---

2 本章でいうエスニック・スクールは、学校教育法上の各種学校のみならず私塾等も含む、外国籍の児童に対する教育を行う教育機関の総称である。

日本の PISA データを詳しく分析すると、父親が日本以外の出身の者のうち 50%（10 人）が、父親が専門・管理・技術職に従事している。2005 年の国勢調査でみた際に、外国籍の男性のうち、これらの職に従事している割合が 18% 程度しかいなかったことと比べ、非常に高い数値である。したがって、PISA 調査は、「移民の子ども」の中でも、比較的社会経済的地位が高い層に偏って調査対象としてしまった可能性がある。

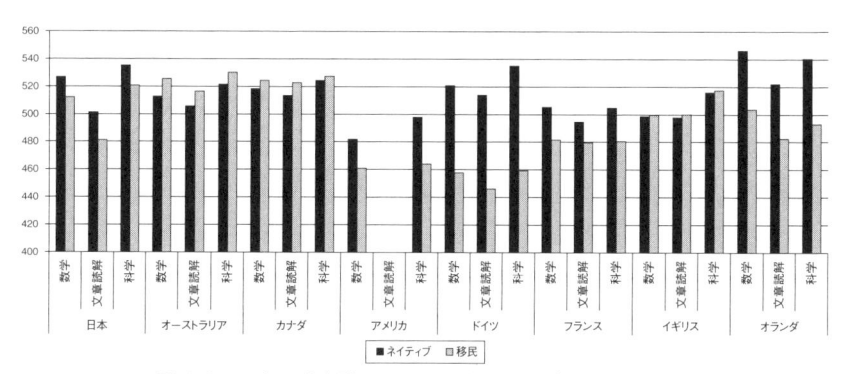

図 2-3 日本と欧米諸国におけるネイティブと移民の学力格差

このことは、重大な問題をはらんでいる可能性がある。図 2-4 に示したように、移民の子どもの中には、出身階層による顕著な学力格差がある。両親のいずれかがノンマニュアル職であった場合には、日本人ネイティブと移民の子どもの学力格差はほとんどないのに対し、両親がマニュアル職である移民の子どもの学力は著しく低くなっている。この層に含まれるサンプルが 12 人しかいないため、一定の留保が必要であるが、移民の子どもの内部で出身階層によって大きな学力格差が生じていると推測することが可能であろう。したがって、移民の子どもの学力問題を考察する場合、移民の子どもとして、一様に扱うのは適当ではなく、その内部での多様性を十分に意識しながら考察を進める必要があると言えよう。

移民の子どもの学力状況について、より詳細に調べた調査として、谷渕（2009）が 2008 年から 2009 年にかけて、ある県の小学校 5 年生から中学校

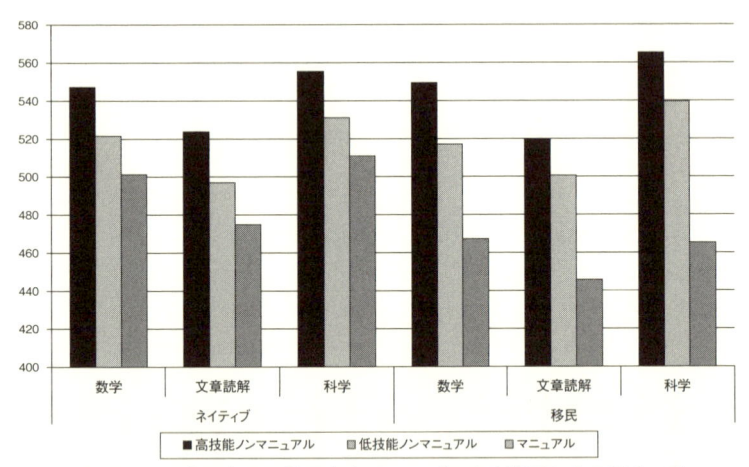

図2-4　日本における移民とネイティブの出身階層による学力の差

3年生までの子どもとその親を対象に行った調査があげられる。この調査からは、ブラジル系移民の子どもの半数以上が、小学校4年生までに習う漢字が読めないことが明らかになっている。平均の滞日年数が7年で、渡日年齢が4歳であることを考えると、日本語の習得が彼ら、または、彼女らにとって大きな困難を伴うものであることがうかがえる。

2-3　高校・大学への低い進学率

日本にいる移民の子どもらが、学習面で困難を抱えていることは、高等学校への進学率の低さからもわかる。前出の「日本語指導が必要な外国人児童生徒数」でみてみると、44.3%が全日制に、53.4%が定時制に、通信制高等学校、中等教育学校、特別支援学校にそれぞれ1%程度が在籍していることが明らかとなっている（表2-3）。一方、日本人の生徒をみてみると、定時制や通信制高校への進学者は5%前後にとどまっている。したがって、移民の子どもは、高校進学の時点で、同年代の日本人とは異なる進路を選択している（または選択せざるを得なくなっている）ことがわかる。

移民の子どもの高校進学についてのより詳細なデータとして、NPO法人

表2-3 日本語指導が必要な外国人児童生徒の課程別在籍状況

	2008年	2010年
全日制	740	878
定時制	591	1,058
通信制	34	44

出典：文部科学省「日本語指導が必要な外国人児童生徒数」

「多文化共生センター東京」が、同法人が主催する外国籍児童に対する高校進路ガイダンスの会場で参加者に対して行ったアンケート調査があげられる。この調査では、96.1%の子どもが高校への進学を希望しているものの、滞日期間が1～2年未満と短いことで、日本語の能力、特にヒアリングや漢字・文法の習得に大きな問題を抱えているため、国語や社会科など、高度な日本語での理解を必要とする科目の習得について、遅れがみられ、進学への足かせとなっている点が明らかとなっている。

さらに、同NPO法人は、2010年に、実際に高校受験した外国籍の子どもたちに対して、進路についてのアンケート調査を実施している。これによると、半数近くの高校受験者の受験年齢が18歳以上となっており、受験年齢が高いことがわかる。進学を希望していたものの進学できなかった生徒は4.1%に留まっているが、進学者の内訳を見てみると、51.2%が単位制や定時制高校に進学し、学力段階でみると5～6段階（偏差値45～54）や3～4段階（偏差値39～44）の高等学校に進学した生徒が過半を占める[3]。この際、在日期間は必ずしも偏差値の高い高校への進学を意味していない。

ただし、地域によっては、外国籍生徒の高い進学率を実現している地域も存在する。たとえば、大阪府人権教育研究協議会が大阪府下の同和教育研究調査校35校を対象に収集したデータによると、2010年には渡日生徒の87.5%が全日制高校へ進学、定時制高校への進学は4.2%にとどまるとの結果が出ている。また、大阪府内の公立中学校に在籍する渡日・帰国生徒の進路実態についての調査からも、全日制高校進学率は8割を上回っており、中

---

[3] 東京都の高等学校は3から10の学力段階に振り分けられており、数字が高くなればなるほど偏差値が高い高等学校である。

国帰国生徒特別枠や外国人生徒特別枠の整備が外国籍生徒の進学を促していると考えられる（大阪府人権教育研究協議会 2011）。国籍別にみると、中国系移民の子どもの進学率が相対的に高く、ブラジル系の移民の子どもの進学率が低いという傾向がみられる。また、静岡県太田市では、2004 年からブラジルの教員免許などをもつ日本人や日本の教員免許をもつ日系人をバイリンガル教員として採用し、ブラジル系生徒・児童の指導にあたらせる制度を導入した成果もあり、2002 年度には高校進学率が 5 割だったのが、2006 年には 87% にまで上昇している（新藤ほか 2009）。

しかし、高校進学の上昇はつねに教育達成度の上昇につながるというものではない。林嵜ほか（2006）が静岡県のある市のデータをもとに行った分析では、外国籍の中学卒業者の高校進学率は 1992 年には 5 割弱であったのが、2004 年には 75% となり、日本人と比べると低いものの、上昇傾向にあることが指摘されている（林嵜ほか 2006）。しかし、中学卒業者のうち、高校を卒業する割合は 5 割程度と推計され、ドロップアウト率が低くないことが推測される。また、林嵜・中島（2006）がある市の外国人が多数在籍する高校 8 校に対して行った聞き取り調査からは、短大と大学をあわせた進学者は全体の 14% である一方で（専門学校進学は 9.3%）、高校退学者が全体の 29% 程度となっていることが示されている[4]。2010 年の文部科学省の統計では、日本全国で見た場合に、専門学校も含めた高等教育進学率が 7 割を超え、高等学校における中退率が 2% を下回っている。したがって、高等教育進学を果たしている移民の子どもの割合は日本人と比較した場合、非常に小さく、逆に、高校中退率は高くなっているといえるだろう。

これまで見てきたように、少なくとも一部の地域においては、高校進学時点での進学率の日本人と移民の子どもの格差は徐々に改善してきている。しかし、高校卒業や高等学校進学を可能とするための学力の格差（林嵜ほか 2006）や経済状況等の条件における格差は、依然として存在しており、移民の子どもの教育達成が困難になっているといえるだろう。

---

4 この退学率には、帰国による退学も含まれている可能性があるが、林嵜・中島（2006）の聴き取り調査によれば、こうした割合は多くないと推測される。

3. 日本の移民の子どもの教育に関する先行研究

上記のように、日本において移民の子どもの教育達成が低い水準にとどまっていることを明らかにするような調査がこれまでに行われてきた。そして、その原因を探る研究も進められている。そのような研究でこれまでに挙げられた要因は、①子どもの言語（日本語）能力にかかわる諸要因、②家族、③エスニック・コミュニティ、④日本の学校制度・文化にわけることができる。以下では、これらの要因が、どのように移民の子どもの教育達成に影響を与えているのかを探ってみよう。

3-1 子どもの言語操作能力

言語能力という要因は、移民の子どもの教育達成にかんするこれまでの研究の中で大きな関心対象となってきた（e.g. 太田 1996, 2002; 宮島 1999, 2002; 関口・宮本 2004）。授業がその国の主流言語でのみ行われている場合に、主流言語を十分に身につけていないことが、授業内容の理解を著しく困難にすることは想像に難くない。しかし、この問題をより深刻にするのは、移民の子どもたちが一見日本語を十分に習得しているようにみえる場合でも、言語にかかわる要因が教育達成の妨げとなることがあることである。この点を考えるうえで、しばしば利用されるのが、カミンズの議論である（Cummins [1980] 2001, 1982）。カミンズは、生活言語能力と学習言語能力を区別することの重要性を指摘する。生活言語能力とは、友人との会話など、日常生活を送るうえで必要となる言語能力であり、多くは対面での会話で用いられるため、表情やジェスチャーなど非言語的情報を含む状況で用いられる。したがって、生活言語能力は、文脈依存的であり、高度な認知が要求されることは少ない。一方、学習言語能力は、学校での教科学習に用いられるものであり、抽象度が高く、意味を理解するための非言語的な情報が伴われることが少ない。さらに、専門的な語彙や複雑な構造をもつ文章を理解しなければならなくなるため、高度な認知が要求される。これらの区別が重要となるのは、

両者が質的に異なっているだけでなく、移民の子どもの教育達成において、後者の果たす役割が大きいとともに、前者の獲得が後者の獲得に直結するわけではないからである。一般に、移民の子どもが第二言語を習得する場合、生活言語能力の習得にかかる期間は18か月から2年程度であるのに対し、学習言語能力の習得には5年から7年かかる（Cummins 1982: 6）。したがって、日常会話ではネイティブの生徒と同じだけの言語能力がある生徒でも、学習面で困難を抱えるということが起こり得るのである。こうした言語能力の2つの側面に教師が無自覚である場合には、移民の子どもの学業不振は、彼ら、または、彼女らの学習能力やパーソナリティの問題として処理されてしまう（Cummins 1982: 6; Schmid 2001）。

太田（1996, 2002）は、この生活言語能力と学習言語能力の差に注目し、日本における外国人児童生徒への日本語指導が、前者を身につける段階にとどまっていることを指摘する。日本における外国人児童生徒は、比較的短期間の初期指導を受けた後、学習上の援助を得ることなく、原学級での授業を受けることになる。彼ら、または、彼女らは学習言語能力が身についていないため、教師の細かい指示や教科書の内容を理解することはできない。しかし、社会生活言語の能力は身についているため、周りの子どもたちと同じようにふるまうことができる。その結果、彼ら、または、彼女らは「問題ない」児童であると認識され、問題が見過ごされてしまうのである。また、姫路市の小中学生を対象に行った関口・宮本（2004）や首都圏の公立小学校のフィールド・ワークによる志水・清水（2001）においても、日本語に問題のない長期滞在児童や、国際結婚の家庭で育った児童が、学習言語能力の発達の面で不利になっていることが指摘されており、社会生活言語の獲得のみで外国人児童生徒への学習支援を終わらせることの弊害が示されている。

さらに、日本固有の問題として、日本語の難しさが学習言語能力の習得の困難さを生じさせることも指摘されている。「話す」言語としての日本語は複雑ではないが、その書記体系は他の言語に比して複雑であるため、「読み」と「書き」の習得が困難となる（宮島 2002: 131）。この困難は、非漢字圏の子どもにとっての「小学校3年生の漢字の壁」としてあらわれ、彼らや彼

女らの教科学習を阻む（太田 1996: 134）。また、宮島（1999: 146-8）によれば、移民の子どもが言語面で抱える困難は、学習言語能力の獲得だけでなく、歴史文化的言語の獲得にもあらわれる。歴史文化的言語とは、ことわざや故事に由来する言葉など、ホスト社会の文化的コンテクストの中で形成され、自明視されている言語である。こうした言語は、「説明しなくても誰もが知っている」ものとされ、日常とのかかわりなどの中で習得したり、母語による知識で補ったりすることが困難であるため、理解することが難しい。そのため、意味を理解できないままに、ただ暗記することによって、知識を獲得しなければならず、移民の子どもにとっては大きな障壁となっている。

　では、日本語能力の習得には、いかなる要因が影響を与えるのであろうか。第一に挙げられるのは、母語能力である。太田（1996, 2002）はバイリンガル教育研究（Cummins 1981; Crawford 1992=1994）が提示した知見をもとに、母語の維持が第二言語（この場合は日本語）の能力の発達に必要であるとの指摘をしている。第一に、母語能力が一定以上ある場合には、そこで習得した言語技能は、第二言語の習得の際に活用されるため、母語能力が保持・伸長されることにより、第二言語の習得、認知的発達が容易になる。さらに、母語によって獲得された知識や概念は、第二言語へと移行可能である。つまり、母語は第二言語習得、認知発達のための「リソース」となるのである（太田 2002: 114）。実際に、太田（1996）は、豊橋市のある小学校の日系児童の学力を調べ、学力が高い児童は、母語の読み書き能力をもち、家で母語を使用していることを指摘している。また、宮島（2002）も、小学校6年生に編入した外国人生徒が、母語ですでに学習していたために、（理科の重要な単元の一つであり、理解が難しいと言われている）「イオン」などの概念を理解できた例をあげている。さらに、太田（2002）は、母語の維持がアイデンティティの安定に貢献し、学習への意欲を強めると主張している。もしそうであるならば、母語維持は単なる知識の移行に働くというばかりでなく、ほかの面においても、移民の子どもの教育達成に肯定的な要因として働くものであるといえるだろう。

　日本語能力に影響を与える第二の要因として指摘されているのが、移住年

齢である。すなわち、言語能力は、移住年齢が若いほど高まりやすいという見方がある。佐久間（2006: 71）によれば、日本に暮らす外国人の子どもたちの言語能力は「日本語の完全なグループ」、「母語の完全なグループ」、「どちらも不完全なグループ」の三段階に分けることができる。第一のグループは、0歳から9歳までで来日した1.75世代と1.5世代からなるグループであり、社会生活言語としての日本語を習得する一方、母語が失われやすい。第二のグループは13歳以上で来日した、1.25世代以降の世代で、母語能力がある一方、高等教育を受けるほどの日本語能力は形成されていないため、高等教育を達成することが困難となる。第三のグループは、1.5世代のうち、10歳以降で来日した世代であり、日本語も母語も不十分となりやすい[5]。

　ただし、言語能力と移住時期の間に相関関係がみられるのは、社会生活言語についてのことであり、学習思考言語としての日本語の習得に関しては、移住時期との間でより複雑な関連があるものと推測される。実際、佐久間（2006）は、小学校高学年で来日した子どもは、学習思考言語としての母語能力が一定程度形成されているため、学習思考言語としての日本語の習得が他のグループよりも容易であると指摘する。これは、抽象的な概念もいったん母語に置き換えて理解することが可能となるので、教員にとっても指導しやすいからである。母語での抽象的な思考が可能であるのは、より高い学年で来日したグループにもいえることであるが、こうしたグループでは、授業で用いられる概念の抽象度がきわめて高いため、母語に置き換えての理解が困難になる。どの年齢層で移住した子どもが日本語習得において有利であるとするかにややずれはあるものの、志水・清水（2001）の研究においても、高度な学習思考言語が要求される学年（中学校や小学校高学年）で来日した場合に、教育達成が困難になることが指摘されている。一方、幼少期に来日した場合には、社会生活言語としての日本語の習得は他の世代よりも容易になるものの、家庭環境によっては、学習思考言語としての日本語の習得が困

---

[5] 移民の移住時期に応じて、18歳以上で移住した世代を第1世代、13歳～17歳で移住した世代を1.25世代、6歳～12歳で移住した世代を1.5世代、0歳～6歳までの時期に移住した世代を1.75世代と定義する（Rumbaut 2004: 1167）。

難になる。両親の日本語能力が十分でなければ、日本語で学習思考言語を発達させるのに足る十分な語彙を獲得することが困難になるからである。一方で、母語についても、抽象的な言語を理解するに足るほど、十分に形成されているわけではない。この結果、幼少期に移住した世代は、母語も居住国の言語も、どちらも十分でないセミリンガルになる可能性があるのである。

3-2 家族

　教育における公的な費用負担が大きくない日本においては、家族は経済的に子どもの教育を支える大きな役割を果たしていると同時に、文化資本を伝達する、心理的な安定をもたらすなど、様々な側面から子どもの教育達成に必要な条件を提供している。ここでは、家族の影響について、経済階層、人的資本、ロールモデルの提供、将来設計、教育の価値づけの強さという、互いに関連する複数の要因をとりあげて、考察したい。

　両親の社会階層が、子どもの教育達成に影響を与えるというのは、日本人を対象とした従来の階層研究が提示する主要な知見の一つである。移民の子どもにかんしても、これは一定程度あてはまるようにみえる。鍛治（2007）は、大阪に在住している中国系移民の子どもの進路の決定要因として、父親の社会階層（父親が中国に居住していた時に農業従事者であったかどうか、または、現在生活保護を受給しているかどうか）の影響を分析し、中国での父職が農家であった場合には、非農家であった場合に比べ、高等教育に進学する率が低下する傾向にあることを明らかにした。一方、現在生活保護を受給しているかどうかは、教育年数に影響をもたなかった。

　また、志水・清水（2001）や志水（2002）は、南米出身者、インドシナ難民、韓国系移民の子どもらの教育達成を分析する中で、高学歴かつ日本においてもノンマニュアル職に就く傾向にある韓国系移民が、子どもに塾や習い事などの積極的な教育投資を行っており、子どもたちの学校適応も比較的順調に進んでいるのに対し、南米系の子どもたちやベトナム難民の子どもたちが学校適応に問題を抱えがちであることを指摘している。これは、国籍間での経済階層の差が、子どもの教育達成に影響を与えていることを示唆してい

ると認められる。同様の結果は、姫路市の小中学生を対象に行った関口・宮本の研究（2004）にもみられ、親の日本における経済状況がよいとはいえないブラジル系、ベトナム系移民において、子どもの家庭学習が不足がちな状況が現れており、「勉強がよくわからない」という子どもが半数を占めていることが指摘されている。

　しかし、経済階層のみが子どもの教育達成に影響を与えるわけではなく、親の学歴によっては、同じ経済階層でも、子どもの教育に差が出るとの調査結果も存在する。たとえば、志水・清水（2001）は、インドシナ難民の中でも、比較的学歴の高いベトナム系移民は、親が教育に積極的に関与する傾向がある一方、母国で十分に教育を受けられていない人が多数となるラオス系移民は、親が子どもの教育に対して強い関心を払わないという傾向があるという。彼らの日本での経済状況はともによいとはいえず、インタビュー回答者の中には、世帯主である夫が失業中の家族も調査対象となる49家族中7家族（14%程度）存在した。しかし、このような状況にあっても、ベトナム系の親の学歴の高さは、子どもの向学校的な態度を醸成するだけでなく、親自身の日本語習得を手助けし、子どもとのコミュニケーションや学習支援、日本の教育システムや学校についての情報の獲得などを可能にすることで、子どもの学力向上を可能にしていると述べられている（志水・清水 2001）。

　ただし、親の学歴の高さが、学力の向上にまでつながるのは、親の日本語能力が高い場合である。そうでない場合には、親が母国で高校に通っていた場合にも、子どもの学習を支援したり、他の資源を獲得したりすることが難しく、子どもに向学校的な価値観が育まれる一方で、学力は低いままにとどまるケースも少なくない（志水・清水 2001）。同様に、宮島（2002: 127-30）は、1998年から1999年にかけて行った神奈川県下で行ったインタビュー調査から、日本に居住する移民の場合、親の就学経験や「学びのハビトゥス」が子どもに効果的に伝達されにくくなっている可能性を指摘する。これは、「日本語という媒体のカベ」が存在するからである。インタビューを受けた外国人中学生・高校生の親の多くは、中等教育以上の学歴をもち、都市出身者の割合も高く、教育への価値付与のレベルが比較的高いにもかかわら

ず、両親とも日本語を「よく話せる」ケースはまれであった。そのため、親は子どもの教育に十分にかかわることができず、子どもに自らの就学経験を伝達できないのである。逆に、于（2010）は、中国帰国生徒3人に焦点を合わせたフィールド・ワークを通じて、教育資源が乏しくとも、親の日本語能力が高く、教育に積極的にかかわる姿勢があり、子どもの母語能力が高いという条件がそろえば、学力を維持できることを示唆している。また、親の言語能力は、情報へのアクセスともかかわってくる。たとえば、志水・清水（2001: 146）はベトナム系移民の子どもについての分析から、親の日本語能力が低い場合、日本人とのネットワーク形成が困難になり、必要な情報へのアクセスが欠けてしまうことを指摘している。このように親の言語能力が十分でない場合には、居住国の言語を話せる子どもが情報源となるが、彼らがカンボジア系のある移民家族を例に挙げて示しているように、子どもを通訳とすることによって、親の社会的ネットワークがより狭まり、家族の獲得できる情報が限定されたものになる可能性もある（志水・清水 2001: 167）。このことから、学歴の効果は、教育資源の継承によるものであるよりも、親の言語習得可能性を高め、親子間でのコミュニケーションの維持や必要な情報へのアクセスを可能とすることによるものであると考えられる。

　さらに、親だけでなく、兄弟姉妹が、子どもが将来像を描く際のロールモデルを提供できるかどうかも、子どもの教育達成に影響を与える（宮島 2002）。逆に言えば、家族が適切なロールモデルを提供できないことが、子どもの教育達成における障害となる。移民の子ども達は、社会関係資本に乏しく、自らの将来設計をするにあたってモデルとなる人物が家族などに限定されているのである。

　移民の子どもの教育達成は、両親の将来設計にも影響を受ける。将来的な帰国が前提とされる場合には、居住国における子どもへの教育投資への手控えが起こる（宮島 2002）。これは、日本への移住を一時的な出稼ぎととらえる傾向にある南米出身の移民に広く見られることである。そして、このように親が定住を前提として将来像を描いていないことは、子どもの学習意欲にも影響を与える。宮島（2002）は、日本在住の移民の子どもの学業不振を分

析した結果、子ども本人が学業・就学に対する動機を見出すことが困難な状況にあることを明らかにしている。特に「出稼ぎ」を目的とする両親にともない来日した南米系の子ども達は、来日の経緯、国内における度重なる移動（引越）等によって、生活の安定性を確保できず、日本に定着し、成功しようという動機が弱くなる可能性がある。「親がブラジルに帰れば、自分も帰らねばならない」という滞在の暫定性や受動性が子どもの心理的留保感を引き起こすのである。こうしたブラジル系移民の子どもたちの状況は、日本への定住を前提として暮らすインドシナ難民の子どもたちが、就学を当然視し、規則的に通級するのと対照的である（宮島 2002）。しかし、実際には多くの場合、ブラジル系の子どもたちの将来的な帰国は、必ずしも具体的な計画として設定されているわけではない。小野寺（2003: 104）は、ブラジル人学校に子どもを通わせるという選択は、子どもの将来を考えてのみ行われるのではなく、滞在が長期化して帰国の目途が立たない親自身が、故国に自分たちをつなぎとめるための「アンカー」としての意味を託したものでもあるのではないかと述べている。このように漠然とした将来像しか描けないことによって、子どもに専門・技術職に就いてほしいと望み、大学進学を期待しながらも、親は子どもの高校進学について何もできずにいるのである（志水・清水 2001）。そして、滞在が長期化する中で、親の将来設計も変化し、ブラジル人学校に通わせるか、日本の学校に通わせるかという教育戦略も変化していく。子どもの教育達成は、このような親の教育戦略の不明確さによって、困難になると考えられる。実際、児島（2010）は、日本滞在経験を経て帰国したブラジル人青年たちへのインタビュー調査から、親の首尾一貫した教育戦略のなさが、家族外の社会とのネットワークのなさと重なり合う中で、子どもが明確な将来像を描けなかったり、思い描く自己像と彼らや彼女らを取り巻く現実がかい離してしまう傾向にあることを指摘している。

　上記のような、家族側に元々備わっていた要因だけでなく、親子間の関係の変化も子どもの教育達成に影響を与えることがある。子どもが日本人化していく中で、親との価値観に大きなずれが生じると、親子関係が悪化し、子どもの教育達成が困難になる場合がある（志水・清水 2001; 鍛冶 2007）。鍛冶

(2007：342-5) は、1.75 世代の在日中国人において教育達成が困難になることに注目し、その背景には、親が「日本人化していく子どもたちへの管理・統制力を失っていくことに起因する生活指導上の問題」があると指摘している。親が母国では当然だった親や教師への従順な態度を子どもに要求することが、日本人化している子どもにとっては反発を生むものとなるように、子どもの文化的同化が、親子間での文化葛藤を生み、学校からの離脱を招いているのである。また、志水・清水（2001）では、インドシナ家族へのインタビューから、同様の結果をえている。垂直的な親子関係という、インドシナ社会での伝統的な親子関係が、子どもの日本社会への同化の中で維持できなくなった際に、親子で価値観を再び共有することができないと、子どもが非行にはしるなど、反学校的になり、学校適応は困難になる。例外的に、難民キャンプでの経験が長く、子どもが難民キャンプでの親の苦労を強く意識している場合には、子どもが親をかばうことになり、母語を習得する、または、親に迷惑をかけないことを意識することで、親子間の対立が生じないということも指摘されている。ただし、この際でも、子どもは向学校的な態度を身につける一方で、学力の面では低い水準にとどまりやすい（志水・清水 2001）。

3-3 エスニック・コミュニティ

　さらに、これまでのいくつかの研究において、エスニック・コミュニティが、家族という単位では提供できないもの——例えば、ネットワークのような——を提供することによって、移民の子どもの教育達成の可能性を大きくすることがあると論じられている（志水・清水 2001; 児島 2010）。たとえば、児島（2010）は、ブラジル系移民の子どもたちへの聞き取り調査から、ブラジルに帰国後、高等教育への進学を果たした子どもたちが、進学意志の形成、維持を支える家族外のネットワークをもっていたことを指摘している。おじやいとこ、その親など、親戚からなるこのネットワークは、経済的な支援だけでなく、ロールモデルの提供、進学にかんする情報の提供など、様々な形で、家庭内では処理しきれない課題への対処可能性を高めている（児島

2010：274-5)。また、志水・清水（2001）は、ラオス系移民の子どもの学力が低い程度にとどまっている理由の一つとして、ラオス系移民は、ベトナム系移民やカンボジア系移民と比べ、同国人との結びつきが弱く、互いに相談を持ちかけあうような関係を結びにくくなっており、このため、生活の中で有益となるような情報が手に入らないだけでなく、家族内でのトラブルが解決できないなどの問題を抱えがちであることを挙げている。

　しかし、単にネットワークがあることだけでは、教育達成の条件が十分に整うわけではない。田房（2005：167-8）が指摘するように、一部の集住地域では、ネットワークはあるものの、高校に進学し、安定した職業につくなどのロールモデルとなる者が含まれておらず、学習意欲や進学に対するモチベーションを高めることが困難な状況が生じている。乾（2007）も兵庫、広島、岡山県に在住するラオス系移民の親や子どもへの聞き取り調査から、子どもが進学しない家庭は、集住地域に居住する割合が高いことを指摘しており、この背景にあるメカニズムとして、地域の中で、同年代の若者が影響し合って、ますます素行や学業成績が悪化していくことをあげている。つまり、ネットワークの中に、日本社会の中で上昇移動を果たした層が含まれておらず、適切なロールモデルを提供することができないと、教育達成の可能性を大きくしないどころか、場合によっては、ピア・エフェクトを通じて、教育達成を阻むのである。

　また、日本における移民の子どもの教育達成を考えるうえで、エスニック・スクールの果たす役割も指摘されている（志水・清水 2001；丹野 2005b；小内編 2009）。エスニック・コミュニティが一定程度の規模を持っている場合には、エスニック・スクールの設立によって、子どもの教育に日本の学校への進学とは異なる選択肢が提供される[6]。なかでも、ブラジル人学校は、

---

6 エスニック・コミュニティがエスニック・スクールの設立に貢献する方法は一様ではない。濱田・菊池（2009）では、ポルトガル語指導のボランティアが発展する形で、ブラジル人学校が設立された例が挙げられているが、山脇（2005）によれば、日本におけるブラジル人学校の増加は、国境を越えて展開される教育ビジネス活動の広がりによる影響も大きく、互助的なコミュニティの有無だけでなく、集住地域の規模が設立を促すとも考えられる。

朝鮮学校を上回る数となっており、ブラジル人の児童生徒に教育機会を提供している。たとえば、丹野（2005b: 249-50）は、愛知県豊田市におけるブラジル系移民の子どもの不就学率が相対的に低い（2004年当時9.1％）要因の一つとして、ブラジル人コミュニティにおける「教育の自由化」をあげている。30人を超える児童を集める私塾ができたり、ブラジル文部省から認められたブラジル人学校にマイクロバスの送迎で通う生徒がいるために、不就学率が低くとどまっているのである。ブラジル人学校に通う、というのは、ブラジル人家族にとっての主要な「教育戦略」（志水・清水 2001: 196）の一つであるが、これはブラジルへの帰国が念頭に置かれている場合だけでなく、日本の学校でいじめにあったり、授業についていけなかったりするなどの不安を回避するための選択肢としても機能している（志水・清水 2001）。

さらに、濱田・菊池（2009）は、中部地方の外国人集住地域（大泉町、豊橋市、浜松市）における調査から、ブラジル人学校に通う生徒・児童（小学校5年〜中学校2年）の8割近くが大学・大学院への進学を希望しているとの結果を示している。これは、公立学校に通うブラジル人生徒・児童での大学・大学院進学希望が半数以下であることと対照的である。ここで、ブラジル人学校を出た上での教育達成として、児童・生徒やその保護者の多くが念頭においているのは、母国での教育達成であり、ブラジル人学校に通う生徒・児童の半数以上、保護者の8割以上がブラジルでの進学を期待している。ただし、都築（2008）はブラジル本国で学力の向上が起きていることを述べつつ、ブラジルで教育を受けていない日本生まれの子どもたちにとって、ブラジル人学校の卒業後にブラジルの大学に進学するためには、帰国後のかなりの準備が必要である可能性を指摘し、ブラジル人学校に通わせる親と子どもの教育期待と教育戦略が合致していないと述べている。

日本に限定した教育達成に、エスニック・スクールがどのような役割を果たしているかについては、いまだ解明がさほど進んでいない。ブラジル人学校についてみてみると、近年ではいくつかが各種学校として認可されたり、ブラジル政府認可校の修了資格が日本においても正規のものとして認められるなど、制度の上での日本の教育システムとの接合は整いつつある。しかし、

日本語能力が十分でなく、日本の学校のカリキュラムにそった学習の蓄積がないままに、日本の大学に進学・卒業することは実際的には非常に困難であると考えられる。濱田・菊池（2009: 46-7）の調査では、ブラジル人学校に通う生徒・児童の中で、日本生まれの割合が高まっているのと同時に、ポルトガル語しか話せない割合が高まっていた。これは、公立学校に通うブラジル人生徒・児童が言語面でも、文化的にも日本人と同化していっているのと対照的である。丹野（2005b: 250）は、将来的な帰国の実現可能性が不明確である状態において、エスニック・スクールへの通学によって不就学が解消されているとみなすことは、「問題の先送りに過ぎない」と指摘している。将来的な帰国が実現できなかった場合に、日本語能力が低いままにとどまったとすれば、高等教育への進学は困難になり、就職の際の選択肢も限られたものとなりうる。つまり、エスニック・スクールの存在は、子どもの不就学の改善に役立つ一方、教育達成に貢献するのかについては、議論の余地があるといえるだろう。

3-4　日本の学校制度・文化

　日本における移民の子どもの教育達成についての研究の多くが、教育社会学的な観点から行われてきたこともあり、日本の学校制度・学校文化が移民の子どもの教育達成に与える影響については、すでに相当の研究蓄積がある（太田 1996, 2002; 志水・清水 2001; 志水 2002; 児島 2006）。そのようなこれまでの研究において、移民の子どもの教育達成に大きな影響を与えるとされた、日本の学校制度、学校文化に関する諸要因は、①日本の学校文化におけるモノカルチャリズム、②日本の学校制度におけるモノリンガリズム、③受け入れ態勢の不備、④外国人特別枠などの入試制度の4つに大別できる。

　第一の要因は、日本の学校におけるモノカルチャリズムであり、より具体的には、教師や同級生らからの明示的および暗黙の同化圧力が、移民の子どもたちの学校適応を困難にし、教育達成を阻むというものである。志水・清水（2001）によれば、生徒が一律に行動することを求める同化圧力は、日本の学校文化の特徴でもある。日本の教員は障がい者など、特別の対応を必要

とする子どもたちに対して、個別に対応するのではなく、むしろその異質性を極力排除し、生徒たちを「われわれの学校」や「私のクラス」に所属する同質的な集団の一員として扱っていこうとする傾向にある（志水 2002: 76-7）。このため、移民の子どもたちも、授業時における学習様式や態度、服装や持ち物など、様々な面において、「日本のルールに従う」ことが要求される。そうした同化圧力は、「特別扱いしない」というイデオロギーによって正当化されるのである（志水 2002; 川上・市瀬 2005）。また、教員だけでなく、同級生からのピア・プレッシャーも、移民の子どもたちの学校適応を困難にする。太田（2000: 193-4）は、あるブラジル人女子中学生が、「ピアスも化粧も自由にしてよい」と校長から言われたが、同級生が誰も化粧やピアスをしていないため、化粧もピアスもやめた例を挙げ、移民の子どもが「そうしなくては日本の学校に仲間として受け入れてもらえないから仕方なく、『自ら』まわりの生徒にあわせ」ていると指摘している。学校におけるいじめが、しばしば移民の子どもの不就学やドロップアウトの契機となることは、多くの研究において指摘されており（太田 2000; 竹ノ下 2005）、こうした同級生からの同化圧力のもたらす影響は非常に大きいといえる。

　もちろん、移民の子どもたちは、こうした同化圧力にただ従っているだけではない。児島（2006）は、ブラジル系移民の子どもたちが、遅刻やサボりといった抵抗を行うことで、日本の学校の同化圧力の中で、自らのアイデンティティを維持し、生き抜こうとしている例を紹介している。しかし、児島自身が指摘しているように、こうした抵抗は、学力の低下を招き、日本での高校進学を困難にするというジレンマをはらむものである。さらに、移民の子どもたちの同化への積極的・消極的抵抗は、必ずしもモノカルチャリズムを覆すものとはなりえない。児島（2006）のフィールド・ワークからは、教師たちが、移民の子どもたちに「日本のルールに従う」ことを要求する一方で、指導が困難になると「外国人だから仕方ない」として「文化の差異」のもとに指導をあきらめていることが示されている。移民の子どもたちとの対話を通して、学校文化をつくりかえるということは行われず、「日本のルール」が維持されるのである。また、志水・清水（2001）が調査の対象とした

学校では、移民の子どもが多数在籍するため、その内部での多様性が顕在化し、一様に「移民の子ども」として捉えることができなくなっていた。その結果、学校適応が困難な子どもがいたとしても、それは文化面・言語面での差異から生じる学校適応の困難としてではなく、個々人の学校への不適応として処遇されるようになり、結局、問題の解決は、一人一人の子どもの「頑張り」に任せられてしまうことになっている（志水・清水 2001: 74-76; 太田 2005: 74）。こうした移民の子どもの集団の内部での多様性を見るという視点は、「外国人だから」というステレオタイプ的な見方を逃れるものである一方、移民の子どもたちの振る舞いの背後にある日本の学校文化への不適応に対する問題意識は希薄であり、その結果、日本人の基準から見て「普通」にふるまうことを求めることにつながりうる（志水・清水 2001）。

　第二の要因として、日本の学校制度のモノリンガリズムがあげられる。太田（2002）によれば、日本の学校は、日本語習得を授業へのアクセスの絶対条件とする「日本語至上主義」に立脚している。したがって、移民の子どもは何よりもまず日本語の習得を要求される。その一方で、子どもたちの母語に対しては、肯定的な評価は与えられず、意図的ではないにしろ、母語の維持に必要な費用や時間を日本語に費やすかたちで身につけさせ、教育が進められていく。言語能力についての節でふれたように、母語の維持が移民の子どもの教育達成に貢献しうることを考えれば、日本の学校のモノリンガリズムは、移民の子どもの教育達成を阻むものとなりうるだろう。さらに、モノリンガリズムは移民の子どもに対してのみ問題なのではなく、保護者にとっても問題となる。日本語能力が十分でない親の場合、配布物を読むのは困難である。日本の学校制度に関する情報へのアクセスが十分でないこともあり、外国籍の親は日本人の親と比べ、学校行事への参加や配布物を読む割合が低い（谷渕 2009）。親による学習支援が子どもの教育達成に影響を与えていることを踏まえると、モノリンガリズムは親の学習支援を減少させることを通じても、移民の子どもの教育達成を妨げているといえる。しかし、先述したように、太田市など、一部の外国人集住地区においては、バイリンガル教員を積極的に雇用して、移民の子どものサポートにあてるなど、バイリンガリ

ズムの観点に立った制度への改革も徐々に始まっている（新藤・菅原 2009）。
　第三の要因は、受け入れ態勢の不備である（太田 2000; 太田・坪谷 2005; 児島 2006; 佐久間 2006）。受け入れ態勢の不備は、様々なレベルに現れている。まず、外国籍者は、法律上の就学義務がないことから、自治体や学校の多くが外国籍の子どもの就学の実現に強い責任意識をもって取り組んでいない。例えば、市町村教育委員会は、外国人登録を行っている外国籍の子どもに宛てた就学案内の発送を行うものの、その多言語化や、就学手続きをしていない際の働きかけは、一部の熱心な地域を除くと、行われていない[7]（太田・坪谷 2005）。そのため、親の側からの働きかけがない場合には、その子どもは不就学状態に置かれがちである。また、退学や長期欠席に対しても静観されることが多く、不適応に陥っている移民の子どもを学校に引き留めるための教師からの働きかけは、積極的に行われているとは言い難い（太田 2000）。
　さらに、移民の子どもの増加を受けて、各都道府県や市区町村では児童生徒の母語を話せる相談員の派遣や、担当教員への研修を行うなど、受け入れ態勢の整備を行っているが、こうした取り組みも十分なものとはいえないことがこれまでの研究で指摘されている。文部科学省では、「公立義務教育諸学校の学級編成および教職員定数の標準に関する法律第 15 条第 2 号」にもとづき、日本語指導や生活指導を行う加配教員の配置が行われている。配置の基準は都道府県の判断に任されているが、外国人児童生徒が相当数以上在籍することが必要とされる。一方、日本語指導が必要な外国人児童生徒の在籍人数をみると、5 人未満在籍校が全体の 77%、1 人在籍校が 44% を占める（平成 22 年度）。そのため、多くの学校では、移民の子どもは市区町村などから派遣される日本語指導員や生活相談員の指導やセンター校での授業を週に数回受けるほかは、日本語学級や国際教室において、日本語指導を専門としない国際教室の担当教員らからの指導を受けることになる。そして、日

[7] 外国人登録が行われていない非正規滞在者に対しては、就学案内の発送自体も行われない。また、この場合には、強制送還を怖れて、親も子どもの就学手続きを行わない傾向がある。本来、子どもの教育を受ける権利は、親の法的地位とは関わりなく保障されるべきであることを考慮すれば、非正規滞在者の子どもが不就学状態に置かれていることも、移民の子どもを取り巻く大きな問題の一つである。

本語学級や国際教室においてどのような内容の授業が行われるかは、担当教員に任されている。一般に、日本の学校において、以下に述べるように、国際教室におかれるプライオリティは必ずしも高くない（児島 2006; 佐久間 2006）。佐久間（2006：57）によれば、日本語教室には新任教員や通常の学級運営における指導力に問題がある教員などが配置される傾向がみられるが、これは、「有能」な教員を日本語教室に配置した結果、日本人児童・生徒の教育に支障が生じるということを避けたいという学校の配慮が働いたものと思われる。川上・市瀬（2005: 26-7）も宮城県で行った調査から、外国人児童生徒の担任または指導教員の大半が、外国人児童生徒を指導した経験を1年未満しかもっておらず、国際教室の担当も1-3年で交代していることを示し、移民の子どもを指導した経験が蓄積されず、教師の専門性が育たないとの問題を指摘している。これに加え、日本語教室などでの日本語指導には、短期間の初期指導にとどまる傾向にあること（太田 1996: 128-131）や、十分な指導法の確立が行われていないことから、移民の子どもが日本語教室での指導を通じて、教科学習についていけるだけの日本語能力を身につけさせるのは容易ではないことが明らかにされている。

　先進的な取り組みとして、確立した指導体制をもつ日本語学級を運営している学校も少数存在する。しかし、この場合にも、移民の子どもの学校適応に問題が生じうることが明らかにされている。志水・清水（2001）が調査を行った学校のうちの一校は、10年ほどの歴史をもつ日本語学級をもっており、2名の専任教諭によって、確立された指導体制のもとで、児童各自に合わせた形で、日本語指導と学習指導が行われていた。しかし、こうした整備された教育体制がある結果として、原学級と日本語学級の分業化が進み、移民の子どもの指導は一手に日本語学級が行うこととなっていた（志水・清水 2001）。日本語教室が「隔離の場」として機能しうる可能性については、児島（2006: 190）においても指摘されている。この場合、移民の子どもたちの抱える問題が、日本語学級という「周辺」的な場所で処理され、「主流」である原学級では顕在化しないという意味で、学校文化のモノカルチャリズムを維持し、移民の子どもたちの学校適応を困難にする可能性をもっていると

考えられる。

　これら三つの要因に加えて、移民の子どもの教育達成に影響を与える第四の要因として、特別入試制度の存在があるだろう。これは、特別枠の設置や、日本語以外の言語で行う、日本語にルビをふる、科目数を減らす、時間を延長するなどの措置を設けることにより、日本語にハンディのある生徒に配慮した入試制度を意味する。この制度には、海外帰国子女のために設けられた制度、中国帰国子女のために設けられた制度、そして、外国人生徒児童のために設けられた制度の3つの種類がある（安場 2003）。第一の制度は、日本国籍をもつが、海外在住経験が長かったために、高校入試にハンディをもつ人々のために設けられたものである。これに対し、第二の制度は、中国引揚者の子弟のために設けられた制度であるが、中国帰国者に第一の制度を適用している場合もある。第三の制度は、外国籍者の子弟を対象としているが、渡日3年以内など、期間が限定されており、日本で生まれ育った子どもなどは、制度の対象とはならない。措置の内容については、自治体ごとで異なるが、2009年では、制度がまったく存在しない都道府県は新潟県と福井県の2つに限られる（小内 2009）。棚田（2006）では、特別枠を利用して入学した生徒が一般入試で入学した生徒に比べ、日本語力が低い傾向にあることが指摘されているが、これは特別枠が日本語能力の低い生徒の高校進学に寄与していることを示唆するものでもあるだろう。

3-5　これまでの先行研究の問題点

　これまで述べてきたように、先行研究はいくつかの要因が移民の子どもの教育達成を阻んでいることを明らかにしている。しかし、これまでの日本の研究は以下の3点において、移民の子どもの教育達成が日本人よりも低い程度にとどまるという問題の解明に十分に成功したとは言えない。第一に、これまでの研究は、単一の要因に関心が集中し、複数の要因間の関連を見落としがちであった。言うまでもなく、移民の子どもの教育達成の成否には、複数の要因が相互に関連し合いながら、影響を及ぼしているが、この点に関して従来の研究は、十分な考察を行っていない。

第二に、日本では移民の子どもの教育達成にかんする全国規模でのデータの蓄積がないこともあり、これまでの研究は、一つの学校や地域に焦点を合わせたフィールド・ワークが中心をなしてきた。その結果、分析される対象となる子どものエスニシティに偏りがあることが多く、例えば、ブラジル人の子ども、中国人の子ども、インドシナ難民の子どもについて別々に分析しており、ほかの集団と比較すれば見出せるはずの、個々の集団の特徴が十分に意識されていない傾向がみられる[8]。しかし、エスニック集団ごとの、社会経済的地位の違いや日本との文化的距離の違いなど、教育達成に影響を与えうる、さまざまな要因を含みこんでいるため、各集団を比較することが、移民の子どもの教育達成の解明のためには必要である。

　第三に、従来の研究では、移民の子どもの内部での顕著な階層性に十分な関心がはらわれてこなかった。移民の子どもの教育について論じられる場合は、不就学や教育達成の低さなど負の側面に関心が集中する傾向があるが、東京都港区が2010年に区内の在住外国人に子どもの教育について尋ねたアンケート調査をみてみると、外国人が集住している他の地域（例えば前述したような、愛知県や長野県）とは全く様相が異なっていることがわかる。港区に在住する外国人の多くは、外資系証券会社や大使館などに勤務する、所謂、高学歴・高技能労働者で、欧米出身の移民が多い。これらの移民の子どもの多くは、「1年間の学費が数百万円にも上る」というインターナショナルスクールに通学しており、不就学や教育達成の低さなどはほとんど問題となっていない。移民の子どもの教育達成が多様であることは、前節で指摘した学力の二極化にも見てとれる。こうした「上層」への関心の欠如は、日本社会の階層構造の中に移民を位置づけてこなかったこととも関連する。外国人の子どもの教育達成を考える上では、彼らの教育達成の多様性に着目し、それが日本社会における彼らの地位とどのように関連するのかについて考える必

---

[8] 例外として、インドシナ難民、日系ブラジル人、韓国系移民の子どもの教育達成について、「家族の物語」の違いに注目した比較分析を行った、志水・清水（2001）があげられる。ただし、ここでも家族の教育戦略という一つの要因に焦点があてられており、複数の要因の相互の関連については、十分に考察されていないといえる。

要があるだろう。

　それでは、上記の問題点はどのように克服できるだろうか。ここで参考になると考えられるのが、移民受け入れに長い歴史をもつ、アメリカにおける研究である。アメリカでは、移民の子どもの教育達成についてのデータが豊富に蓄積されていることもあり、これまでに複数の要因間の関連を考慮に入れつつ、移民の子どもの教育達成にいかなる要因がどのような影響を与えるのかという点についての分析が数多く行われてきた。次節以下においては、その成果を概観し、日本の移民の子どもらの不就学や教育達成における問題を解明するための理論枠組みを模索していきたい。

4. アメリカにおける移民の子どもの教育達成についての先行研究

　1960年代のアメリカにおける移民の社会移動に関する研究では、同化理論（Assimilation Theory）が主流であったが、この理論は移民が移住先社会で居住年数を重ね、世代を重ねる中で、言語的・文化的に同化し、その結果、高い地位達成を遂げていくという基本的仮説に立つものであった（Gans 1992）。つまり、この理論では、移民の子どもたちは、当然に親世代よりも高い地位を獲得できると考えられていたのである。しかし、1970年代以降、より多様な文化的・経済的背景をもつ移民が流入するにつれて、「移民の子どもは上昇移動する」との見解に対して異議が示されるようになった。そのような異議を提出した研究の中では、移民の子どもの教育達成の度合いは、出身階層やエスニシティなど、様々な要因で異なっていることが示されている（Kao and Tienda 1995、Abada et al. 2009、Haller et al. 2011などがあげられる）。たとえば、カプランらはインドシナ系難民の子どもの教育達成に、親の教育水準や居住地が影響していることを述べたうえで、そのインドシナ系難民の中でさえも、固有の文化を共有する民族ごとの違いが大きいことを明らかにした（Caplan et al. 1989）。

　ポルテスとチョウは、こうした移民の子どもたちの教育達成の多様性を説

明する理論として、「分節化された同化理論」(Segmented Assimilation Theory) を提唱している (Portes and Zhou 1993)。この理論によれば、移民の子どもたちが移住した社会のどの社会階層に同化するのかは、人的資本などの個人的要因と、移住した社会の政治的状況や経済的状況、エスニック・コミュニティの有無等の文脈的要因に依存する。より具体的には、移民の子どもが移住先社会に同化していく過程には異なる三つの経路があり、そのうちどの経路をたどるかによって、それぞれの移民の子どもが移住先社会のどのような社会階層に同化するかが決まる。すなわち、移民の子どもは、親世代が十分な人的資本と経済的資本をもち、安定的な家庭の状況があり、移住先社会に肯定的な編入様式のもとで移住すれば、社会的上昇移動を果たす第一の経路を辿ることになる。次に、親世代の人的資本や経済的資本が不足していても、強いエスニック・コミュニティによって補うことができれば、社会的上昇移動を果たす第二の経路に進むことができる。そして、親世代の人的・経済的資本の不足と否定的な編入様式、弱いエスニック・コミュニティという条件がそろった場合には、移民の子どもは、社会的上昇移動を果たすことができず、都市下層へと同化していく第三の経路をたどることになる。ここで、編入様式とは、ホスト国政府の移民にかんする政治や、受け入れ社会の価値や偏見、エスニック・コミュニティの種類の組み合わせからなるものである。この分節化された同化理論は、移民の受け入れ社会における社会的・経済的地位や、文化的同化の度合い、エスニック・コミュニティの状況など、互いに関連しあう複数の要因が、移民の子どもの教育達成にも影響を与えることを示唆するものと考えられる。

　親の社会・経済的地位が、移民の子どもの教育達成に影響を与えることは多くの研究で確認されており (Kao and Tienda 1995; Portes and MacLeod 1996; Valadez 2008)、分節化された同化理論にもとづく研究の多くは、第二の経路と第三の経路の分岐——上昇を目指す価値意識を形成する要因——に注目してきた。ここで問題となるのは、家族を含めたエスニック・コミュニティが教育を重んじる文化を持っているか否か、そして、居住国における制度的・社会的包摂の程度がどの程度であるかという点である。実際、アメリカで行

われてきたいくつかの実証研究において、この理論が移民の子どもの教育達成の成否を説明する能力を有していることが証明されている。たとえば、マトゥテ・ビアンチは、カリフォルニアでのフィールド・ワークの結果、低い階層に位置するメキシコ系移民では、チカノとしての文化から自分を切り離しつつ、メキシコ系としてのアイデンティティを維持することが、高い教育達成を可能とする一方、学歴、職業階層ともに高い日系移民の子どもでは、日本文化を維持していることが高い教育達成をもたらすわけではないことを明らかにしている（Matute-Bianchi 1986）。つまり、親世代の社会階層が高い場合には、エスニック・コミュニティへの同化と関わりなく、教育達成を果たすことができる。一方、高い社会階層に位置しない移民の場合には、教育達成を果たすためには、上昇移動を可能とするエスニック・コミュニティへの同化が必要となるのである。同様の結果は、他の研究でも見られる。アルチュールらは、経済的貧困地域に暮らすヒスパニック移民の子どもの学力の分析から、自集団のみへのコミットメントは学力の低下をまねくが、マイノリティとしてのアイデンティティを持ちながらも、障害を乗り越え、主流社会で成功したいという意識を持っている場合には、学力が高まることを明らかにしている（Altschul et al. 2008）。これに対し、マイノリティとしての自己意識とアメリカ人としての自己意識を両立させている場合や、個人主義的意識が強くマイノリティとしての自己意識を持っていない場合には、学力が高まらない。つまり、自集団へのコミットメントが、上昇志向につながる場合には、教育達成が可能となるのである。以下では、家族を含めたエスニック・コミュニティと、居住国における制度的・社会的包摂という2つの要因について、より詳しく見ていこう。

4-1　家族とエスニック・コミュニティの教育の重視

　家族の社会階層が高くない場合でも、家族が教育に多くの資源を投入することによって、子どもは高い教育達成を果たすことができる。たとえば、チョウらは、中国系・ベトナム系移民の子どもとメキシコ系移民の子どもの教育達成の差には、親が子どもの教育を重視する程度の差が影響していると

述べている (Zhou et al. 2008)。子どもが進学を望んだ場合にも、親が自分の仕事を手伝うことを要求すれば、高等教育への進学は困難になる。逆に、苦しい経済状況にもかかわらず、子どもを勉強に集中させるような環境を作ることで、子どもの進学が可能となる場合もある。こうした、教育と就労による経済的貢献のどちらを優先させるかという点での違いが、教育達成の程度の差を生んでいるのである[9]。

しかし、強い家族の紐帯があった場合にも、家族が社会の中で孤立している場合には、特に低い社会的・経済的地位に位置する移民にとって、周囲の環境からの同化圧力に屈せず、上昇移動を果たすことは困難となる (Zhou 1997: 81)。この際に重要となるのが、コミュニティが提供する社会関係資本である。コミュニティは大きく二つに分けることができる。一つは居住国のホスト社会住民を含めた地域コミュニティであり、もう一つは同じ民族に属する人々からなるエスニック・コミュニティである。

移民の子どもの親たちは、仕事の忙しさや、居住国の主要言語の能力や社会制度についての知識が十分でないことなどから、子どもに対する権威を失いやすく、その生活を管理することも難しい。エスニック・コミュニティは、ホスト社会の教育システムについての情報や、放課後学級等の学習支援を提供する、子どもたちの行動を監視し、その生活を管理するなどの仕方で、親から子どもへの不十分なサポートを補完し、移民の子どもの教育達成を可能とする。たとえば、バンクストンとチョウは、同族集団からなる教会への参加が、ベトナム系移民の子どもの成績を高める効果を持つことを明らかにしている (Bankston and Zhou 1996)。この効果は、教会が運営する言語教室などを通じた学習支援によって生じているだけでなく、彼らの民族的アイデン

---

9 親の期待が子どもの教育達成の一原因として作用するばかりでなく、逆に、子どもの教育達成が親の期待を生みだす原因となる場合もあると考えられる。例えば、ゴールデンバーグらは、81人の南米系移民の子どもを幼稚園から6年生まで経時的に調査した結果、親の期待が子どもの成績に影響を及ぼすのではなく、子どもの成績が親の期待を変化させることを明らかにしている (Goldenberg et al. 2001)。より具体的に言えば、親の子どもの教育達成への期待は、子どもが優秀な成績をおさめることによってふくむと考えられる。

ティティを強め、民族集団のネットワークへと、彼ら、または、彼女らを引きとめることにより、進学へのアスピレーションを高める、というメカニズムによっても生じている。これは、アメリカ社会へと同化せず、民族集団がもつ教育を重んじる価値観を維持することが、マイノリティの教育達成に貢献するということを意味している。同様の指摘は、チョウとバンクストンの1995年の研究でも行われており、ベトナム人としてのアイデンティティが、高等教育への進学意欲や、宿題をする時間などに影響を与えていることが指摘されている（Zhou and Bankston 1995）。ベトナム人集団に帰属し、その中で自分自身の将来を方向づけることにより、移民の子どもは周囲の都市のゲットーへと同化することを避けることができるのである（Zhou and-Bankston 1995: 15）。また、移民の子どもの継時調査（The Children of Immigrant Longitudinal Study）は、移民集住都市圏の49の学校に通う平均年齢14歳の5,262人を対象にした調査で、長期滞在は学力につながっておらず、むしろ会話能力を含めた文化的同化の度合いが高まるにつれ、学習意欲が薄れていくことを示している（Portes and Rumbaus, 2005）。つまり、エスニック・コミュニティとの紐帯が維持されず、アメリカ社会に同化していった場合には、高い学習意欲が保たれず、教育達成が困難となるのである。

　ただし、エスニック・コミュニティは常に移民の子どもの教育達成を促進するわけではない。チョウは、エスニック・コミュニティが移民の上昇移動を助けるかどうかは、そのコミュニティの「制度的完全性」の度合いにかかっていると指摘している（Zhou 2009）。ここで「制度的完全性」とは、メンバーの要求を十分に満たすような、近隣を基盤とした「公式の制度」（formal institutions）にかんするものであり、エスニック・コミュニティの中に、政治団体や商業団体、エスニック・メディア、公共施設などの公式の制度がどの程度存在しているのか、どのような種類の制度があるのか、制度の保有者、リーダー、メンバーが同じ民族集団の人であるのか、また、メンバーの階層構成がどのようになっているのか、によって測られる。韓国系移民の場合には、同族集団からの多様なサポートを受けることができ、同族中流階級との接触も多いことにより、進学についての具体的かつ詳細な情報を得るこ

とができる。これに対し、プエルトリコ系移民の場合には、プエルトリコ系移民自身が組織する制度が少なく、低技能移民がメンバーの多くを占めるので、こうしたサポートを得ることができない。

　一方、同じ民族集団に限らない地域コミュニティも、移民の子どもの教育達成に影響を与えていると考えられる。米国では、社会階層や人種によって居住地の住み分けがはっきりしていることから、学校教育の質は、居住エリアによって大きく異なっている。このため、デイビスが指摘するように、貧困層のアフリカ系と南米系移民のうち都心部へ移住したものは、農村部に残留した人々よりも、教育においても、また労働市場で職を得たのちも成功していることから、居住地域によって受けられる教育に差が生じている可能性もある（Davis 1993）。同様の傾向は、チョウらがあげる例においてもみられる（Zhou et al. 2008）。移民第一世代から第二世代で上昇移動を果たした中国系移民であるサラの家族は、ギャングや暴力から離れるために、最初の居住地である人種混合エリアから郊外へとすぐに転居し、その中で同級生と競い合うことで成績を向上させていったのに対し、下層での滞留を経験するメキシコ系移民のロドルフォの家族は、労働者階級が多く暮らす居住地で暮らし、ロドルフォは学校の勉強についていけなくなるにつれて、ギャングへと取り込まれていく。このように、親の社会的・経済的階層とは別に、居住地域がどのような社会的・経済的階層の人々によって構成されているのかも、教育の質やピア・エフェクトを通じて、移民の子どもの教育達成に影響を与えていると考えられる。

4-2　居住国における制度的・社会的包摂の程度

　アメリカにおける研究では、上記のような家庭の環境や期待は、彼ら、または、彼女らが置かれている制度的・社会的包摂の度合いによって制約を受けていることが明らかにされている（Zhou et al. 2008）。チョウらは、ロサンゼルスでのメキシコ系、中国系、ベトナム系移民の子どもの教育達成についての調査から、中国系の移民の子どもが、親の豊富な人的・経済的資本が好条件として働くことで、高い教育達成を果たすのに対し、メキシコ系移民

の子どもは、親の人的・経済的資本が十分でもないことや、不法移民としての制度的地位の弱さから、他の二つの集団に比して教育達成に困難を抱える傾向にあることを明らかにしている（Zhou et al. 2008）。その一方、ベトナム系移民の親も、人的資本や経済的資本を十分にもっているわけではないが、難民としての制度的地位の安定性が、子どもの教育達成にとって望ましい条件を与えている（Zhou et al. 2008）。非正規移民の子どもとして入国した場合には、活用できる資源が大幅に制限される上に、家庭環境も不安定になりがちである。このことは、子どもの教育達成を困難にする。前述したロドルフォの家庭の経済状況の悪さ、また、両親が長時間の労働に追われ、子どもと過ごす時間がもてなかったことは、彼らが不法移民であったことにも起因する。これは、同じく十分な経済資源を持たないメキシコ系移民の子どもであるアルベルトが、両親がグリーンカードをもっていたことにより、不法移民としての地位の不安定さや周囲の否定的な見方から逃れられたことと対照的である（Zhou et al. 2008: 51）。

　制度的な地位だけではなく、民族のヒエラルキーも移民の子どもの教育達成を阻む制約の一つになる。たとえば、ランボートとイマは、アジア系難民の高校生を対象にした調査で、アメリカ社会のアジア系難民に対する人種差別が、彼らの学校への適応を阻み、教育達成を困難にしていることを示唆している（Rumbaut and Ima 1988）。言語や身体的暴力から身を守る手段として形成した仲間集団からのピア・エフェクトにより、学業への集中が困難になり、非行へと進む可能性があるのである。また、ギブソンでは、プエルトリコ系の移民やメキシコ系移民において、学校に適応した子どもが、「白人のようにふるまっている」ということで、同胞から排除されることを指摘している（Gibson 1989）。このように、アメリカ社会の中での人種差別はそれ自体が教育達成に影響を与えるだけでなく、マイノリティ移民の自発的な離脱を生むと考えられる。さらに、第二世代の移民は、準拠集団が出身国ではなく、居住国の人々になる一方、現実にはネイティブと比較すると社会経済的地位が低い、という状況に置かれる。この場合、上昇した期待と現実のギャップから、フラストレーションを感じ、それが居住国の価値観の拒否へ

とつながる可能性があることが指摘されている（Zhou 1997）。この場合、学習意欲は低下し、教育達成は困難になる。

以上に論じてきたことに基づき、移民の子どもの教育達成に至る分節化された同化のメカニズムは、以下の図2-5のように表すことができる。この図に示すように、移民の子どもの親の経済的状況は、居住国の制度的・社会的包摂の程度によって影響を受ける。また、親が子どもに就労を期待するか、進学を期待するか等の教育への態度や、エスニック・コミュニティが学習意欲を高める機能を果たすのか否かも、制度的・社会的包摂の程度に部分的に規定されている。親の高い人的・経済的資本は、移民の子どもの教育達成を高める効果をもつが、こうした資源がない場合にも、親やエスニック・コミュニティが子どもに教育を重視する態度を与えられた場合には、高い教育達成を果たすことが可能となる。より手短にまとめるならば、分節化された同化理論に基づくと、移民の子どもの教育達成の成否は、移民の家族とエスニック・コミュニティの資源の量によって決まってくるが、それらの量のもたらす効果は居住国社会の制度や社会的条件によって変わってくるといえる。

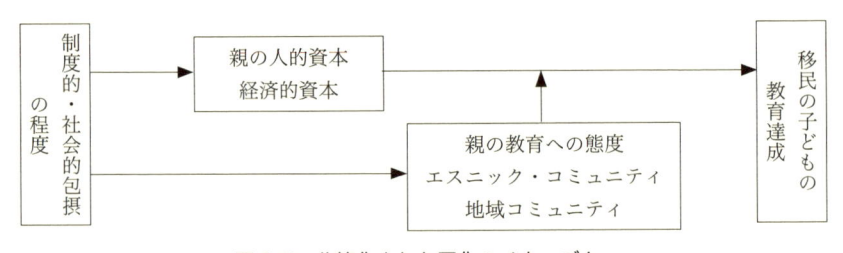

図2-5　分節化された同化のメカニズム

5.　移民の教育達成における日本の特殊性

既に述べてきたように、日本において移民の子どもは教育達成のうえで、日本人と比べ不利な立場に置かれることが多かった。こうした教育達成の問題が生じる原因として、言語の問題や、親の社会・経済的地位、家庭環境、

エスニック・コミュニティ、日本の学校制度と学校文化の存在が挙げられてきた。これらの要因について、先行研究では主にフィールド・ワークを通じて、詳細な記述がなされてきた一方、要因間の関連を含みこんだ形での理論構築や移民内部での教育達成のレベルの多様性についての説明が十分になされてきたとは言い難い。本章では、このような不十分な点を補う可能性のある理論として、アメリカで発展してきた分節化された同化理論に注目し、これまでこの理論がアメリカの移民の教育達成の分析にどのように用いられてきたかを、前節で概観してきた。

　それでは、分節化された同化理論は、日本における移民の子どもの教育達成の分析にも有効だろうか。第一の経路―親世代が十分な人的資本と経済的資本をもち、安定的な家庭の状況があり、移住先社会に肯定的な編入様式のもとで移住した結果、社会的上昇移動を果たす―は、志水・清水（2001）の韓国系ニューカマーの例にもみられるように、日本においても確認される。また、第一節で示した、両親のどちらかが専門・管理職の移民の子どもにおいて、高い学力がみられるという結果も、この経路での上昇移動が日本でも存在していることを示唆している。しかし、ここで注意すべきなのは、ポルテスとチョウが想定した第一の経路は、アメリカへの移住が第一世代にとっての下降移動となっても、子ども世代において上昇移動が可能になるというものだという点である（Portes and Zhou 1993）。つまり、現状における経済階層が低くとも、親が高い人的資本をもっていれば、それを子どもにも継承可能だという仮説に基づいている。一方、日本における上昇移動は、日本においても高い経済階層を維持している移民（専門・管理職層など）においてだけ成り立っており、宮島（2002）が指摘するように、親世代の人的資本が必ずしも子どもには移転していない。ここには、日本語が世界において主要な言語となっておらず、使用する人口が少ないことと、ESL（English as a second language：「第2言語としての英語」）に匹敵するような第二言語としての日本語を教育するためのカリキュラム、教材などが確立されていないこと、そして学習機会の少なさが影響していると考えられる。英語が多くの国で学校教育に組み込まれているのに対し、日本語を学習する機会は多くない。し

たがって、経済階層が高く、十分な資源を子どもの教育に用いられる層や、親の努力によって日本語を習得することができた層を除くと、自らの人的資本を子どもへと受け継ぐことは困難になる。つまり、人的資本があっても、経済的資本が十分でない場合、あるいは、日本語の習得が困難であった場合には、第二・第三の経路をたどることになるのである。

　第二の経路をたどるか、第三の経路をたどるかは、アメリカ同様、親子間の紐帯の強さやエスニック・コミュニティとの関連によって規定されると考えられる。志水・清水（2001）によれば、親子の間での紐帯の強さや、日本社会についての情報を与えるような同国人・日本人とのネットワークを持ちえているか、ということが、インドシナ難民の中での教育達成の程度の差に影響を与えている。一方、エスニック・コミュニティがアメリカ同様に、教育達成に対して肯定的な影響を与えうるのか否かについては、さらなる考察が必要である。乾（2007: 87）が兵庫・広島・岡山でラオス難民を対象に行った調査においては、ラオス難民の子どもの中の非進学家庭はすべて集住地域に居住していることが示された。集住地域において、高校出身者も中学出身者も仕事にさほど違いがないという状況の中で、高校進学者はロールモデルとして機能せず、同国人との結びつきは高校進学を押しとどめる方向で影響を与えていたのである。エスニック・コミュニティが必ずしも教育達成を促さないことは、ブラジル系移民の子どもの例からもわかる。ブラジル系移民の多くは生産工程作業員として就労し、経済的資本を十分にもっているとはいえない。また、長時間の労働や低い日本語力の影響で、子どもの学習を手助けすることも困難である。たしかに、これを補う可能性のある規模の大きなエスニック・コミュニティをもち、エスニック・スクールも設立されているが、先述したように、これが日本での教育達成において有効な効果を持ちえているのかについては、議論の余地があるだろう。こうしたエスニック・コミュニティの教育達成に対する効果のなさ（あるいは負の効果の存在）は、ラオス難民やブラジル系移民の集住地における上昇移動の成功例の少なさに影響を受けたものであると考えられる。これは、チョウの言葉でいえば、制度的完全性が十分でないといえるだろう（Zhou 2009）。ただしこれは、ミ

ニマイノリティであるラオス難民や、頻繁な移動を繰り返すため安定したコミュニティが形成されていないブラジル系移民についてのみあてはまることかもしれない。そこで、今後中国系など、ロールモデルとなる存在がコミュニティ内部に存在する他のエスニック・グループの教育達成について検証することで、エスニック・コミュニティとの紐帯が、移民の子どもの教育達成を促す、ということが日本においても生じうるのかどうかを分析する必要があろう。

　また、経済的資本やエスニック・コミュニティの存在以上に、ブラジル系移民の子どもの教育達成に大きな影響を果たしていると考えられるのは、制度的・社会的包摂の程度である。もちろん、彼らは非合法移民ではなく、就労の自由が認められた定住者の資格で居住する人が多い。そのため、在留資格の上では、彼らの地位は安定している。しかし、丹野（2005a）が指摘するように、ブラジル系移民は日本社会における周辺的労働部門を構成しており、社会保障からもれる人が多いなど、実態として安定的な地位を占めているとは言い難い。一方で、ブラジル系移民にとっても、日本への滞在はあくまでも暫定的なものであるため、少しでも早い帰国を念頭に、不安定な地位を受け入れて就労する傾向にある。チョウが "Grown Up American" というタイトルで表したように、アメリカにおける研究では、移民の子どもたちがアメリカ社会の中で生きていくという将来像をもっていることを前提としていた（Zhou 1997）。しかし、日本は必ずしも移民にとっての最終地点ではなく、母国への帰国や欧米という最終地点への途中地点として認識される場合が少なくない。こうした「日本での滞在の暫定性」は、日本語習得の必要性の認識や、日本での教育の重視の程度に影響を与えることで、移民の子どもの教育達成の程度を低下させていると考えられる。

　ただし、日本においてアメリカで指摘されたような法的地位の違いが影響を全く与えていないわけではない。鍛冶（2007: 341）では、在留資格がなかったことのある中国系移民の子どもの教育年数が1.8年短くなることが指摘されている。日本においても、強制退去の可能性をもって生活することは、子どもの教育達成を困難にするのである。

上記のように、日本における移民の子どもの階層分化の一部は、分節化された同化理論からも説明可能である。しかし、エスニック・コミュニティや人的資本の効果の弱さ、親の将来展望の効果など、日本独自の有効な規定要因も見いだせる。本章で得られたこれらの結果は、分節化された同化理論の新たな展開を可能とする。分節化された同化理論は、アメリカにおける移民の社会移動を説明する理論として発展してきた。そのため、移住先が移民にとっての最終地点であることや、親の人的資本が子どもの高い人的資本へと転移することを自明のものとして、理論を立てていた。しかし、日本の例がそうであるように、アメリカ以外の国においては、これらの点は必ずしも自明ではない。そして、分節化された同化理論の一般化可能性を高めるためには、第三の要因である制度的・社会的包摂の程度の影響を、より広い範囲でみる必要がある。より具体的には、親の人的資本を第二言語の習得へと結びつけうる言語教育制度があるかどうか、在留資格以外の制度における包摂の程度を含めて、社会的・制度的包摂の程度をとらえ、親の人的・経済的資本やエスニック・コミュニティの影響が移民の子どもの教育達成に与える影響をどのように媒介しているのかを理論化する必要があるだろう。

ただし、本章が見出した移民の子どもの教育達成のメカニズムは、複数の先行研究の記述から類推したものであり、各要因間の関連を実証的に確認したうえで考察されたものではない。日本における移民の子どもの教育達成についての先行研究は、彼らや彼女らの生活実態を記述することにより、彼ら、または、彼女らを取り巻く状況の問題点を指摘し、その「声」を届ける役割を果たしてきた。その一方で、移民の子どもたちの教育達成の困難さが、どのような日本の社会構造から生じているのかについては、いまなお十分な考察が進んでいないところが多い。今後、日本における移民の子どもの教育達成が低い水準にとどまるという問題を解明するためには、移民の子どもの教育達成について、全国規模のデータをもとに実態の把握を進めるとともに、移民の子どもの教育達成が、エスニシティや親の社会経済的地位、エスニック・コミュニティとのつながりによってどの程度異なるのかを、統合的な理論枠組みを用いて分析していく必要があろう。

参考文献

Abada, Teresa, Feng Hou and Bali Ram, 2009, "Ethnic Differences in Educational Attainment among the Children of Canadian Immigrants," *Canadian Journal of Sociology*, 34 (1): 1-28.

Altschul, Inna, Daphna Oyserman and Deborah Bybee, 2008, "Racial-Ethnic Self-Schemas and Segmented Assimilation: Identity and Academic Achievement of Hispanic Youth," *Social Psychology Quarterly*, 71 (3): 302-20.

Bankston III, Carl. L. and Min Zhou, 1996, "The Ethnic Church, Ethnic Identification, and the Social Adjustment of Vietnamese Adolescents," *Review of Religious Research*, 38 (1): 18-37.

―――― 1997, "The Social Adjustment of Vietnamese Americans Adolescents: Evidence for a Segmented-Assimilation Approach," *Social Science Quarterly*, 78 (2): 508-23.

Brewer, Richard. I. and Mary N. Haslum, 1986, "Ethnicity: the Experience of Socio-Economic Disadvantage and Educational Attainment." *British Journal of Sociology of Education*, 7 (1): 19-34.

Caplan, Nathan, John K, Whitmore, and Marcella H. Choy, 1989, *The Boat People and Achievement in America: A Study of Family Life, Hard Work, and Cultural Values*, Ann Arbor: University of Michigan Press.

Cummins, Jim, [1980] 2001, "The Entry and Exit Fallacy in Bilingual Education," Colin Baker and Nancy H. Hornberger, eds., *An Introductory reader to the writings of Jim Cummins*, Clevedon: Multilingual Matters Ltd, 110-38.

―――― 1981, "Age on Arrival and Immigrant Second Language Learning in Canada: A Reassessment," *Applied Linguistics*, 11 (2): 132-49.

―――― 1982, "Test, Achievement, and Bilingual Students," *Focus*, 9: 1-8.

Crawford, James, 1992, *Hold Your Tongue: Bilingualism and the Politics of 'English Only'*, Reading, MA: Addison-Wesley Publishing Company.（= 1994, 本名信行訳『移民社会アメリカの言語事情』ジャパンタイムズ）

Davis, Mary, 1993, "The Gautreaux Assisted Housing Program," G. Thomas Kingsley and Margery A. Turner, eds., *Housing Markets and Residential Mobility*, Washington: Urban Institute Press, 243-54.

Fuligni, Andrew J., 1997, "The Academic Achievement of Adolescents from Immigrant Families: The Role of Family Background, Attitudes, and Behavior," *Child Development*, 68 (2): 351-63.

Gans, Herbert J., 1992, "Second-generation Decline: Scenarios for the Economic and Ethnic Futures of the Post-1965 American Immigrants," *Ethnic Racial Study*, 15 (2): 173–92.

Gibson, Margaret. A., 1989, *Accommodation without Assimilation: Sikh Immigrants in an American*

High School, Ithaca, NY: Cornell University Press.
Goldenberg, Claude, Ronald Gallimore, Leslie Reese and Helen Garnier, 2001, "Cause or Effect? A Longitudinal Study of Immigrant Latino Parents' Aspirations and Expectations, and Their Children's School Performance," *American Educational Research Journal*, 38 (3): 547-82.
Gordon, Milton M, 1964, *Assimilation in American Life*, New York: Oxford University Press.
Haller, William, Alejandro Portes and Scott M. Lynch, 2011, "Dreams Fulfilled, Dreams Shattered: Determinants of Segmented Assimilation in the Second Generation," *Social Forces*. 89 (3): 733-62.
濱田国佑・菊池千夏, 2009, 「ブラジル人学校の変遷と利用者の意識」小内透編『講座トランスナショナルな移動と定住 定住化する在日ブラジル人と地域社会 在日ブラジル人の教育と保育の変容』お茶の水書房, 35-65.
林嵜和彦・山﨑香織・中島葉子, 2006, 「東海地方のニューカマー高校生に対する支援の現状──静岡県における聴き取り調査から」志水宏吉編『ニューカマー児童生徒の就学・学力・進路の実態把握と環境改善に関する研究 (その1) 平成17～19年度科学研究費補助金 (基盤研究B) 研究成果報告書』, 149-71.
林嵜和彦・中島葉子, 2006, 「ニューカマー高校生の進路と在籍状況──調査協力校の生徒集計より」志水宏吉編『ニューカマー児童生徒の就学・学力・進路の実態把握と環境改善に関する研究 (その1) 平成17～19年度科学研究費補助金 (基盤研究B) 研究成果報告書』, 172-85.
樋口直人, 2005, 「一時滞在と定住神話の交錯」梶田孝道・丹野清人・樋口直人『顔の見えない定住化──日系ブラジル人と国家・市場・移民ネットワーク』名古屋大学出版会, 259-84.
乾美紀, 2007, 「ラオス系難民子弟の義務教育後の進路に関する研究──「文化資本」からのアプローチ」『大阪大学大学院人間科学研究科紀要』33: 79-96.
Jones, Frank. E, 1987, "Age at Immigration and Education: Further Explorations," *International Migration Review*, 21 (1): 70-85.
鍛治致, 2007, 「中国出身生徒の進路規定要因─大阪の中国帰国生徒を中心に」『教育社会学研究』80: 331-49.
金井香里, 2004, 「日本におけるマイノリティの学業不振をめぐる議論」『文部省21世紀COEプログラム Working Paper』10: 1-11.
Kao, Grace and Marta Tienda, 1995, "Optimism and Achievement: the Educational Performance of Immigrant Youth," *Social Science Quarterly*, 76 (1): 1–19.
川上郁雄・市瀬智紀, 2005, 「多国籍化する社会の言語教育とは何か──地域と子どもの視点から」日比谷潤子・平高史也編著『多言語社会と外国人の学習支援』慶應義塾大学出版会, 13-50.

Kibria, Nazli, 1993, *Family Tightrope: The Changing Lives of Vietnamese Americans*, Princeton: Princeton University Press.
児島明, 2006,『ニューカマーの子どもと学校文化――日系ブラジル人生徒の教育エスノグラフィー』勁草書房.
―― 2010,「国境を超える移動と進路形成――滞日経験をもつブラジル人青年の生活し分析から」『地域学論集』2: 253-83.
Matute-Bianchi, Maria E., 1986, "Ethnic Identities and Patterns of School Success and Failure among Mexican-Descent and Japanese-American Students in a California High School: An Ethnographic Analysis," *American Journal of Education*, 95 (1): 233-55.
宮島喬, 1999,『文化と不平等――社会学的アプローチ』有斐閣.
―― 2002,「就学とその挫折における文化資本と動機づけの問題」宮島喬・加納弘勝編『国際社会 2 変容する日本社会と文化』東京大学出版会, 93-118.
Mouw, Ted and Yu Xie, 1999, "Bilingualism and the Academic Achievement of First- and Second-Generation Asian Americans: Accommodation with or without Assimilation?" *American Sociological Review*. 64 (2): 232-52.
小内透, 2009,「日本における外国人の教育問題の歴史と課題」小内透編『講座トランスナショナルな移動と定住 定住化する在日ブラジル人と地域社会 在日ブラジル人の教育と保育の変容』お茶の水書房, 171-91.
小野寺理佳, 2003,「ブラジル人学校選択にみられる親の教育戦略――帰国と定住のはざまで」小内透編『在日ブラジル人の教育と保育』明石書店, 94-108.
大阪府人権教育研究協議会, 2011,『大阪の子どもたち――子どもの生活白書 2010 年度版』大阪府人権教育研究協議会.
太田晴雄, 1996,「日本語教育と母語教育――ニューカマー外国人の子どもの教育課題」宮島喬・梶田孝道編『外国人労働者から市民へ』有斐閣, 123-43.
―― 2000,『ニューカマーの子どもと日本の学校』国際書院
―― 2002,「教育達成における日本語と母語」宮島喬・加納弘勝編『国際社会 2 変容する日本社会と文化』東京大学出版会, 119-44.
―― 2005,「日本的モノカチュラリズムと学習困難」宮島喬・太田晴雄編『外国人の子どもと日本の教育――不就学問題と多文化共生の課題』東京大学出版会, 57-76.
太田晴雄・坪谷美欧子, 2005,「学校に通わない子どもたち」宮島喬・太田晴雄編『外国人の子どもと日本の教育――不就学問題と多文化共生の課題』東京大学出版会, 17-36.
Portes, Alejandro and Dag MacLeod, 1996, "Educational Progress of Children of Immigrants: The Role of Class, Ethnicity, and School Context." *Sociology of Education*, 69 (4): 255-75.
Portes, Alejandro and Richard Schauffler, 1994, "Language and the Second Generation: Bilingualism Yesterday and Today," *International Migration Review*, 28 (4): 640-61.

Portes, Alejandro and Ruben. G. Rumbaut, 2005, "The Second Generation and the Children of Immigrants Longitudinal Study," *Ethnic and Racial Studies*. 28 (6): 983-99.

Portes, Alejandro and Min Zhou, 1993, "The New Second Generation: Segmented Assimilation and Its Variants among Post-1965 Immigrant Youth." *Annuals of the American Academy of Political and Social Science*. 530: 74-98

Rumbaut, Ruben G, 1995, "The New Californians: Comparative Research Findings on the Educational Progress of Immigrant Children," Rumbaut, Ruben G. and Wayen A. Cornelius, eds., *California's Immigrant Children: Theory, Research, and Implications for Educational Policy*, San Diego, CA.: Central US-Mexican Study, University of California, 17-69.

────1996, "Ties that Bind: Immigration and Immigrant Families in the United States," Alan Booth, Ann C. Crouter, Nancy Landale, eds., *Immigration and the Family: Research and Policy on U.S. Immigrants*, Mahwah, NJ: Lawrence Erlbaum, 3-45.

────2004, "Age, Life Stages, and Generational Cohorts: Decomposing the Immigrant First and Second Generations in the United States," *International Migration Review*, 38 (2): 1160-205.

Rumbaut, Ruben G. and Kenji Ima, 1988, *The Adaptation of Southeast Asian Refugee Youth: A Comparative Study. Final Report to the U.S. Department of Health and Human Service, Office of Refugee Resettlement*, Washington, DC: U.S. Department of Health and Human Service.

佐久間孝正, 2006, 『外国人の子どもの不就学:異文化に開かれた教育とは』勁草書房.

Schmid, Carol L., 2001, Educational Achievement, Language-Minority Students, and the New Second Generation. *Sociology of Education*, 74: 71-87.

Suárez-Orozco, Marcelo M., 1989, *Central American refugees and U.S. high schools: A psychological study of motivation and achievement*, Stanford, CA: Stanford University Press.

関口知子・宮本節子, 2004, 「姫路市小中学生の学習意欲格差──多文化教育のための予備研究」『姫路工業大学環境人間学部研究報告』6: 89-102.

志水宏吉, 2002, 「学校世界の多文化化──日本の学校はどう変わるか」宮島喬・加納弘勝編『国際社会2 変容する日本社会と文化』東京大学出版会, 69-92.

志水宏吉・清水睦美編, 2001, 『ニューカマーと教育──学校文化とエスニシティの葛藤をめぐって』明石書店.

新藤慶・菅原健太, 2009, 「公立学校に通うブラジル人児童・生徒と保護者の生活と意識」小内透編『在日ブラジル人の教育と保育の変容』御茶の水書房, 3-34.

新藤慶・菅原健太・品川ひろみ・野崎剛毅, 2009, 「教育と保育を通じた日本人とブラジル人の関係」小内透編『調査と社会理論・研究報告書28 日系ブラジル人のトランスナショナルな移動と定住』北海道大学大学院教育学研究院教育社会学研究, 177-214.

田房由起子, 2005, 「子どもたちの教育におけるモデルの不在──ベトナム出身者を中心に」『外国人の子どもと日本の教育──不就学問題と多文化共生の課題』東京大学出

版会, 155-70.
竹ノ下弘久, 2005,「『不登校』『不就学』をめぐる意味世界――学校世界は子どもたちにどう経験されているか」『外国人の子どもと日本の教育――不就学問題と多文化共生の課題』東京大学出版会, 119-38.
棚田洋平, 2006,「大阪のニューカマー高校生――生徒データから」志水宏吉編『ニューカマー児童生徒の就学・学力・進路の実態把握と環境改善に関する研究（その1）平成17～19年度科学研究費補助金（基盤研究B）研究成果報告書』, 98-123.
于涛, 2010,「中国帰国児童の学校適応戦略に関する研究―― 3人の子どもたちを通して」『神戸大学大学院人間発達環境学研究科研究紀要』3 (2): 175-84.
谷渕真也, 2009,「滞日日系ブラジル人の学校適応、親子関係及び地域参加に関するコミュニティ心理学的調査――同一地域の日本人親子との比較を中心に」『広島大学大学院教育学研究科紀要』58: 183-92.
丹野清人, 2005a,「人手不足からフレキシブルな労働力へ」梶田孝道・丹野清人・樋口直人『顔の見えない定住化――日系ブラジル人と国家・市場・移民ネットワーク』名古屋大学出版会, 163-85.
―――― 2005b,「市場と地域社会の相克――社会問題の発生メカニズム」梶田孝道・丹野清人・樋口直人『顔の見えない定住化――日系ブラジル人と国家・市場・移民ネットワーク』名古屋大学出版会, 240-58.
都築くるみ, 2008,「ブラジル人の子どもへの教育支援」小内透編『調査と社会理論・研究報告書26　日系ブラジル人のデカセギと国家の対応』北海道大学大学院教育学研究院教育社会学研究, 25-40.
Valadez, James R., 2008, "Shaping the Educational Decisions of Mexican Immigrant High School Students". *American Educational Research Journal*. 45(4): 834-60.
山脇千賀子, 2005,「日本の学校とエスニック学校――はざまにおかれた子どもたち」『外国人の子どもと日本の教育――不就学問題と多文化共生の課題』東京大学出版会, 97-118.
安場淳, 2003,「各都道府県による"中国帰国生徒・外国人生徒"の進路保障の現状――公立高校の入試特別措置の設置状況についての調査報告」『中国帰国者定着促進センター紀要』10: 1-30.
White, Michael J. and Gayle Kaufman, 1997, "Language Usage, Social Capital, and School Completion among Immigrants and Native-Born Ethnic Groups," *Social Science Quarterly*. 78 (2): 385-98.
Zhou, Min, 1997, "Growing Up American: The Challenge Confronting Immigrant Children and Children of Immigrants." *Annual Review of Sociology*, 23: 63-95.
―――― 2009, "How Neighbourhoods Matter for Immigrant Children: The Formation of Educational Resources in Chinatown, Koreatown and Pico Union, Los Angeles," *Journal of*

Ethnic and Migration Studies, 35 (7): 1153-79.

Zhou, Min and Carl L. Bankston III, 1994, "Social Capital and the Adaptation of the Second Generation: The Case of Vietnamese Youth in New Orleans." *International Migration Review*, 28 (4): 821-45.

───── 1995, "Effects of Minority-Language Literacy on the Academic Achievement of Vietnamese Youths in New Orleans," *Sociology of Education*, 68 (1): 1-17.

Zhou, Min, Jennifer Lee, Jody A. Vallejo, Rosaura Tafoya-Estrada, and Yand S. Xiong, 2008, "Success Attained, Deterred, and Denied: Divergent Pathways to Social Mobility in Los Angeles's New Second Generation," *The Annuals of the American Academy Political and Social Science*, 620: 37-61.

第 3 章　日本留学は学生の
　　　　　「人間開発」に寄与するか

　　　留学生の選択プロセス

　　　　　　　　　　　　　　　　　土田久美子・竹中歩

1.　はじめに
　　——国際移動の形態としての留学

　グローバル化が進み、人の動きが活発になる今日、「留学」が国際移動の重要な形態の一つとなっている。かつては一部のエリート層出身者に限られていた留学が広く一般社会に浸透し、今では「留学の大衆化」と言われるほどになった（寺倉 2009: 66）。留学が国際移動の形態として顕著になったのは、単に高等教育を目的として海外へ移動する学生の数が増えたということだけでない。留学生として入国しつつ、実際は労働に従事するという「偽装留学」や「出稼ぎ留学」（栖原 2010）、そして、教育修了後もホスト社会に居残り、就労するという「留学を介した労働移住」が増えていることも指摘されている（Ziguras and Law 2006; Liu-Farrer 2009）。世界の留学生の数は増加の一途をたどり（OECD 2009; UNESCO 2009）、2010 年の世界の留学生総数は、1963 年のそれと比較すると 9 倍の 300 万名に達した（Vargehse 2008: 15; IIE 2010）。それら留学生の 60% 以上がアメリカ合衆国をはじめとした欧米圏に集中するとはいえ（図 3-1）、1990 年代以降、日本を選択する留学生も増えている（Vargehse 2008; IIE 2010; JASSO 2011）。

　近年、留学生の数が急増した一つの要因に、多くの先進国が実施してきた留学生誘致政策がある。誘致政策のおもな狙いは、グローバル化に伴い、優

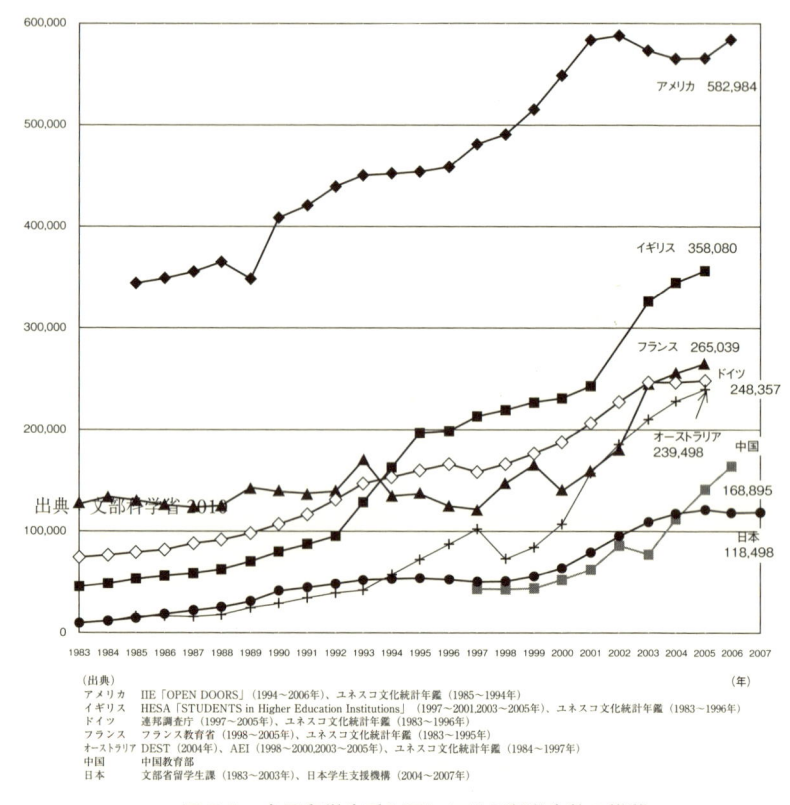

図 3-1　主要留学生受入国における留学生数の推移

(出典)
アメリカ　IIE「OPEN DOORS」(1994〜2006年)、ユネスコ文化統計年鑑 (1985〜1994年)
イギリス　HESA「STUDENTS in Higher Education Institutions」(1997〜2001,2003〜2005年)、ユネスコ文化統計年鑑 (1983〜1996年)
ドイツ　　連邦調査庁 (1997〜2005年)、ユネスコ文化統計年鑑 (1983〜1996年)
フランス　フランス教育省 (1998〜2005年)、ユネスコ文化統計年鑑 (1983〜1995年)
オーストラリア　DEST (2004年)、AEI (1998〜2000,2003〜2005年)、ユネスコ文化統計年鑑 (1984〜1997年)
中国　　　中国教育部
日本　　　文部省留学生課 (1983〜2003年)、日本学生支援機構 (2004〜2007年)

アメリカ　582,984
イギリス　358,080
フランス　265,039
ドイツ　　248,357
オーストラリア　239,498
中国　　　168,895
日本　　　118,498

秀な人材を国外から獲得することで国際競争力をつけることにある。このように、多くの先進諸国が「高度人材」と呼ばれる教育レベルの高い人材に広く門戸を開くようになったため、多くの留学生が留学先の国を選ぶことができる時代となった。

　そうしたなか、日本は、欧米諸国と比べて留学生を引きつける魅力に乏しいとたびたび指摘されてきた(文部科学省 2011; アジア人材構想 2011)。スイスの経営開発国際研究所によれば、高度人材から見た日本の労働市場の魅力度は「42位」で、欧米諸国や英語圏のみならず、中国や韓国を大きく下回るという(日本経済新聞 2010年11月22日)。日本は、外国人にとってキャ

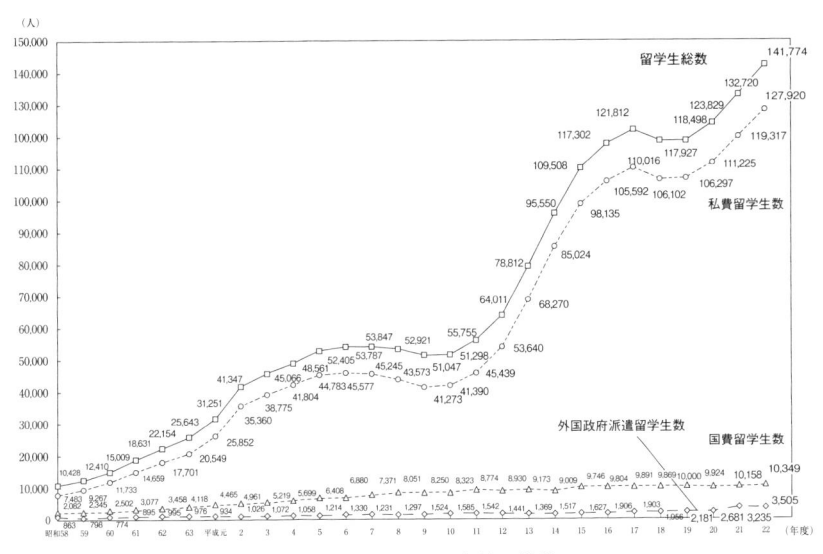

図 3-2　在日留学生数の推移
出典：日本学生支援機構、2011、「留学生数の推移」

リア・パスが描きにくいと思われがちで、なおかつ日本語という言葉の壁もあることから、留学生は依然として日本よりも欧米を第一志望として選ぶ傾向にある（IIE 2010）。とくに、世界の第一線で活躍しようとする「優秀な」理工学系の学生のあいだでこうした傾向が強く、欧米に行くことができなかったために日本を選ぶ場合が多いことが、先行研究で指摘されている（Murakami 2009）。

　一般に留学先を決める際、留学生はまず国を選び、そして大学を選ぶと言われる（横田 2010）。このように国が選ばれる時代となった今、留学生はどのように国、そして大学を選ぶのだろうか。本章では、日本、そして東北大学を「選んだ」留学生へのインタビューをとおして、留学生の選択プロセスを解明するとともに、留学生政策が狙い通りの効果を挙げているのかを考察する。彼らは何を求めて留学し、そして、留学を通して何を得るのだろうか。これは、「留学」という形態を通して日本へ移動・移住することが、彼らの

「人間開発」にどうつながっているかを明らかにすることである。留学先として「魅力に欠ける」とたびたび指摘される日本だが、本章のインタビュー調査で対象とした留学生のほとんどは、日本への留学に何らかの意義を見いだしていた。ただし、彼らにとっての日本留学の意義の見いだし方が、国籍や出身地域により大きく異なるという特徴が、調査をとおして浮かび上がった。

留学というヒトの国際移動に関するこれまでの研究は、移民や留学生制度に関する政策研究（Tremblay 2005; Smith and Favel 2006; Zigras and Law 2006）、または特定の受け入れ国での留学生の特徴や動向の分析（Murakami 2009; 横田 2009）というような、マクロの視点で留学を捉えるものが多かった（Brooks and Waters 2009）。そこでのおもな問題関心は、「頭脳流出」、「頭脳獲得」、「頭脳還流」などをキーワードに、留学という現象がどのように受け入れ側と送り出し側双方の社会や大学に利益・損失をもたらすかということにあった（Wadhwa et al. 2007; Baruch et al. 2007; Cao 2008）。しかしその半面、留学生自身が各国の政策や留学生制度をどのように比較・評価し、最終的にどのように留学を決断するかという点は、従来の研究における議論の射程にほとんど含まれてこなかった（Brooks and Waters 2009）。先行研究は、先進国の多くが「高度人材」を優遇するのと同時に、「単純労働移民」を閉め出そうとする政策上の「選別」に議論を集中してきた一方で、留学生側の選択プロセスの分析を欠いてきた。他方で、留学生誘致政策を熱心に実施する各国や大学の実情を見てみると、それぞれが望ましいとする「量」と「質」を満たす留学生を獲得できないことが重要な政策課題となっている。このような問題を解決するためにも、留学生の選択プロセスを分析することは不可欠である（Tremblay 2005; Smith and Favel 2006; Skeldon 2008）。

そこで以下、次節で、なぜ国や大学は熱心に「留学生誘致合戦」に乗り出したのか、その背景を明らかにする。次に第3節では、日本で学ぶ留学生に対して行ったインタビュー調査に基づいて、留学生が日本の大学・大学院に留学するに至った過程を分析する。以上の分析をふまえて最後に、留学生の獲得を競う日本、そして日本の大学が直面している課題と役割について探っ

ていきたい。

2. 留学生獲得競争が激化した背景

　近年、国際的に激化しつつある留学生獲得競争は、熾烈な頭脳獲得競争の一環をなしている。多くの先進諸国は、国外から「優秀な」人材を求めることがグローバル化を生き抜くうえでの鍵と捉え、留学生を「高度人材予備軍」（井口・曙 2003; 経済産業省 2008: 115）として位置づけてきた（Tremblay 2005; Zigras and Law 2006; Suter and Jandle 2008; 文部科学省 2011）。この点は、留学生の誘致に積極的に取り組む多くの国々の留学生政策に反映されている。「高度人材」のなかでも、とくに留学生は、高等教育をとおしてすでに受け入れ国の制度や文化に慣れ親しんでいることから、採用する企業にとって雇用しやすい、という利点がある（Tremblay 2005; 文部科学省 2011）。このような理由から、多くの先進諸国は、留学生の獲得競争にしのぎを削り、さまざまな施策をとってきた（井口・曙 2003; Tremblay 2005; 2005; UN 2006; Skeldon 2008）。同様に、中国や韓国のように、従来は留学生の送り出し国として位置付けられてきた国々も、優秀な海外留学経験者を自国に呼び寄せるための施策を活発に展開している（Cao 2008; 寺倉 2009）[1]。

　おおむね留学生を含む「高度人材」を巡る国際的な頭脳獲得競争が激化してきた背景には、以下の三つの要因があると考えられている（Suter and Jandle 2008）。第一には、今日のグローバル化時代において、国の経済力を保持・強化するためには、情報・科学技術のイノベーションが欠かせない、という認識である。そして、イノベーションを促すためには、先端技術を駆使する専門的な知識と経験、ならびに多様性が重要だという考えである。たとえば日本政府は、「グローバル化が進展する中で、我が国の国際競争力を維

---

[1] むろん、留学生送出国と受入国とを明確に区別することはできない。実際、中国は多くの留学生を受け入れており、2006年以降の短期・長期を含めた留学生受入数は日本を上回っている（寺倉 2009; 日本学生支援機構 2010）。

持・強化……するためには……外国人高度人材の多様な価値観や発想を活用し……イノベーションを引き起こすことが重要である」(高度人材受入審議会議 2009 : 1) という見解を示している。このように、異なる文化や国際的な経験を持つ優秀な人材を集めることがイノベーションの鍵であり、それが社会や経済の活性化につながるものと広く理解されている。それは、各国の受け入れ大学にとっても同様である。海外から優秀な学生や研究者を誘致することにより、大学の研究・教育レベルが向上するとの見解から、最近の大学の国際ランキングでは、留学生や海外からの研究者の比率が大学の「質」を測る一つの指標とされている。また、海外から優秀な人材を集めることは、国内の人材育成にも役立つものと期待される。文部科学省 (2009) が、「日本人学生にとって、より多く留学生を受け入れ、ともに切磋琢磨する環境づくりが早急に必要である」と示すように、「国際的視野を持った日本人学生の育成」のためには、積極的に留学生を誘致することが不可欠だと考えられている (寺倉 2009:67)。事実、外国人高度人材の受け入れはイノベーションにつながる、と多くの研究によって指摘されており (e.g., Wadhwa et al. 2007; Wash and Nagaoka 2009; OECD 2010; Papademetriou and Sumption 2011)、高度人材移民は、受け入れ国の社会経済に貢献するものと、広く一般に考えられている (OECD 2009)。むろん、「優秀」な留学生もまた、受入国にとって外国人高度人材となりうると期待されている。

　頭脳獲得競争が激化する第二の要因として、グローバル化が進む今日、各国社会が発展していくためには、国境を超える人的ネットワークが必要との認識がある。そのため、外国人高度人材を積極的に誘致することで、送り出し国との関係を密にし、人的ネットワークを広げようとする試みが各国で繰り広げられている。実際、グローバル化時代において、国境を超える人的ネットワークがいかに有益であるかは頻繁に指摘されてきた (佐藤 2010a)。インドや中国などの主要な送り出し国では、「ディアスポラ政策」の一環として、海外に出た自国民とその子孫に「母国」での投資を促進し、国境を超えたビジネスネットワークの構築を図るなどの政策をとっている (Naujoks 2009; Ketkar and Ratha 2011)。また、欧州の「エラスムス」事業の目的の一

つも、留学を通して、欧州各国での人的交流を活発にすることにある（OECD 2006）。こうした人的ネットワークは、海外進出を図る企業にとっても有益で、国際的な事業を展開していくうえで欠かせない重要な資源とされている（日本経済団体連合会 2006, 2011）。

　第三の要因は、少子高齢化である。多くの先進諸国の人口が減少に転じるなかで、外国からの高度人材の誘致は、労働人口補填のみならず、社会全体の活性化につながるものと考えられている。学生の減少に悩む大学、労働力の確保に苦しむ企業にとって、外国からの人材を受け入れるかどうかは、死活問題ともなり得る。実際、イギリスをはじめとしたいくつかの国では、留学生が支払う授業料が大学にとって重要な財源となっている（OECD 2004; Findlay and Stam 2006）。また一般に、私費留学生は、授業料や生活費の支払いを通じて受入れ国に経済的利益をもたらすと言われている。佐藤（2010b）の試算によると、2007年度に私費留学生が日本にもたらした経済便益は約1,700億円であった。これは、同年の日本の国内総生産のなかでは0.03％という、微々たる割合ではある。しかし、留学生の絶対数が多いアメリカ合衆国に目を転じてみると、同年度の留学生は、日本の11倍である1.869兆円を合衆国にたらした。これは合衆国の国内総生産の0.11％に相当する（佐藤 2010b）。

　このような要因を背景に、多くの国々で、様々な機関が優秀な人材を誘致、確保するために方策を実施している（OECD 2006）。最も代表的な方策は、留学生を対象とした奨学金の給付である。日本政府による「国費外国人留学生制度」はこの典型例で、こうした政府による奨学制度以外にも、大学独自の奨学制度を設立しているところもある。むろん、すべての留学生に奨学金が支給されるわけではないが、留学生の誘致に積極的な姿勢を示す国家は、公的な奨学金を給付する場合が殆どである。奨学金に加え、国家や民間機関、大学などが講じる学費支払いに対する支援策も留学生誘致施策の一つである。先進国の多くの大学では、留学生を対象とした学費の支払いに関して、全額または半額免除などの補助制度が設けられている[2]（OECD 2006）。

---

[2]　ただし、留学生を対象とした学費支払い補助制度は、受入国によって異なる。たとえ

一方で、政府の認可を受けた公的機関も留学生を勧誘する重要な役割を果たす。イギリスの「ブリティッシュ・カウンシル（British Council）」やドイツの「ドイツ学術交流サービス（Deutscher Akademischer Austausch Dienst）」はその代表例である。こうした公的機関は、自国の文化や大学を活発に宣伝するだけでなく、職員が諸外国へ赴き、説明会を開催するなどして学生を勧誘する活動をも行う場合がある。さらには大学レベルで、国際的な提携制度を結ぶことも、学生に留学を促す手段となる（OECD 2006: 74）。このように大学間の国際提携を強めることによって、学生や研究者の交流を促進させることが、留学を比較的容易にする一助ともなっている。

　最後に、移民制度の改正もまた留学生誘致施策の重要な一環である。とくに、教育修了後に留学先での就職を容易にする法制度は、留学生の誘致のみならず、高度人材の獲得にも重要な機能を果たす。たとえば、オーストラリア、ニュージーランド、カナダ、ドイツ政府は、各国内の教育機関で教育を修めた留学生たちによる定住または永住ビザ取得を容易にする法制度を整備している（Tremblay 2005: 224）。また、アジアの新興国でも、さまざまな政策を取り入れることで、高度人材の確保を積極的に行っている。シンガポールでは、一定の学歴、資格、所得を持つ人を対象に、門戸を広く開放し、国外からの高度人材を獲得した企業に対する税制優遇措置などもとっている（佐野 2011）。また、韓国では、2000年から重点産業に従事する外国籍の高度人材に「ゴールドカード」を発給し、在留期間の延長を認めるなどの優遇措置をとっている（日本経済新聞 2010）。このように、先進国の政府や公的・民間機関、そして大学が、それぞれ留学生獲得のための多様な戦略を立て、多大の資金・人的資源を投入して、その実施に取り組んでいる。まさに留学生は、国家が競って獲得しようとする対象なのである。

　日本もまた、様々な留学生誘致方策をとってきた（江渕 1997: 94）。現在、上記で言及した留学生受入れ方策のほとんどが、日本政府や公的・民間機関、そして大学によって実施されている。1983年に日本政府が発表した「留学

　　ば、合衆国やイギリスなどの英語圏の国々やオランダでは、自国の学生以上の学費を請
　　求する場合がある（OECD 2006: 74）。

生 10 万人計画」は、日本政府が積極的に留学生の受入れに乗り出した起点といえる。ただ、日本政府が留学生の受入れ政策を主な目的として高度人材獲得を掲げるようになったのは、1990 年代以降である。それ以前は、「国際交流」や「発展途上国の人材育成」という目的を達成するために留学生受け入れ政策が実施されており、彼らが日本での教育を修了した後は、それぞれの出身国に帰国するものとされていた（佐藤 2010a）。1990 年代以降の日本の留学生政策は、他の先進国と同様、グローバル化の波に乗り遅れないように、外国人高度人材を積極的に受け入れ、彼らの定住就労をも視野に入れた政策を採るようになった（栖原 2010; 佐藤 2010a）。それと平行して、少子高齢化が進み、大学生の数が低下し続ける状況下で、財源確保のために留学生の獲得に力を入れ始めた大学も増えた（Vargehse 2008; Suter and Jandle 2008）。つまり、日本における留学生の受入れは、単なる「国際交流」から、日本の社会経済的利益に資するためのものへと転換されたわけである。

　そうした政策の一環として、日本政府は、より多くの留学生を日本に受け入れるために、奨学金などの経済的支援制度の拡充や、学生ビザの発給に関する法制度の改正を行ってきた。2007 年に開始され、アジア諸国から学生を受け入れ、かつ高度人材としての就労を促進する名目で始まった経済産業省による「アジア人材資金構想」（2007 ～ 2009 年）や、政府が 2008 年に提唱した「留学生 30 万人計画」は、高度人材獲得の手段としての日本の留学生政策への転換を明示している（栖原 2010: 9）。とくに、「留学生 30 万人計画」は、「アジア、世界との間のヒト、モノ、カネ、情報の流れを拡大する『グローバル戦略』」（文部科学省他 2008 年 7 月 29 日）の一つとして位置付けられ、高度人材の受入れという政策目標を達成するために留学生を獲得しようとするものである[3]。この計画は、日本への留学希望者を増やすための情報提供手段の拡充、生活から教育システムならびに学位取得までを含む受入れ大学機関の整備、さらには教育修了後の就職支援などによって、2020 年までに日本で学ぶ留学生数を 30 万名にまで増やすことを目標にしている（文

---

[3] 「留学生 30 万人計画」は、2008 年に文部科学省、外務省、法務省、厚生労働省、経済産業省、国土交通省の 6 省によって発表され、実施されている（文部科学省他 2008）。

部科学省他 2008)⁴。たとえば、「留学生 30 万人計画」の一環である「グローバル 30」は、「世界的な人材獲得競争が激化するなか、日本の大学の『国際競争力』を高め、……『能力の高い留学生』を世界中から日本に集め、外国人留学生と日本人学生が「切磋琢磨」する環境を、日本国内に設けることで、『国際的に活躍できる人材の養成』を実現することを目的」(文部科学省 2010) として始められた。

　このような留学生政策が図られてから既に数十年もが経過した。その間、来日する留学生数は増加の一途をたどり、2010 年には「史上最高」(日本学生支援機構 2011) の 140 万人となった。しかし、中国などのアジア地域からの学生が 93 パーセントを占めるなど、日本で学ぶ留学生は出身国に大きな偏りがある。近年増加している留学生のほとんども大多数が中国出身者となっている。他に増加傾向にあるのは、交換留学生や語学学生などの短期留学生である。これは、高い専門性と多様な文化背景を持ち合わせる「優秀な」留学生を受入れ、長期滞在してもらおう、という日本政府の政策意図にはそぐわない実情がある。また、大学院生に比べ学部生が多く、人文科学や社会科学分野の留学生が多数を占める、というのも日本の留学生の特徴となっている (OECD 2010；日本学生支援機構 2011)。つまり、日本に来る留学生の数は増えたとはいえ、出て行く留学生の数も増え、長期で留まる留学生は、出身国や特定の専攻分野に偏る傾向がある。それでは、誰が、どういう過程を経て日本の大学へ留学するに至ったのか。日本、そして東北大学で学ぶことを選択した留学生を対象に行ったインタビュー調査の結果を基に、彼らの動機と留学の意義を明らかにしていきたい。

4　ただし、2010 年度のいわゆる「事業仕分け」により、留学生の受け入れと日本社会での雇用に関するプログラムの一部は廃止または停止となっている。そのなかには、「アジア人材資金構想」や、「留学生 30 万人計画」を推進するプログラム「グローバル 30」が含まれる。

3. 留学生による選択

3-1 インタビュー調査の概要

　2009年12月から2010年12月にかけて、東北大学の学部・大学院ならびにポスト・ドクトラルプログラムに在籍する留学生と、すでに教育を修了した元留学生を含めた計49名を対象にインタビュー調査を行った。東北大学は、留学生を多く受け入れる国立総合大学の一つであり、日本政府の国際化政策の一つである「国際化拠点整備事業」（グローバル30）、ならびに「アジア人材資金構想」の採択校である。また、同大学では、独自に奨学金を設立するなどして積極的に留学生を誘致し、世界中から優秀な学生や研究者の数を増やすことを目標の一つとして掲げている（東北大学・井上プラン2010）。2009年時点では、約1,300名の留学生が東北大学に在籍していた。東北大学の留学生は、自然科学分野に在籍する割合が61パーセントを占め、全国平均の19パーセントよりも高い。また国費留学生の割合が25パーセントという点でも、全国平均の7.6パーセントを上回るという特徴がある（いずれも2009年）。しかし東北大学の留学生の数が増加したのは、日本全体の留学生数の増加と同様の1999年ごろであり（図3-3）、また、在籍者の出身国別でも中国・韓国出身者が上位を占めている点では（図3-4）、日本の留学生全体の傾向と重なっている。

　本章で実施したインタビュー対象者の出身国は24カ国である。その内訳は、日本の全国的傾向および対象大学の傾向を反映して中国・韓国出身者が多いが、同時に北アメリカ、東西ヨーロッパ、中南米、東南アジア、中東、アフリカ圏出身の留学生をも含んでいる[5]。対象者は、学位取得を目的として1年以上東北大学に在籍経験のある者とした。その際、正規の学生以外にも、入学試験に合格し、入学が既に決定している「研究生」も対象者に含めた。

---

[5] 内訳は、中国・韓国出身者が22名、その他アジア諸国出身者が12名、北アメリカ出身者が3名、東西ヨーロッパ出身者が4名、中南米出身者が3名、中東地域出身者が2名、アフリカ圏出身者が3名である。

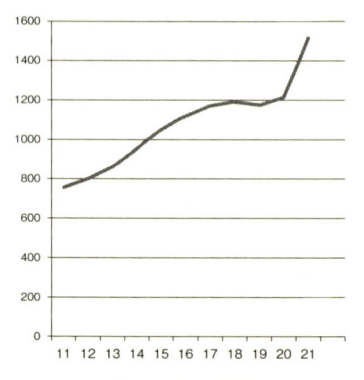

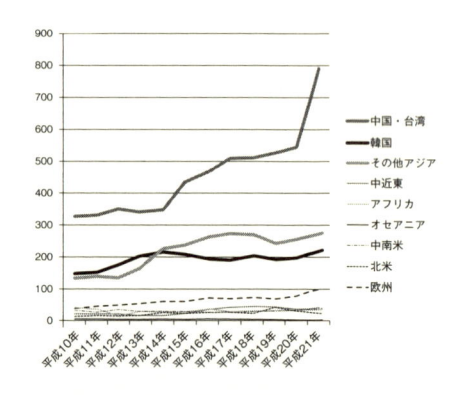

図 3-3　東北大学の留学生数の推移　　図 3-4　東北大学在籍留学生の出身国・地域

出典：東北大学による公開資料をもとに執筆者が作成

　すなわち、本調査には、入試準備や一時滞在を目的に「研究生」として在籍する留学生や、大学間提携制度により中・短期期間のみ日本の大学に籍を置く交換留学生を調査対象には含めていない。

　調査の際は、一人につき 1～2 時間をかけ、事前に準備した質問リストを用いた半構造化面接調査を行った。質問項目のなかには、まず、日本を留学先として選択した経緯を聞くために、選択するまでと入学するまでのプロセス、情報収集の手段、留学資金の出所を含めた。また、インタビュー実施時までに至る教育や職業歴も質問項目に含めた。そのうえで現在の研究活動や生活環境を尋ね、最後に、日本で教育を受けることが対象者の今後にどう活かされ、または活かされないと考えているのかを、希望する進路と合わせて質問した[6]。

3-2　インタビュー調査の結果

　一般に、留学生を含めた「高度人材」移民は、他の労働移民と違い、家族

---

[6] 本文でインタビューを引用する際に、（　）内は筆者による補足を、…はインタビュー・データの中略をそれぞれ示している。また本章では、本人の特定化を回避するために、留学生の氏名はもちろんのこと、それぞれの具体的な専攻分野を表記しない。

の呼び寄せや個人のネットワークに頼るのではなく、公的な制度を経路として移動をする場合が多いとされる（Farro 2006）。そのため、彼らが移動を決断するうえで、国家や大学の受入れ制度がいかに自らの留学目的の達成に有効であるかが、重要な動機となると考えられる。それでは、日本を「選んだ」留学生は、日本の政策や大学が提示する受入れ制度を、どのように自らの目的と照らし合わせたうえで日本への留学を決断したのだろうか。

　インタビューの結果、留学生たちが日本を選択した動機は、主に3つのパターンに分けられた。第一には、将来のキャリアを重視して日本を選んだパターンであり、中国・韓国出身の私費留学生に多かった。第二には、異国生活を体験することを目的に来日するパターンで、この傾向は、とくに欧米からの留学生のあいだで顕著であった。そして、最後は、専門的教育研究の機会を求めて日本を選ぶパターンであるが、そのほとんどが日本政府からの国費留学生として来日した、発展途上国からの留学生であった。

教育と就労経験を求めて

　第一のパターンは、日本の大学・大学院で得た学位や社会経験が、キャリア形成に有効だと考えて日本への留学を選択したケースであった。このケースに属する学生のほとんどが、教育修了後に日本社会で働くこと、またはそれぞれの出身国に進出している日系企業で働くことを念頭に日本を留学先に選択した。最終的に出身国への帰国を希望する留学生が多かったが、多くの学生が、キャリア形成のためならば、教育修了後も日本で経験を積むことを考えていた。ここでは、「日本での学位＋就職」パターンと名付けて、彼らの特徴を明らかにする。

　彼らの多くは、留学を決断する際に日本を第一希望に選んだ。欧米圏への留学という漠然とした憧れはあったが、欧米圏の大学・大学院への具体的な出願手続きを行った者は少ない。日本国内、もしくは出身国での日系企業での就職を望む彼らにとって、日本の大学であればどこでもよいというわけではなく、少なくとも日本社会においてある程度上位にある大学から学位を取得することに重要性を見出していた。最終的に自国に帰国した後の就職に有

利に働くような日本社会での一定のキャリア形成を目指す彼らは、自国でも名前の知られた日本の大企業か国際的に事業を展開する企業への就職を希望していた。日本国内でランキングの高い日本の大学・大学院から学位を取得することは、彼らにとって日本の大企業への就職機会を高めるものとして位置づけられる傾向にあった。

　このパターンに属する留学生のもう一つの特徴は、中国、韓国出身者が多いことであった。なかでも、日本に留学する前に高校や大学で外国語の授業として日本を履修したことがある学生たちが多く含まれた。インタビュー結果のなかで、彼らが日本語を履修した経緯は様々ではあるものの、英語以外の外国語の習得をするために日本語を選択した学生や、一番人気の高い英語学部に入学できなかったために日本語を選んだ、と答えた学生が多かった。

　2009年初めに来日した中国出身者のAさんの経験は、このパターンの代表的な例の一つである。現在、工学系の修士課程に在籍するAさんは、大学の学部までを中国で修了しており[7]、日本語教育法を専攻した。Aさんは学部在籍時のころから日本への留学を希望していたが、大学までは中国で教育を受けたほうがいいと主張する両親からの反対にあい、大学院から日本に留学することを決めた。大学院を選択する際、Aさんは出身大学の教員たちから日本の大学についての情報を集めた。大学のランキングや競争率はもちろんのこと、各大学院が公開している過去の入試問題の難易度を検討したうえで、現在在籍している大学院を選択した。Aさんは、大学院の「授業で学ぶ内容が豊かだ」と満足しており、授業中の発言もレポートの作成も全て日本語で行っていた。インタビュー実施時、修士課程修了後に日本での就職を希望していたAさんは、将来の自分のキャリア形成にとって、日本の留学経験から得た日本語能力や専門知識を活かすことができると考えていた。また、Aさんにとって、「日本人の考え方や人間関係の築き方など、勉強だけではない」側面を学んだことも、キャリア形成にとって重要な意味を持っていた。他の中国出身の留学生もまた、日本の大学からの学位ならびに日本での生活

---

[7]　以下で参照・引用するAさんとのインタビューは、筆者らが2010年4月13日に行った中国出身の大学院生（修士課程在籍）とのインタビューに基づいている。

経験が、日本企業や日系企業に就職する際に「有利になる」と考えて日本への留学を選択したと答えた[8]。そのうえで彼らは、日本企業での就労経験が、最終的に出身国に帰国した際の就職に有利に作用すると考える傾向があった。

　このパターンに属するBさんもまた、日本社会との関係を築くことがBさんの目指すキャリア形成の足がかりとなると考えて日本への留学を選択した[9]。修士課程で社会科学を専攻するBさんは、中国で大学の学士課程を修了した。Bさんは、大学時代に日本語を学んでいた。「英語以外の言語を学びたい」と思ったBさんにとって、日本語の習得は、「自分にとって高いレベルに行くための手段」だった。Bさんが日本への大学院留学を決断したのは、日本語能力の向上と「日本のビジネスについて学びたい」と思ったからだった。在籍している大学院での授業内容や現在の生活環境に満足していると答えるBさんは、日本のビジネスを「もっともっと本場で勉強」するために、日本の商社やメーカーでの就職を希望する。そうした日本企業での勤務経験を通して、「グローバルなネットワークを築」いて「世界的なビジネス」を展開することがBさんの目標であった[10]。

---

[8]　2010年2月10日と4月23日に行った中国出身の学部生と大学院生（修士課程在籍）とのインタビューを参照、ならびに引用した。

[9]　以下で参照・引用するBさんのインタビューは、筆者らが2010年2月8日に行った中国出身の大学院生（修士課程在籍）とのインタビューに基づいている。

[10]　ただし、一定程度の日本語能力を持ち、日本国内での就職を希望するこのパターンの留学生にとっても日本での就職活動は容易ではない。原田（2010）は、留学生の就職支援を担当してきた立場から、就職活動を行う留学生たちが直面する困難を、インタビュー・データを用いて指摘する。本章で引用・参照したBさんは、インタビュー当時、就職活動を行っている最中だった。Bさんは、企業に提出するエントリーシートの作成を何度も周囲の日本人に添削してもらっており、そうした添削を「何度もお願いするのは気が引ける」という。Bさんは、留学生の採用に関して企業ごとの違いを感じている。たとえば、留学生の採用に関心を示している企業は、留学生に対しても積極的に情報を提供するが、留学生を採用する意思がない企業はあまり情報を提供しようとしないという。Bさんは、就職活動において、日本人と比較した場合の言葉の問題はあるかもしれないが、「外国人だから不利だとか、差別されているとかは感じていない」。

日本社会での生活体験を求めて

　上記のパターンでは、日本での留学と生活経験が留学生個人のキャリア形成に直接的に結びつけられていたが、第二のパターンでは、彼らの出身国とは異なる文化を持つ日本社会での生活体験そのものが、留学を選択する際の重要な動機となっていた。日本で生活を体験することが重要視されていたという点では、第一の「日本での学位＋就職」パターンと共通していた。しかし、第二パターンを構成する留学生は、日本社会での生活体験と彼らのキャリア形成とを必ずしも結びつけて考えていなかった点で、第一のパターンと異なっていた。彼らは、成長過程において何らかの形でアジア社会全般や日本社会や日本の文化に強い関心をいだいたために、留学の機会が提示されたことを機に日本を留学先として選択していた。また、いずれかのアジア社会での生活を希望していた学生のなかには、移住しやすい制度的条件が整っていたのが日本社会だったために日本を留学先として選択した場合もあった。この第二のパターンを、本章では「日本での生活体験」と呼ぶことにして、以下、論を進めていく。

　このパターンに属する留学生が日本を選択した経緯にはどのような特徴があるのだろうか。彼らは、日本への留学機会を得る前に、日本語への興味、日本のアニメやテレビゲーム、武道への親しみを強く持ち続けてきたか、自国とは対照的な特徴を持つ社会として日本を位置づけたゆえに、日本での生活を体験することを希望して日本を選択していた。したがって、彼らの希望するキャリア形成に、日本社会での経験や日本の大学からの学位が必須であるとは限らなかった。また、第一のパターンと異なり、この「日本での生活体験」パターンに属する留学生の出身地域には、一部東アジア諸国出身者も含まれるが、それ以上に北アメリカから中南米、西ヨーロッパ、アフリカ地域に至るまで多岐にわたっていた。

　西ヨーロッパ出身のCさんは、「日本での生活体験」パターンの代表的な例を提供している[11]。幼少期から自国で日本の武道やアニメに親しんで育っ

11　以下の段落で参照・引用しているCさんのインタビュー・データは、筆者らが2010年5月26日に行った西ヨーロッパ出身の大学院生（修士課程）とのインタビューに基

たCさんは、自国で大学に入学したときから、日本語の授業を受講していた。そもそも出身大学を選んだのも、その大学が日本の大学と交換留学プログラムを設けていたからだという。Cさんの出身大学と日本の指定大学院は、修了すれば双方の大学院から学位取得を可能とする交換プログラムを設立していた。Cさんの出身大学が提供する交換プログラムは、アメリカの大学院留学という選択肢も提供していたが、上記の理由から、日本以外の国へ留学しようとは考えていなかった。Cさんにとって日本留学を選択したことは、Cさんのキャリアとは具体的に結びついていなかった。

「〔Cさんの専攻分野にとって、現在日本の大学院で学んでいることは〕あまり役に立たない。何に役に立つんだろう（笑）？！……〔自国に〕帰っても、就職にはあまり役に立たない……キャリアのことは考えなかった。キャリアのためだったらアメリカに行った。でも、日本の文化に興味があったから日本に来た」

　Cさんは、その交換プログラムを利用して、2008年に日本の大学院の修士課程に入学した。来日する前、Cさんは主に日本の大学院のウェブサイトを情報源として利用したが、英語で提供されている情報が不十分だったばかりか、日本語での情報も限られていると感じた。日本での研究教育にもある程度期待していたCさんにとって、日本の大学院での授業は満足のいくものではなかった。自国での日本語学習経験があるとはいえ、日本語での授業について行くのは容易ではなかった。特に、教員が一方的に授業を進行し、学生との議論が重要視されない講義形式の授業は、Cさんにとって学問的刺激のあるものではないようであった。また、Cさんは、大学院内では日本人の大学院生と行動することも多いが、彼らとのコミュニケーションにも難しさを感じていた。その要因のひとつとして、Cさんは周囲の日本人学生と英語での意思疎通ができないことを挙げた。
　日本での大学院生活が充実しているとは考えていないCさんが、日本に

づいている。

来てよかったと思える点は、日本での生活と他国からの留学生との交流であった。Cさんは、カラオケや日本の伝統文化に接触することで、来日前よりも日本の文化に関心をいだくようになった。日本で学ぶ他国からの留学生との出会いから、いろいろな国の習慣を学ぶことができたこともCさんにとって日本に来て満足していることの一つであった。他方で、日本人学生との交流を期待して来日したCさんには、キャンパス内で日本人の友人は少なかった。日本の大学院には不満を持ちながらも、Cさんは大学院修了後に日本での就職を希望していた。日本での生活には満足していたことから、もう数年間は日本に滞在するために、日本企業ではなく、日本で事業展開をする外資系企業への就職を希望していた。インタビュー実施時にCさんが日本の企業への就職を望まないと答えたのは、Cさんがイメージするところの日本企業の労働文化、すなわち「夜遅くまで働いて、その後飲みに行かなければならない」労働文化に、Cさんは適合できないと考えていたからである。

この「日本の生活体験」パターンに属する留学生の多くが、日本の大学・大学院での授業や研究環境に多かれ少なかれ、Cさんと同様の不満を抱いていた。この点は、後に記述する第三のパターンに属する留学生にも共通した。しかし、「日本の生活体験」パターンの特徴は、大学・大学院での不満が、彼らの日本での留学修了後の進路志望に必ずしも直接的な影響を与えているとは限らない点であった。たとえば、アフリカ出身の大学院生Dさんは、教育環境に大きな失望を感じながらも、修了後に日本での就職を希望し、就職説明会に足を運んでいた。来日前に出身国以外での留学経験を持つDさんは、日本での生活に満足していた。Dさんは、今まで日本語の習得に多くの時間を「投資してきたのだから、……この投資を役立てられるのは日本しかない」と考えて、日本国内の外資系企業への就職を希望していた[12]。

---

[12] 参照・引用したDさんのインタビュー・データは、筆者らが2010年2月6日に行ったアフリカ地域出身の大学院生（修士課程）とのインタビューに基づく。また、東アジア出身のEさんも、Dさんと同様の回答を示した。欧米圏への留学経験を持つEさんは、筆者らの進路に関する質問に対して、「ここ（＝日本）が、私が今まで学んだ知識とスキルを活かせる社会だ」と答え、実際に日本企業から内定を得ている。Eさんのインタビュー・データは、筆者らが2010年1月12日に行った東アジア出身の学部学生との

北米出身のFさんもまた、自分が育ってきた欧米文化圏とは異なる社会での生活を体験するために、日本を留学先として選択した[13]。自国で大学の学部を卒業し就職したFさんが、日本の大学院に留学したのは2007年である。大学卒業後、6年間会社員として働いたFさんは、「企業のなかで働くことに飽き」、研究職かまたはそれまでとは異なる職業に就くことを志望して大学院進学を決断した。大学院進学を決断した時点で、Fさんは自国での大学院を考えていなかった。というのは、自分が生まれ育った北米文化圏以外での生活を体験したいと考えていたからである。また、他国での学位取得は、最終的に自国に戻ったときに就職する際にも、「国際的な経験を積んでいるという点で就職に有利になるだろうと考えていた」。

　Fさんは、ヨーロッパの大学院への進学を考えたこともあったが、ヨーロッパもまた、北米文化圏とは文化的な類似性が強いだろうと考えて、実際には入学申請を行わなかった。自分が慣れ親しんだ欧米文化圏とは全く異なる社会環境で大学院生活を送りたかったFさんは、アジア圏での大学院進学を希望した。アジア圏の大学院を調べた結果、Fさんが最終的に選択したのは日本だった。Fさんが日本を選択した理由はおもに次の3点である。第一に、日本の国費留学制度があったこと、また実際に国費留学生として選抜されたことである。第二に、Fさんは、日本の大学院から取得した学位であれば、自国に戻ったときにも、また他の国に移住したときでさえも、学位としての一定の評価を得ることができると考えたからである。アジア圏内の他の国で取得した学位が、自国で認められるかどうかFさんには不確かだった。2007年に国費留学生として来日したFさんは、2010年に工学系分野で修士課程を修了した。

　来日当初、修士課程が修了したら帰国する計画だったFさんは、日本での生活体験を重ねるうちに日本社会への関心がより深まったことと、さらには「残業ばかりで休日なし、という日本の企業イメージが本当かどうか自分

　　インタビューに基づく。
13　参照・引用したFさんのインタビュー・データは、筆者らが2010年4月24日に行った北米出身の元留学生（日本の大学院で修士課程修了）とのインタビューに基づく。

の目で確かめてみたい」との理由から、日本のソフトウェア開発会社に就職した[14]。Fさんが就職したのは、日本人が経営し、社員は約20名の日本人から構成されているソフトウェア開発会社だった。インタビューを実施した時点では、Fさんに残業を課せられることもなければ休日出勤を求められた経験はなかった。もし、Fさんにとって納得できない勤務形態を求められることがあった場合は、「外国人だからよくわかっていない」ということを活かそうと思っていた。

専門的教育研究の機会を求めて

第三のパターンとしてインタビューから明らかになったのは、専門的教育や研究の機会を求めて日本の大学院に留学した学生たちであった。本章では、これを「専門的教育・研究」とする。このパターンに属する彼らの多くは、より高いレベルでの教育や研究の機会を求めて留学を決意した学生であった。彼らは、高度な研究設備の利用や、より高い技術の習得など、自国には不足している先進的な研究環境で研究を遂行すること、またそれに必要な学問的トレーニングを受けることを目的として、他国へ留学することを決断していた。留学がキャリア形成につながりうる、という点では第一のパターンとの共通性が認められたものの、彼らの希望するキャリアに日本の大学・大学院での学位が必ずしも有効となりえない、という点で大きく異なっていた。また、第二のパターンの留学生のように、来日前から日本社会や文化への関心をある程度は持っていたと回答する学生も含まれるが、それ自体が日本への留学を決定づける動機とはなっていなかった。彼らにとって留学先としての第一希望は、合衆国やカナダ、イギリスかオーストラリアなどの英語圏の先進国であり、その次に西ヨーロッパか日本であった。そのため、このパター

---

[14] Fさんにとって就職活動は決して楽なものではなかった。Fさんは、就職活動中、出身大学院において提供されている留学生を対象とした就職支援プログラムに参加したり、指導教員による推薦を受けたりしたが、Fさんの思うようには企業から内定を得ることができなかった。「外国人は採用しない」、もしくはFさんの年齢を理由として、就職説明会に参加する前に企業から断りの通知をFさんは受け取ったこともあった。企業のこうした態度に失望したFさんは、一時は帰国を考えたこともあったという。

ンで日本を第一希望だと回答した学生はごく一部にとどまった。彼らが留学を希望した際に、日本は第二から第四希望のなかに位置づけられていた。こうした彼らが日本を留学先として選択した最も重要な動機は、奨学金の獲得であった。したがって、彼らのほとんどが日本政府の国費留学生として奨学金を得ているか、所属する大学院研究科のプログラム、または指導教員の研究費をとおして日本での学生生活に必要な経済的支援を受けていた。また、日本社会を研究対象とする社会科学専攻の学生もわずかに含まれるが、多くが情報・工学・医学などの自然科学分野を専攻していることもこのパターンに見られる特徴である。彼らの出身国は多様であるが、東アジアから東南アジア、中東、中南米諸国出身者が多かった。

　博士課程に在籍しているGさんのケースは、「専門的教育・研究」パターンに属する他の留学生と、多くの共通性を持つ。東南アジア出身のGさんにとって日本は第四希望先で、第一希望の留学先はアメリカ合衆国だった。Gさんは合衆国内の複数の大学に出願し入学が認められたものの、授業料が高額すぎたために断念した。第二、第三希望のヨーロッパやオーストラリアの大学からも、Gさんは奨学金付きの入学許可を得ることができず、奨学金が認められたことを決定的な理由として、最終的に日本の大学に入学した。その後も奨学金を継続して獲得することができたGさんは、インタビュー当時、工学系分野を専攻する国費留学生であった。

　学生として日本での滞在歴が比較的長いGさんにとっても、研究上の議論を日本語で行うことは難しいと感じていた。ただし、日常生活や日本人の友人とのコミュニケーションに必要な程度の日常会話にGさんが困ることはあまりないようだった。Gさんは、自分の研究に専念することができ、研究室の雰囲気も良いために、現在の研究環境には全般的に満足していた[15]。Gさんにとって、日本で教育を受けたことは研究に必要な基礎的な知識や技術を習得するために有益だったものの、合衆国の大学院に進むことを希望している。Gさんにとって、アメリカは「国際的」かつ「トップクラスの人た

15　参照・引用したGさんのインタビュー・データは、筆者らが2010年2月26日に行った東南アジア出身の留学生（博士課程）とのインタビューに基づく。

ちや産業と関わる」ことによって、自分の研究レベルを発展させることが可能な場であり、日本はそのために「適合的な場所ではない」という。Gさん同様に、他の留学生の多くも、来日理由の一つとして基礎的な知識や高度な技術の習得を挙げた。実際、これらの留学生の多くが、在籍している大学院の実験施設が充実していることに言及した。しかし同時に、彼らからは、学問的な議論ができないことへの不満が提示されること、さらには研究レベルの向上のために他国への移住を希望していることも、このパターンの特徴であった。

他方でこのパターンには、日本で専門的な教育や研究を修めた後に、日本で研究職に就くことをも目的の一つとして来日した留学生も含まれる。中東地域出身のHさんはその一人である[16]。Hさんにとっても、日本は第二希望だった。自国で修士課程を修了した後、自国とは異なる研究環境で研究を続けたいと思い、留学を決断した。Hさんによれば、Hさんの国で留学することは珍しいことではなかったうえ、自国の政治状況が不安定なために、教育修了後も留学先で就職するケースが多々見られたという。Hさんもまた、最終的に留学先で研究職に就くことを志望していた。

Gさんのように、Hさんもまた、第一希望である合衆国の複数の大学院から入学許可を得ていた。しかしながら、出身国と合衆国とのあいだの政治関係が決して良好ではなかったため、合衆国から学生ビザが認められるのかどうか、さらには学生ビザが認められる可能性はあったとしても、それまでにどのくらいの時間がかかるのか、Hさんには不確かだった。そうしたHさんに日本への留学を勧めたのは、修士課程までの指導教員だった。指導教員から、Hさんの出身大学と提携関係にある日本の大学院に進学すれば、日本政府からの国費留学生に選ばれる可能性が高いと教えられた。Hさんは、合衆国と日本それぞれの大学院に留学経験を持つ友人たちから、また、受入れ先の大学院の教員やウェブサイトから、それぞれの教育・研究環境について情報を収集した。そのうえで最終的に、日本の大学院への進学を決断した。

---

[16] 参照・引用したGさんのインタビュー・データは、筆者らが2010年9月15日に行った中東地域出身の留学生（日本で博士課程修了）とのインタビューに基づく。

Hさんは日本の大学院に入学してから、学内での使用言語はほとんどが英語だった。所属した研究室は留学生が多く、また日本人の指導教員とも英語で会話していた。受講した授業のほとんども英語で進められたが、授業の内容にはあまり満足できなかった。「科学者はみな英語で話すのが標準だと思っていた」Hさんにとって驚きだったのは、周囲の日本人学生が英語で話せないことだった。インタビュー実施当時、博士課程修了後のHさんには、同大学院の研究施設で研究職に就く機会が提供されていたが、Hさんはその誘いを断ってアメリカ合衆国の大学院に行くことを希望していた。というのは、大学院在籍時をとおして、合衆国のほうが自分の研究レベルを向上させる可能性があるとHさんが認識するようになったからである。日本で研究職に就くことをも来日の目的としていたHさんだったが、日本語ができないために教育歴をつける機会を得ることができなかったこともまた、合衆国行きを希望する理由だった。Hさんは、「研究上は日本で研究できたことが役に立つと思うが、〔自分が〕教育を行うときには〔日本での経験を〕活かすことができるのかわからない」と回答した。

3-3　留学生にとっての日本

　ここまで、先進諸国間で活発化する留学生獲得競争のなかで、日本を選択する留学生の特徴を明らかにしてきた。筆者らがインタビューを行った留学生たちのほぼ全員が、教育修了後に留学先やさらに他の国で就職する際に、もしくは出身国に帰国して就職する際に、他国での教育を受けたことが彼らにとって有利だと述べた。しかし当然ながら、教育を受ける先がどこの国であっても彼らにとって有利だと考えられていたわけではなかった。先進諸国の大学・大学院から取得した学位であれば、自国においても他国においても通用可能性が高まる。すなわち、学位のレベルが高ければ高くなるほど、学位の価値は取得した国によって規定される。

「日本での学位＋就職」パターンに特徴的なように、これらの留学生にとって日本の大学・大学院で学位を取得することが、彼らの希望するキャリア・パスに参入する際の有用な資源となりうる。日本で学位を取得することは、

当然ながら、教育のみならず日本社会で一定期間生活したことの証明でもある。このことが、卒業・修了後に日本社会に残ることを希望する留学生にとって、日本の企業で就職する際に有利となると考えられている。また、彼らが最終的に帰国した際にも、日本での学位と日本企業での勤務経験が、自国での就職や起業に有利に働くと認識されていることもこのパターンの特徴として指摘できる。すなわち、このパターンに分類される留学生たちは、将来、日本社会と何らかの関連性を持つキャリアを形成するために、学位取得の場が日本であること、さらには取得した大学が上位ランクであることが決定的な選択動機となっていた。しかし、日本での留学経験をキャリア達成のための資源として活用できると考えるのは、日本との経済関係が緊密な東アジア出身の留学生に限られる傾向があることに留意する必要があるだろう。

留学先が日本社会、もしくは、日本でなくとも、自国の文化と違うと考えられる東アジアなどの社会であることが重要視されるのは、「日本での生活体験」パターンの特徴でもある。このパターンでは、日本社会の文化や、自国とは異なる特徴を持つ社会であるということが、また、そこでの生活を体験することそれ自体が、留学先を選択する際の動機となっている。したがって、日本の大学・大学院への留学は、日本での生活を実現するための手段として位置付けられている。他方で、このパターンに分類できる留学生たちにとって、日本を選択することが必ずしもキャリア形成に有利になるとは考えられていないのは、日本で取得した学位や教育が必ずしも世界に共通する価値を提供しえていない、ということを示唆するものであろう。

他方、本章で「専門的教育・研究」パターンに分類した留学生たちの多くにとって、留学先を選択した際の動機は、日本という場にはない、と言うことができる。彼らにとって、奨学金を得て、質の高い教育・研究環境で学位を取得することが留学の目的であって、その機会を提供する場が日本である必要はないようだった。このことは、日本を留学先の第一希望だったと答えた学生がごくわずかしないことからも明らかである。

このパターンには、今日の日本の留学生政策が狙いとする「高度人材」予備軍が集中する。しかし、本章での調査では、こうした「高度人材」予備軍

たりえる彼らのなかで、留学修了後に日本社会に留まりたいと回答した学生はほとんど見受けられなかった。日本に留まりたいと回答した少数の留学生のなかでも、キャリア発展のためというよりは、彼らの出身国と比較したうえでの日本社会の生活上の安全性や利便性をその理由としていた。本章で取り上げた留学生の具体的な回答を見ても、日本での留学体験が、必ずしも彼らのキャリア発展を可能とする場としては捉えられていなかった。これが、日本政府や大学が意図する留学生施策と留学生自身の目的の乖離が最も顕著に表れた点である。

4. おわりに

本章の冒頭でも述べたように、グローバル化の進展によって、産業や情報技術ならびに他の科学技術の向上、知識の発信など、多くの領域で国際競争が激化している。このことを背景にして、今日の留学生受入れは、ますます国の成長戦略と関連づけられている（日本経済団体連合会 2011 年 9 月 16 日）。この「高度人材」予備軍に、教育修了後も日本社会との関連性を担保したキャリア発展という選択肢を提供することが、今後の日本社会と大学が取り組むべき課題のひとつとされてきた。このように、高度人材予備軍の獲得が目標のひとつとして強調されてきた今日の留学生政策は、果たしてねらい通りの成果をもたらしうるだろうか。この点を考えるためには、政策が掲げた目標にもとづく施策が、留学先の選択ならびに日本での教育修了後の彼らの将来の選択過程にどの程度の効果を発揮しているかを考える必要があるだろう。すなわち、留学先として日本を選択したことと「人間開発」とのつながりという観点から捉えた場合に、日本への留学が、学生にとっての将来の選択の可能性を広げうるのか。また、その経験が彼らの将来にどのように、またどの程度役立ちうるのか。

本章の留学生を対象としたインタビュー調査結果が示すように、将来の選択可能性に関して留学生から見た日本留学の意義は限定的である。本章の調

査からは、日本に来たことが彼らの将来設計に有用だともっとも肯定的に回答したのは、「日本でのキャリア形成志向」に属する学生だけであった。そうした彼らの将来設計にとって、日本での教育修了後も日本社会との関係性を維持することが重要視されていた。その一方で、「日本の生活体験」、「教育・研究機会の追求」の学生にとっては、日本での教育経験は、彼らのめざすキャリアとは切り離されて捉えられているか、または第三国へ移動するためのステップとしてのみ位置づけられている。しかもこうした学生のなかに、日本政府が獲得を目指す「高度人材」予備軍、すなわち、情報工学分野や他の自然科学分野での専門性を高めようとする学生が多く含まれていた。この点から考えると、現行の留学生政策は、日本との社会経済的結びつきが緊密である東アジア諸国出身の学生を教育修了後に日本社会へと誘致することには効果的であっても、そのような国際間の結びつきが学生の出身背景にない場合は、先進的な科学・技術の革新に意欲的な人材を日本につなぎとめることには効果を発揮できていない、と言わざるを得ない。

確かに、今日の日本の留学生政策とその影響下にある大学の受入れ制度は、来日する留学生の「数」の上昇には一定の効果を示してきた。それでは、留学生の受け入れを促進しながら、日本社会になんらかの貢献しうる「質」を備えた人材を確保するためにはどうするべきか。第一には、大学ならびに企業を含めた日本社会が、留学生にキャリア・パスを提示することが重要である。本章の調査において日本社会でのキャリア形成を望まない留学生の多くが語ったように、日本においてさらなる高度なレベルへと向上する機会があるとは彼らからは認識されていない。日本において「高度人材」としてのキャリア形成が可能となる機会を提供する社会基盤の整備が求められる。

第二に、「高度人材」をより広く再定義することも重要である。日本政府ならびに日本経済団体連合会は、日本社会に必要とされる「高度人材」として情報・工学や他の自然科学分野での人材を主に想定している。この点は、留学生の「高度人材」としての受け入れに力を入れている他の先進諸国においても同様である。しかしながら、本章の調査で回答した留学生たちの例が示すように、出身国から日本に持ち寄る文化的背景はもちろんのこと、日本

を選択した留学生たちが持つポテンシャルは多様である。こうした多様性が日本社会との結びつきを築くことによって生み出しうる文化的イノベーションもまた、日本社会の展開にとっての資本となりうる。つまり、情報・工学分野にとどまらない彼らの多様なポテンシャルが、日本社会との関わりにおいてこそ活かされうる教育・研究環境の形成と、その後の日本社会への参加を実現することが、今後も多くの留学生を受け入れようとする日本社会にとっての恩恵となりえるだろう。

　これらの点に鑑みると、日本の高等教育機関に求められるのは、従来の教育を経路とした国際移動の単なる入口ではない。今後の日本の高等教育機関には、こうした国際的「高度人材」予備軍と、日本社会との相互作用を促進したうえで多様な「高度人材」を育成するという役割を担うことが、まさに求められているのである。

　謝辞

　本章で用いたインタビュー・データの収集にあたって、留学生、大学・大学院の留学生担当部門のスタッフ、ならびに留学生支援組織のみなさんにご協力いただいた。この場を借りて深謝の意を表したい。

参考文献・資料

Baruch, Yahuda, Pawan S. Budhwar and Naresh Khatri, 2007, "Brain Drain: Inclination to Stay Abroad After Studies," *Journal of World Business*, 42: 99-112.
Brooks, Rachel and Johanna Waters, 2009, "A Second Chance at 'Success': UK Students and Global Circuits of Higher Education," *Sociology*, 43(6): 1085-1102.
Cao, Cong, 2008, "China's Brain Drain at the High End: Why government policies have failed to attract first-rate academics to return," *Asian Population Studies*, 4(3): 331-345.
江渕一公, 1997,『大学国際化の研究』玉川大学出版部.
Farro, Anna, 2006, "Desired Mobility or Satisfied Immobility? Migratory Aspirations Among Knowledge Workers," *Journal of Education and Work*, 19(2): 171-2001.
原田麻里子, 2010,「留学生の就職支援――留学生相談現場からみた現状と課題」『移民政策研究』2(2): 40-58.
井口泰・曙光, 2003,「高度人材の国際移動の決定要因――日中間の留学生移動を中心に」『経

済学論究』57(3): 101-121.
経済産業省, 2008,「通商白書 2008」経済産業省.
Ketkar, Suhas L. and Dilip Ratha, 2010, "Diaspora Bonds: Tapping the Diaspora During Difficult Times," *Journal of International Commerce, Economics and Policy*, 1(2): 251-263.
Liu-Farrer, Gracia, 2009, "Educationally Channeled International Labor Mobility: Contemporary Student Migration from China to Japan," *International Migration Review*, 43(1): 178-204.
文部科学省, 2011,「産学官によるグローバル人材育成のための戦略」文部科学省.
———, 2009,「我が国の留学生制度の概要」文部科学省.
Murakami, Yukiko, 2009, "Incentive for International Migration of Scientists and Engineers to Japan," *International Migration*, 47(4): 67-91.
Naujoks, Daniel, 2009, "Emigration, Immigration, and Diaspora Relations in India," *Migration Information Source*, (2011 年 12 月 29 日取得, http://migrationinformation.org/USfocus/display.cfm?ID=745).
日本学生支援機構, 2011,「留学生受け入れの概況（外国人留学生在籍状況調査）平成 22 年度」(2011 年 5 月 26 日取得, http://www.jasso.go.jp/statistics/intl_student/data10.html).
日本経済団体連合会, 2006,「人的ネットワークと地域クラスターを通じた新産業・新事業の創造へ」日本経済団体連合会.
———, 2011,「経団連成長戦略 2011」日本経済団体連合会.
日本経済新聞, 2010,「専門職外国人日本を素通り　在留資格取得、ピークの半分以下に」(2010 年 11 月 22 日付).
Organization for Economic Co-operation and Development, 2006, "Education Policy Analysis: Focus on Higher Education 2005-2006," Paris: OECD.
———, 2009, "International Migration Outlook 2009," Paris: OECD.
———, 2010. "Open for Business: Immigrant Entrepreneurship in OECD Countries," Paris: OECD.
———, 2011, "International Migration Outlook 2010," Paris: OECD.
Papademetriou, Demetrios G. and Madeleine Sumption, 2001, *The Role of Immigration in Fostering Competitiveness in the United States*, Washington D.C. : Migration Policy Institute.
佐野哲, 2011,「アジア諸国の外国人労働者受け入れ制度の概要」(2011 年 11 月 25 日取得, www.kantei.go.jp/jp/singi/jinzai).
佐藤由利子, 2010a,『日本の留学生政策の評価―人材養成、友好促進、経済効果の視点から』東信堂.
———, 2010b,「留学生が日本にもたらす経済便益（2007 年)」『留学交流』22(2): 22-25.
栖原暁, 2010,「『留学生 30 万人計画』の意味と課題」『移民政策研究』2(2): 7-19.

Skeldon, Ronald, 2008, "Of Skilled Migration, Brain Drains and Policy Responses" *International Migration* 47(4): 3-29.
Smith, Michael and Adrian Favel, eds., 2006, *The Human Face of Global Mobility: International Highly Skilled Migration in Europe, North America and the Asia-Pacific*, New Brunswick: Transaction Publishers.
Suter, Brigitte and Michael Jandle, 2008, "Train and Retain: National and Regional Policies to Promote the Settlement of Foreign Graduates in Knowledge Economies," *International Migration & Integration,* 9: 401-418.
寺倉憲一, 2009,「留学生受入れの意義─諸外国の動向と我が国への示唆」『レファレンス』平成21年3月号: 51-72.
Tremblay, Karine, 2005, "Academic Mobility and Immigration," *Journal of Studies in International Education*, 9: 96-228.
Wadhwa, Vivek, AnnaLee Saxenian, Ben Rissing, and Gary Gereffi, 2007, "America's New Immigrant Entrepreneurs,"（2011年1月30日取得, http://ssrn.com/abstract=990152）
Varghese, N.V., 2008, "Globalization of Higher Education and Cross-border student mobility," UNESCO.
Walsh, John P. and Sadao Nagaoka, 2009, "Who Invents? Evidence from the Japan-US Inventor Survey," RIETI Discussion Paper Series 09-E-034.
横田雅広, 2010,「外国人学生の日本留学へのニーズに関する調査研究」,（2011年9月15日取得, http://www.kisc.meiji.ac.jp/~yokotam/index.htm).
Ziguras, Chirstopher & Siew-Fang Law, 2006, "Recruiting International Students as Skilled Migrants: the Global 'skills race' as viewed from Australia and Malaysia," *Globalisation, Societies and Education,* 4(1): 59-76.

第4章　高技能労働者の国際移動

中室牧子

1. はじめに

　高技能労働者の国際移動は、開発の文脈で議論になることが多い。開発途上国で教育を受けた高技能労働者が、経済、政治環境が不安定な母国から、米国、カナダや欧州などの先進国に移住することが多いのに対し、その逆はあまり起こらないからである。交通や通信手段の発達にともない、多くの労働者は、自国のみならず他国の労働市場における賃金水準や労働条件などをも意識するようになり、開発途上国出身の高技能労働者は、よい高い賃金やより有利な労働条件を求めて、自国の労働市場ではなく、海外の先進国で職を得ようとする動きが加速している。このように、学歴が高く、専門の技術や知識を持っている高技能労働者が、母国の労働市場から流出し、移民となって他国の労働市場で生産活動を行う現象は、「頭脳流出」(brain drain)と呼ばれ、このような頭脳流出が経済発展にもたらす影響は、研究者ばかりではなく、国連や世界銀行などの開発援助機関からも注目を集めている。

　頭脳流出の問題は、単なる人的資本の逸失には止まらない。高技能労働者とよばれる医師、技術者、教師などは、国民から徴収した税金によって成り立っている教育制度を通じて育成されたにもかかわらず、母国の社会や経済に貢献せずに、先進国で生産活動にあたっていることになる（Bhagwati &

Hamada, 1974)。これは実質的に、教育制度に対する政府支出が、開発途上国から先進国に流出していることに等しく、ますます開発途上国と先進国の間での経済格差を拡大させてしまう。さらに、最近、開発援助機関が注目している頭脳流出の一側面として、高技能労働者の多くが、移住先の国の労働市場において、その知識や技術を十分に生かし切ることができず、特段高い技術や知識を必要とされない単純労働に従事しているという問題が指摘されている。これを特に、頭脳浪費（brain waste）と呼び、頭脳流出の負の側面として注目を集めている。

経済成長の理論では、教育やトレーニングを通じた人的資本の蓄積は、経済成長の原動力であると考えられていることから、人的資本が国外に流出することは経済発展には負の影響があると考えるのが一般的である。国際移動に関する従来の経済学研究は、頭脳流出が生じた結果、高技能労働者の送り出し国では、経済的・社会的便益が減少することを理論的、実証的に示したものがほとんどであった（Bhagwati & Hamada, 1974; McCulloch & Yellen, 1977)。

しかし、近年の急速なグローバル化やIT・通信技術の発達は、高技能移民労働者の送り出し国側で、さまざまな新しい現象を引き起こしている。一つ目は、いったん移住した高技能労働者の帰国である。交通や通信手段の発達によって、母国とのつながりを保ちつつ国家間を移動する高技能労働者が増加し、ある時点では、母国を離れて移住した高技能労働者が、ある程度の期間を経て母国に戻り、移住先の国で得た新しい技術、知識、人的ネットワークなどを活用して、高付加価値かつ生産性の高い産業での労働に従事するようなケースがみられるようになってきている。二つ目は、送金である。高技能労働者が、移住先の国で得た賃金の一部を、母国にのこされた家族や親戚に送金することが増えている。

このような高技能労働者が、帰国して母国の労働市場に算入したり、移民労働者が母国に送金したりする現象を、頭脳流出の対義語として、「頭脳獲得」（brain gain）と呼び、頭脳流出のもたらす負の開発効果を相殺することが期待されている。すなわち、これまでの研究は、高技能移民の送り出し国

側への負の開発効果を強調してきたが、上記のような移民の帰国や送金という最近の現象は、高技能移民が正の開発効果をもたらす可能性があることを示唆するものであると考えられる。

　頭脳流出に関するデータの蓄積はかなり進んでおり、さらに頭脳獲得に関する実証的な研究も徐々に現れているものの、頭脳獲得に関する議論には、明確な科学的根拠がないものも多い。本章では、このような近年の高技能移民に関する研究動向を踏まえて、改めて高技能移民が受け入れ国、送り出し国双方に与える影響について考察したい。

　本章の目的は、頭脳流出という概念について改めて概説し、頭脳流出が高技能移民の送り出し国側にもたらす負の開発効果を相殺すると期待されている「頭脳獲得」に関する最近の代表的な実証研究の成果を評価することにある。まず、頭脳流出とはなぜ、どこで、どのように生じているのかということを、研究者らが蓄積したデータを用いて探りたい。次に、送り出し国側にもっとも大きな打撃を与えると考えられる医療従事者の頭脳流出や、高技能労働者が受け入れ国で学歴や技能に見合わない職業にしか就けない「頭脳浪費」の事例を取り上げ、頭脳流出が送り出し国側で与えている影響について考察したい。その後、帰国移民や送金の著しい増加から、頭脳獲得の可能性が示唆されるようになった背景を述べるとともに、頭脳獲得に関する近年の実証研究がどのような観点から分析をすすめ、頭脳流出のもたらす負の開発効果を相殺することについてどこまで解明することができたかについて論じたい。最後に、これまでの頭脳獲得に関する研究に残された課題は何か、そのような課題を解決するために、今後どのように研究を進めるべきかについて考察したい。

2. 高技能移民労働者に関する研究の近年の動向

2-1 頭脳流出の推計

　前述のとおり、先行研究においては、高技能労働者が移民となって先進国に移住することは、送り出し国の経済発展には負の効果をもたらすという見解が支配的であった。また、このような現象は、社会でも広く「頭脳流出」と呼ばれてきた。概念について述べれば、広義の頭脳流出は、高技能、高学歴の移民労働者のことを指すが、狭義では、母国で高技能、高学歴労働者が生み出されるよりも早いスピードで、移民によって技術や知識が逸失していく状態のことを指す。頭脳流出は、1950年代から研究の対象とされてきたトピックであったにもかかわらず、その実態が定量的に把握されるようになったのは最近のことである。頭脳流出の定量的な把握が進んできた背景には、一部研究者らによるデータ構築の貢献が大きい。

　頭脳流出が、「どこ」で「どの程度」生じているのかを把握するために、移民の流入を、国別・技能別に観察する試みが行われており（Carrington & Detragiache, 1998; Adams, 2003)、OECD統計をもとにして、学歴別に移民の流入とストックが推計されている。ここで、頭脳流出とは、高学歴労働者の移民率であらわされる。しかし、こうした一連の推計には、頭脳流出が著しいと言われている一部の国のデータが含まれていない上、移民を「市民権を保有していない居住者」として定義していることから、実態と比較すると過小推計となっている可能性が指摘されてきた。そこで、一部研究者らは、国勢調査、出入国記録、労働力調査などの各種サーベイ調査からデータを収集し、初期の頭脳流出の推計バイアスを除去することを試みている（Docquier & Marfouk, 2006)。ごく最近では、最新のデータに更新されたほか、男女別の推計値も発表されている（Docquier, Lowell & Marfouk, 2007)。

　最新の頭脳流出の推計値をみてみると（表4-1)、1990年から2000年の10年間で、25歳以上かつ大卒以下の学歴の低技能労働者の移民率は、約

表 4-1　1990-2000 年の高学歴移民労働者（1000 人単位）

	1990		2000	
	高学歴 移民労働者数 （25 歳以上、人）	高学歴 移民労働者比率 （％）	高学歴 移民労働者数 （25 歳以上、人）	高学歴 移民労働者比率 （％）
世界計	12,501	5.0	20,442	5.4
世銀所得区分				
高所得国	5,749	4.0	7,911	3.8
上位中所得国	2,027	5.5	3,729	6.2
下位中所得国	3,144	8.1	5,691	8.1
国連所得区分				
低所得国	1,317	5.5	2,918	7.5
最貧国	412	11.4	813	12.3
内陸国	264	5.0	524	6.0
小島国	918	43.1	1,536	41.0
地域				
サブサハラアフリカ	465	12.8	916	12.5
東南アジア	1,191	10.8	2,148	9.8
東欧	867	3.6	1,571	4.5
中南米およびカリブ	1,925	10.1	3,682	11.0
北アフリカおよび中東	748	11.3	1,228	9.1

出所：Docquier, Lowell & Marfouk (2007)

1％程度であり、過去 10 年間でほとんど変化していない。その一方で、大学以上の学歴を持つ高技能労働者の移民率は 5.0％から 5.4％に上昇している。内訳を見てみると、最貧国や人口の少ない島国で高くなっている。特に、人口の少ない島国や沿岸国における頭脳流出はかなり深刻であることが窺われる。国別では、サブサハラアフリカや、中南米およびカリブ周辺国から、米国、カナダや欧州など先進国に移住するという「南から北への移住」（South to North migration）が顕著であることがみてとれる[1]。

　表 4-2 からは、人口が 400 万人以上の国のうち、大学以上の学歴を持つ高技能労働者の移民率が最も高いのは、主としてガーナ、ケニア、ルワンダなどのサブサハラアフリカ諸国である一方、もっとも低いのは、トルクメニ

---

[1]　むろん、留学生送出国と受入国とを明確に区別することはできない。実際、中国は多くの留学生を受け入れており、2006 年以降の短期・長期を含めた留学生受入数は日本を上回っている（寺倉 2009; 日本学生支援機構 2010）。

スタン、タジキスタン、ウズベキスタンなどの中央アジア諸国であることがわかる。

表 4-2　2000 年の高学歴移民労働者率（人口が 400 万人以上の国）

高学歴移民労働者率が最も高い国		高学歴移民労働者率が最も低い国	
ハイチ	83.4	タルクメニスタン	0.4
シエラレオネ	49.2	米国	0.5
ガーナ	44.7	タジキスタン	0.6
ケニア	38.5	ウズベキスタン	0.8
ラオス	37.2	キルギスタン	0.9
ウガンダ	36.0	サウジアラビア	0.9
エリトリア	35.2	カザフスタン	1.2
ソマリア	34.5	日本	1.2
エルサルバドル	31.7	ロシア	1.4
ルワンダ	31.7	アゼルバイジャン	1.8

出所：Docquier, Lowell & Marfouk (2007)

　一方、一連の頭脳流出の推計値は、移民が、母国と移住先の国のどちらで教育を受けたかという情報を考慮せずに、頭脳流出を推計していることから、頭脳流出を過大に評価しているとの指摘がある (Beine, Docquier & Rapoport, 2007)。例えば、ある移民労働者が、就学前に親に連れられて他国に移住し、移住先でほとんどの教育を受け、その結果、母国へ戻ることがなかったケースを「頭脳流出」に含めることは明らかに不適切である。そこで、一部研究者らは、入国時の年齢を「どこで教育を受けたか」の代理変数として用い、移住した年齢が小学校卒業時（12 歳）、高等学校卒業時（18 歳）、4 年制大学卒業時（22 歳）のいずれであったかによって選別したコーホートごとの高学歴労働者の割合を推計している（Beine, Docquier & Rapoport, 2007）。その結果、どこで教育を受けたかということを考慮しない推計は、中南米諸国を中心に過大推計となっていることが明らかとなり、例えば、メキシコの場合、0 歳時点でメキシコから他国に移住し、移住先の国で教育を受けた高学歴労働者は 15.5％であり、メキシコ国内で小学校を卒業した後移住した高学歴労働者は 12.4％、高等学校を卒業した後移住した高学歴労働者は 9.9％、4 年制大学を卒業した後移住した高学歴労働者は 7.9％であったが、既存推計

における頭脳流出は23.0％となっている。このように、既存推計は頭脳流出を過大推計していることが明らかになった。しかし、どこで教育を受けたかを考慮しない推計は頭脳流出のレベルを過大推計している可能性が高いものの、入国時の年齢を考慮した彼らの推計とは、国や推計期間、性別などの趨勢には特段の差は見られていない点も留意が必要である。

また、1975年から2000年にかけての移民率の長期的な傾向を把握するため、米国、カナダ、オーストラリア、ドイツ、英国、フランスへ移住した高学歴労働者のパネルデータ（同一の移民を継続的に観察し記録したデータ）も構築されている（Defoort, 2008）。これによると、開発途上国から上記の先進国への高学歴移民労働者の絶対数は増えている一方で、移民全体に占める高学歴移民の比率はおよそ横ばいであったことが示されている。これについては、開発途上国における大学進学者が増加したことや、中南米、東欧、サブサハラアフリカなど一部の地域の頭脳流出が増加する一方、カリブ周辺諸国、北アフリカなど一部の地域の頭脳流出は下げ止まったことが要因として働いたと解釈している。

各国の国勢調査の多くが2000年に実施されたものであることから、頭脳流出の推計値のほとんどは、2000年までのものとなっている。2000年から2010年にかけて開発途上国における大学進学者は急速に増加していることを踏まえると、2000年以降の10年間の高学歴移民労働者率は低下している可能性が高い。しかし、頭脳流出が著しい割には、国内の大学進学率が依然として低迷しているサブサハラアフリカ諸国だけは例外をなしている。

2-2 頭脳流出の要因

それでは、頭脳流出をもたらす要因は何だろうか。この問いに関して、近年の代表的研究は、頭脳流出を推計したクロスカントリーデータを用いて、送り出し国側の4つの要因——国の規模、発展の水準、社会・政治環境、受け入れ国との地理的・文化的近接——との相関関係を明らかにすることを試みている（Docquier, Lohest & Marfouk, 2007）。推計式では、国の規模の代理変数には、送り出し国の総人口と小島国であるかどうかのダミー変数が、国

の発展には、送り出し国で中等教育以上の教育を受けた自国民の割合が、社会政治環境には、政治的安定やガバナンスの効率性に関する指標（Kaufmann, Kraay, & Mastruzzi, 2003）や宗教の分裂に関する指標（Alesina, Devleeschauwer, Easterly, Kurlatand, & Waciarg, 2003）、受け入れ国との地理的・文化的近接には米国やカナダ、欧州など受け入れ国とみられる国々との最短距離、陸地に囲まれた国であるかどうかのダミー変数、過去に先進諸国のいずれかの植民地であったかどうかのダミー変数、先進諸国のいずれかと同じ言語が用いられているかどうかのダミー変数が用いられた。

　しかし、ここで注意しなければならないのは、頭脳流出と送り出し国の発展の水準の因果関係がはっきりしないことである。5-1でも詳しく述べるとおり、一部の先行研究は（Mountford, 1997; Stark, Helmenstein & Prskawetz, 1997; Beine, Docquier, & Rapoport, 2001）送り出し国側で自国民の人的資本の蓄積が進むかどうかは、将来、海外の労働市場で就労するかもしれないという「見込み」に影響を受けていることを明らかにしている。すなわち、頭脳流出の規模が大きい国ほど、労働者は、将来海外の労働市場で就労する機会を見込むため、教育の期待収益率が高くなり、教育投資を行う。この因果推論の問題を解決するため、前出の研究は、送り出し国の発展の水準の操作変数として、購買力平価で測った国民総所得、最貧国であるかどうかのダミー変数、原油輸出国であるかどうかのダミー変数をもちいて、因果関係の特定を試みている。

　実証分析の結果をみてみると、操作変数を用いた2段階最小二乗法も、OLSと同様の結果が得られており、いずれの推計式でも国の規模、発展の水準、政治環境、受け入れ国との地理的・文化的近接はいずれも、頭脳流出に影響を与えているという結論が得られている。ただし、操作変数を用いた推計では、政治的安定をあらわす指標は統計的に有意となっているが、ガバナンスや宗教の分裂に関する指標は有意ではない点には留意が必要である。

3. 高技能移民の負の側面

高技能、高学歴の移民労働者は、移住先でどのような職業についているのであろうか。表4-3で米国コミュニティ・サーベイ（2008）の結果によると、米国に移住してきた高学歴移民労働者のうち、博士号保持者は、大学教員（22.6%）の職に就くものが多く、修士号保持者は、医師（9.2%）や学校教員（7.4%）が多い。4年制大学卒業者の職業は、技術者（4.9%）や看護師（4.8%）などが多くなっている。

博士号や修士号保持者の場合、全体の50%以上が、上位5位の職業のいずれかについているのに対して、4年制大学卒業者はばらつきが大きいことからみても、学歴が高くなるほど、技能や専門知識に応じた職を得られていると推測される。頭脳流出を職業別にみるときに、最も注目されるのは、医師や看護師など医療従事者の動向である。開発途上国においては、人的資本の蓄積の観点から言って、乳児死亡率の低下や感染症対策などは非常に重要な議題であるにもかかわらず、多くの国、特にサブサハラアフリカ諸国では、医療従事者の不足は深刻な問題となっており、下痢やインフルエンザなどの治療可能な病気で多くの子どもが命を落としている。子どもや妊婦が、十分な治療を受けられず死亡するという悲惨な状態であるにもかかわらず、依然として開発途上国から医師や看護師などが移民として流出しているのである。

表4-3 米国の高学歴移民労働者の職業 (単位：%)

学士		修士		博士	
技術者	4.9	医師	9.2	大学教員	22.6
看護師	4.8	学校教員	7.4	物理学者	9.1
医師	4.1	技術者	6.7	医学者	7.6
会計士	3.8	管理職	3.5	医師	7.6
大学教員	3.6	会計士	3.4	技術者	4.3

注：大学教員は大学などの教育機関で教育・研究にあたっている研究者を指し、物理学者や医学者は研究所など教育機関以外の組織で働く研究者を指す。
出所：アメリカンコミュニティサーベイ（2008）

3-1 開発途上国における医療従事者の頭脳流出

各国の国勢調査のデータ等を用いて、医療従事者の頭脳流出を定量的に計測した研究も存在している。2000年に英国、米国、フランスなど先進9カ国に移住した医師や看護師に関するデータを採集したものや（Clemens & Pettersson, 2006）、1991年から2004年に先進18カ国に移住した医療従事者に関するデータを採集したものがある（Bhargava & Docquier, 2008）。後者のデータを地域別にみてみると、(**表4-4**)、医療従事者の頭脳流出が最も顕著であるのは、広く社会的問題とされてきたとおり、サブサハラアフリカ諸国である。

表4-4 医療従事者の頭脳流出（地域別）

	1991年		2004年	
	医師人口 （1,000人当たり）	医師 移民率	医師人口 （1,000人当たり）	医師 移民率
OECD	2.22	3.7	2.63	3.4
東アジアおよび太平洋	1.17	0.9	1.28	0.9
東欧および中央アジア	3.17	1.0	3.03	1.7
中南米およびカリブ	1.38	3.9	1.70	4.1
北アフリカおよび中東	0.57	8.3	1.20	6.4
南アジア	0.43	7.6	0.48	8.4
サブサハラアフリカ	0.13	16.7	0.16	19.0

出所：Bhargave & Docquier（2006）

では、サブサハラアフリカ諸国の医療従事者が、海外に移住するのはどのような動機が働いているのだろうか。ジンバブエ、ガーナ、ウガンダなどアフリカ6か国の医療従事者へのアンケート調査によると、26%（ウガンダ）から68%（ジンバブエ）の医療従事者が、海外への移住を検討しており（表4-6）、その多くが海外に移住する理由として、母国よりも高い報酬や快適な生活環境を得られるということや、先進的かつ専門的知識を身に着けたいということを挙げている（Awases, Gbary, Nyoni, & Chatora, 2004）。一方で、母国に残る、あるいは一旦は海外に移住したとしても、将来的には帰国するという医療従事者は、その理由として、現在の報酬や医療サービスの管理体

表 4-5　医療従事者の頭脳流出（国別）

全ての国を対象 （上位 10 位）		人口 400 万人以上の 国を対象（上位 10 位）		1991 年から 2004 年 の変化率（上位 10 位）	
ドミニカ	0.991	ジンバブエ	0.454	バルバドス	0.397
グレナダ	0.990	ガーナ	0.378	アンティグア・バーブーダ	0.349
セントルシア	0.826	ハイチ	0.349	セントキッツ・ニヴィス	0.333
セントキッツ・ニヴィス	0.618	スリランカ	0.348	ジンバブエ	0.268
アイルランド	0.543	ウガンダ	0.343	ベリーズ	0.263
アンティグア・バーブーダ	0.518	南アフリカ	0.341	マラウィ	0.214
リベリア	0.512	マラウィ	0.318	フィジー	0.194
ジャマイカ	0.499	ドミニカ共和国	0.306	トリニーダ・トバゴ	0.146
ジンバブエ	0.454	ザンビア	0.279	セントルシア	0.114
フィジー	0.440	香港	0.276	パプア・ニューギニア	0.100

出所：Bhargave, Docquier, & Moullan (2011)

制への満足を挙げている。この意味では、医療従事者の流出に歯止めをかけるためには、医療従事者の報酬や労働環境が改善させることが求められているといえる。また、上記のアンケート調査は、サブアフリカ諸国における医療従事者の頭脳流出には、HIV/AIDS の治療体制が密接にかかわっていることをも明らかにしている。すなわち、サブサハラアフリカ諸国の医療機関は、HIV/AIDS の患者を治療するに当たり、医療従事者の二次感染を防ぐための手段を十分に施していないため、医療従事者は治療中のけがなどによって HIV/AIDS に自ら感染してしまうというリスクに晒されており、その結果、HIV/AIDS 患者の治療に強いストレスを感じている（表 4-6）。これもまた、医療従事者の頭脳流出の一因であると考えられる。

　医療従事者の頭脳流出は、サブサハラアフリカ諸国における乳児死亡率や予防接種率とどのような関係にあるのだろうか。先行研究は、同地域における医療従事者の移民率が 2 倍になると、HIV で死亡する人が 20％程度増加するという実証結果を提示している（Bhargava & Docquier, 2008）。しかし、医療従事者が移民となって海外に移住するという意思決定にセレクションがある点を考慮した結果、医療従事者の移民率と、1 歳以下の死亡者数、予防接種率、5 歳以下の急性呼吸器感染症の罹患の間には因果関係がないことを示している研究もある（Clemens, 2007; Bhargava, Docquier, & Moullan, 2011）。

　頭脳流出が問題になっているのは、医療従事者のみにとどまらない。南ア

表4-6 アフリカ6カ国の医療従事者に対するアンケート調査

	将来的に海外へ移住するつもりがある	HIV/AIDの二次感染に不安がある	HIV/AIDS患者の治療にストレスを感じる
カメルーン	49.3	68.8	45.4
ガーナ	61.6	48.3	36.2
セネガル	37.9	70.0	49.1
南アフリカ	58.3	53.6	57.5
ウガンダ	26.1	85.3	61.5
ジンバブエ	68.0	57.6	58.4

出所：Awases, Gbary, Nyoni, & Chatora (2003)

ジアやサブサハラアフリカ諸国では、次のように科学者の流出が著しく、国内の研究開発の停滞の一因となっているという（UNESCO, 2010）。例えば、スリランカでは、1996年からの約10年間に、国内の大学や研究機関に雇用されていた約半数の科学者が、サブサハラアフリカ地域では約3分の1の科学者が海外で職を得ているとみられる。しかし、科学者の頭脳流出については、医療従事者のような推計値が存在しないため、その影響については十分把握できているとは言い難い。

3-2　先進国における頭脳浪費

　もし、開発途上国から移住した高技能労働者が、移住先の国で、彼らの技術や知識にふさわしい職を得ることができていたとしたら、労働力のグローバルな資源配分という観点から、これを正当化する議論をすることも可能であろう。しかし、現実には、開発途上国出身の高技能労働者の多くが、先進国に移住したのちに、単純労働の職しか得られていない。このように、出身国で身に着けた学歴や技能を、移民先の国で十分に生かすことのできるような職を得ていない状態を、頭脳浪費（brain waste）と呼ぶ。

　世銀のエコノミストらは、米国の国勢調査のデータを用いて、多項ロジットモデルを推計し、高技能の移民労働者が、米国で、彼らの学歴にふさわしい高技能職を得ることのできる確率を、出身国ごとに比較した（Matto, Neagu, & Özden, 2005）。彼らは、年齢や米国の労働市場での経験年数など、移民の能力の差に影響するような変数をコントロールしたうえで、移民が学

歴にふさわしい職を得られる確率は、出身国によって大きなばらつきがあることを明らかにした。例えば、南アフリカ出身の大卒労働者が米国内で高技能職を得る確率は69％である一方、パラグアイ出身の大卒労働者が米国内で高技能職を得る確率は9％に過ぎない（表4-7）。また、南米、東欧、中東諸国からの移民は、高技能職を得られる確率が総じて低いことがわかる。

これを修士以上の学位に限ってみても、同様のことがわかる。例えば、前の例でいうと、南アフリカ出身の修士号保持者が米国内で高技能職を得る確率は78％、MBAなど専門学位保持者の場合は88％であるのに対し、パラグアイ出身の修士号保持者が米国内で高技能職を得る確率は18％、MBAなど専門学位保持者の場合は10％である。同研究では、大卒の移民労働者が高技能職を得る確率を1970年代、1980年代に米国に入国した移民労働者をも対象に推計しているが、そこでも南米、東欧、中東諸国からの移民は、高技能職を得られる確率が総じて低いことが明らかとなっている。

さらに、高技能職を得られる確率が、出身国ごとに大きく差が生じる原因を明らかにするために、モデルによって推計された確率を被説明変数とする回帰分析を行ったところ、母国と米国との距離が近く、母国語が英語であり、政府が高等教育に支出する割合が多い国ほど、高学歴労働者が米国内で高技能職を得る確率が高くなり、一方で軍事的紛争がある国の出身者は、高学歴労働者が米国内で高技能職を得る確率が低くなることが明らかになった。

3-3　高技能移民はどこまで開発途上国の開発の妨げとなるのか

これまで、頭脳流出の定量的把握に関する試みを概観し、高技能移民労働者の絶対数は増加しており、特にサブサハラアフリカや中南米などで顕著にみられていることが確認された。ここで改めて、これまで多くの研究がどのような根拠に基づいて、高技能移民は送り出し国の開発に望ましくない効果を及ぼしてきたのか、また、そのような議論はどこまで妥当なのかについて探ってみたい。頭脳流出という問題についての経済学的考察がなされたのは1970年代にさかのぼり（Bhagwati & Hamada, 1974; McCulloch & Yellen, 1977）、これらの研究は以下のような仮定に立脚した上で、高技能移民が送

表 4-7　高学歴労働者が米国内で高技能職を得る確率

(130 か国中、上位 10 位)

	1990 年代			1980 年代	1970 年代
	学士	修士	専門	学士	学士
南アフリカ	69	78	88	56	39
インド	69	80	87	40	45
シンガポール	68	79	81	74	58
ジンバブエ	67	79	68	60	67
マレーシア	67	81	85	50	57
カナダ	67	76	89	54	59
英国	66	76	78	61	57
アンティグア・バーブーダ	66	78	68	26	26
香港	65	76	88	46	46
オーストラリア	65	76	82	64	58

(130 か国中、下位 10 位)

	1990 年代			1980 年代	1970 年代
	学士	修士	専門	学士	学士
パラグアイ	9	18	10	0	64
アルバニア	14	29	58	14	0
トンガ	14	23	99	5	0
シリア	20	30	74	31	43
アルメニア	21	37	39	28	18
バングラディシュ	21	37	69	23	28
シプルス	21	31	95	62	36
エクアドル	21	38	61	27	27
アフガニスタン	22	38	18	26	31
ボリビア	22	39	61	30	48

出所：Matto, Neagu, & Özden (2005)

り出し国側に負の開発効果を及ぼすという議論を展開している。

　その仮定とは、個々の技能労働者の人的資本の蓄積は、国内的なインセンティブのみに基づいて決定されるということである（例えば、Wong & Yip, 1999）。すなわち、個々の技能労働者の教育は、国内の労働市場から得られる教育の収益率を最大化するように行われ、将来海外で就労することを想定して、教育投資の額や期間を決定することはあり得ないと仮定しているのである。しかし、実際には、将来、海外で就労することを想定した教育投資は起こり得る。例えば、ある開発途上国の労働市場が硬直的で、潜在成長率が

低い場合には、労働者らは、教育の期待収益率を低く見積もるため、積極的には教育投資を行わない。しかし、国家間の労働移動が自由となり、将来、海外で就労するチャンスが増えれば、自国の潜在成長率が低くても、将来海外で就労することを想定する労働者の教育の期待収益率は高くなり、積極的に教育投資を行う。その場合、将来、こうした労働者の一部が本当に海外に流出したとしても、一部は国内に残り、高学歴労働者の割合は高まり、人的資本の蓄積が進むと予想される。

　要するに、「将来海外の労働市場で就労する可能性あるいは見込み」が、労働者の教育の期待収益率を変化させ、教育への投資行動を積極化させる結果、人的資本の蓄積が進む可能性があり、この場合、高学歴移民が開発途上国に及ぼす負の開発効果は、少なくとも部分的に一部相殺されると考えられる。これに関する実証的な研究については「5-1. 人的資本」で論じる。

　前述の先駆的な「頭脳流出」論は、もう一つ別の仮定も前提にしていた。それは、送り出し国で蓄積された人的資本は、受け入れ国で使い切られてしまうというものである（Haque & Kim, 1995）。しかし、この仮定もまた、現実とは食い違いがある。すなわち、近年、国境を越えるヒト・モノ・カネ・情報の移動が容易になるなかで、移民労働者と母国とのつながりが完全に途絶えてしまうことはむしろ稀になっている。海外に在住しながらも、母国の家族や親戚と関係を保ち、移民労働者が蓄積した人的資本が、受け入れ国だけではなく送り出し国の経済にも、直接または間接的に利益をもたらすという事例が出てきている。移民が母国に戻った後、母国の労働市場で、先進国で学んだ新しい技術や知識、金融資本、人的ネットワークなどを活用して、製品開発やサービスの向上に適用し、生産性の上昇をもたらすという例が増えてきている。このような高技能労働者の帰国は、頭脳流出による負の開発効果を少なくとも部分的には相殺していると推測される。これに関する実証的な研究は、「5-2. 移民労働者の帰国」で詳細に論じる。また、移民労働者が、移住先の国で得た賃金の一部を、母国に残された家族や親戚に送金するという現象も見られるようになってきている。母国に残された家族や親戚にとって、こうした送金は追加的な収入になるから、家計の資金制約の緩和に

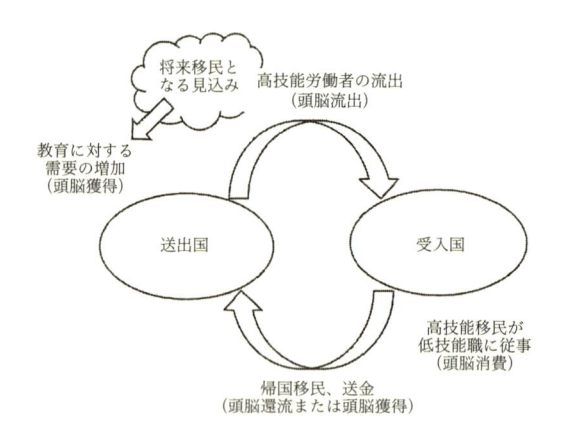

図 4-1　頭脳流出、頭脳獲得、頭脳還流、頭脳浪費の関係

つながり、母国での家計支出の増加につながる。仮に、教育や医療など人的資本の蓄積への支出が行われた場合、送金は、高技能労働者の人的資本の流出を相殺する効果を持つと考えられる。これに関する実証的な研究は「5-3. 送金」で詳述する。

以上のような近年の動向を背景に、1990年代以降、高技能移民が送り出し側の国にも望ましい開発効果をもたらすという新しい主張も現れている。なお、このような高技能移民労働者が送り出し国の開発に望ましい効果を及ぼす場合、これを総称して頭脳獲得（brain gain）と呼んでいる（頭脳獲得と頭脳流出の関係については、図4-1を参照）。

4.　頭脳獲得

4-1　人的資本の蓄積

労働力の国境を越える移動が日常化した現代の世界においては、将来、海外に移住し、海外の労働市場で就労する「見込み」が、教育の期待収益率を

上昇させ、人々の教育投資を誘発する事態が起こることが考えられる。このことを国内の人的資本蓄積をモデルの内生変数として扱うことによって、さまざまな理論が証明している（Mountford, 1997; Stark, Helmenstein & Prskawetz, 1997; Beine, Docquier, & Rapoport, 2001）。
一方、高技能移民と人的資本の関係を実証的に裏付けようとする試みも同時に行われてきており、これらの実証分析は、クロスカントリーデータを用いたマクロ分析と、それぞれの国の国勢調査や労働力調査などの個票データを用いたミクロ分析に分類できる。クロスカントリーデータを用いた実証分析のうち、先駆的な研究は、37の開発途上国のクロスセクションデータを用いて、頭脳流出の代理変数である粗移民率と、人的資本の代理変数（国連教育水準指数）の関係は、統計的に有意かつ正であり、この傾向は1人あたりGDPが低い国ほど強いことを明らかにしている（Beine, Docquier & Rapoport, 2001）。さらに、最近の研究では、頭脳流出のデータベースを用いて、サンプルを127か国まで拡張したところ、短期では、粗移民率の弾性値は0.054である一方、長期では0.226になるという結果を得ている（Beine, Docquier, & Rapoport, 2008）。これは、粗移民率が2倍になれば、10年間で母国の高技能労働者は1.054倍に、長期では1.226倍になることを意味する。さらに、人的資本の代理変数に、就学率や若年層の識字率などを用いて頑健性の検定をおこない、上述の結果が、人的資本の変数の選択にはよらないことを明らかにしている研究もみられている（Beine, Docquier, & Rapoport, 2008）。

　しかし、上述の研究には、いくつかの問題点がある。第一に、高技能移民と人的資本の因果関係が逆になっているという批判は免れえない。例えば、国内の技能労働者が増加すると、労働市場では技能労働者が供給過剰になり、技能労働者の賃金が低下するため、技能労働者の移民率が高くなる、というように、高技能移民が原因で人的資本の蓄積が進むのではなく、人的資本の蓄積によって生じた国内労働市場における技能労働者の需給バランスの変化が頭脳流出をもたらしたという逆の因果関係も論理的には成り立ち得る（所謂、内生性バイアス）。この問題については、総人口数と1990年時点の移民

ストックの2つを頭脳流出の操作変数としてもちいることで、因果関係の特定を試み、頭脳流出は人的資本蓄積の「原因」であるという議論を補強している。

しかし、ここでの操作変数は、頭脳流出とは相関し、かつ人的資本の蓄積に対して、高技能移民以外の経路では相関しないような変数であることが求められるが、そのような理論的根拠をもつ変数を探し出すことは非常に難しく、その妥当性にはいくつかの疑問が投げかけられている。このようなことから、研究者らは、さまざまな操作変数を用いて、これまでの実証研究の結果を再検証することを試みている。例えば、高技能移民の操作変数として、OECD諸国への最短距離や島国であるかどうかのダミー変数を用いて、先行研究と同様の結果を得られたと報告している研究がある（Docquier, Faye & Pestieau, 2008）ほか、植民地であったかどうかのダミー変数、総人口数、主要な受け入れ国への距離を操作変数として、成長会計のフレームワークの中で、高技能移民が技術創出の「原因」であり、技術喪失とは無関係であることを示した研究がある（Easterly & Nyarko, 2009）。

クロスカントリーデータを用いた分析のもう一つの問題点は、観察不可能な要因を省略していることによるバイアスである（所謂、省略変数バイアス）。一国で人的資本が蓄積されるためには、頭脳流出のみならず、さまざまな観察不可能な要因が影響していると推察される。これに対しては、頭脳流出のパネルデータと固定効果モデルを用いて、省略変数バイアスをコントロールすることを試みている研究がある（Beine, Docquier, & Oden-Defoot, 2011）。この結果、省略変数バイアスをコントロールしてもなお、頭脳流出と人的資本には統計的に有意かつ、正であることが確認され、さらに、この傾向は、所得の低い国ほど強いことも確認された。以上の研究は、クロスカントリーデータを用いて、世界的な傾向を確認したものであるが、各国のサーベイ調査から得られた個票データを用いたミクロ分析でも、同様のことが確認できている（例えば、カーボベルデについては、Batista, Lacuesta, & Vicente, 2010；トンガおよびパプア・ニューギニアに関しては、Gibson & McKenzie, 2011；太平洋地域に関しては、Chand & Clemens, 2008）。

以上に述べたように、これまでのクロスカントリーデータを用いたマクロ分析から、頭脳流出が、送り出し国の人的資本の蓄積に望ましい影響をもたらすということが確認されたと結論づけることができる。すなわち、ある国で、著しい頭脳流出が観察されるということは、自分も将来、移民となり海外で就労するであろうという「見込み」を高めることから、教育の期待収益率を上昇させ、人々の教育投資を誘発し、人的資本の蓄積を促すというのが初期のモデルであったが、これに対しては、頭脳流出と人的資本蓄積の因果関係がはっきりしないという問題が指摘されていた。ところが、2000年後半以降の、操作変数を用いた分析やパネルデータを用いた固定効果モデルによる分析などで、潜在的なバイアスを取り除いてもなお、頭脳流出は人的資本の蓄積に影響を与えることが明らかとなった結果、上記の仮説の妥当性が証明されたといえよう。

4-2　高技能移民労働者の帰国

　高技能移民労働者の帰国が、付加価値の高い生産に携わり、国内労働市場における労働者の生産性に影響を与えることを、理論的に示した研究では、送り出し国において能力の低い労働者が、先進国に移住するために母国で教育に投資し、海外移住後に受け入れ国の労働市場で他の高技能労働者とともに生産活動に従事したと仮定している（Stark, Helmenstein & Prskawetz, 1998）。このうち、受け入れ国の労働市場で生産性が低いと評価された労働者は自国へ帰らざるを得なくなるが、その場合でも、その労働者らは、母国にとどまっていては決して得られなかった人的資本を蓄積している可能性がある。すなわち、帰国した移民が、先進国の市場における最新の技術や知識、金融資本、人的ネットワークなどを、新しい技術や知識を製品開発やサービスの向上に適用し、母国の労働市場で高付加価値の生産に携わり、労働者全体の生産性の上昇をもたらす。この議論を精緻化した研究は、受け入れ国の経済成長率が外生的に決定される一方、送り出し国の経済成長率は、先進国から帰国した移民が持ち帰り、取り込んだ技術や知識によって内生的に決まっているというモデルの中で、頭脳獲得を説明することを試みた（Dustmann,

Fadlon & Weiss, 2011)。高技能労働者の帰国については、個人の労働者のレベルでみても、生産性の低い労働者が先進国の労働市場から退出せざるをえなくなったという負のセレクションの結果ととらえることも可能だが（Borjas & Bratsberg, 1996）、一方で、母国の労働市場における「技術や知識への対価」（skill prices）や今後の成長の見込みが十分に高ければ、母国に帰国するという正のセレクションの結果ととらえることも可能である。

　Bollard, McKenzie, Morten, & Rapoport（2011）や Kangasniemi, Winters & Commander（2007）などの帰国した高技能移民労働者を対象にしたサーベイ調査によると、帰国の意思決定に影響を与えた要因は、例えば医師や看護師など、同じ職業の間では共通の傾向が見られる。これらのデータを分析した Gibson & McKenzie（2011）は、帰国することによって経済的なロスが大きいことが想定されていてもなお帰国率が高いようなケースでは、国の特徴や個人の事情によるところが大きいと指摘する。例えば、台湾やインドのように科学技術の面で、起業家を受け入れるような風土や地域が存在している場合、たとえ帰国後の一時的な収入減が見込まれたとしても、高技能移民労働者は帰国という選択に傾きがちである。

　今後、このようなサーベイデータの解析に基づく、高技能移民労働者の行動パターンの提示にとどまらず、こうした高技能移民の帰国の過程を理論的に解明していくことは可能だろうか。これまでのところ、この分野に関する実証研究は十分に進んでいるとは言い難いが、研究者らは、米国や英国で高等教育をうけた移民が、どのような条件の下で、なぜ母国に帰国する、あるいは帰国しないという決定を行うのかに焦点を当てた研究を行っている。東アジア諸国出身の移民労働者は、例えばアフリカや南米など他の地域の出身者と比較して、母国に帰国する労働者が多いことが知られているが、代表的な研究では高技能移民労働者の帰国を、頭脳獲得の中でも特に、頭脳還流（brain circulation）と呼び、高技能移民労働者の帰国の意思決定に、母国における技術の対価（skill price）が大きく影響していることを実証的に示している（Rosenzweig, 2007）。ここでいう技術の対価とは、その国の労働市場が、ある技術に対して支払うプレミアムのことであるが、同研究では、米国の永

住権を得た移民が、帰国後に母国で得た賃金のデータをもとに、アジアの19か国について、技術の対価を推計し、台湾、シンガポール、香港、マレーシア、日本などでは技術の対価が高い一方で、カンボジア、インド、モンゴル、ラオス、ネパールなどでは低いという結果を得た。そして、技術の対価が2倍になると、米国で教育を受けた学生の母国への帰国率は、1.5～1.9％上昇することも明らかにしている。英国で高等教育を受けた学生についても同様のことが言えることを示した研究も存在している（Dustmann & Weiss, 2007）。

　前述の研究結果からは、母国における技術の対価が高ければ、高技能移民労働者の帰国率を高めることができるという結論を導くことが論理的には可能だが、そのインパクトは決して大きいとは言えない。それに加えて、これとは逆の結論を導きうるような実証結果も存在している。西ヨーロッパ諸国で人的資本を蓄積した東ヨーロッパ諸国出身の移民労働者は、帰国後に高い賃金プレミアムが得られていることが明らかになっているが（Mayr & Peri, 2009）、東ヨーロッパは共産主義体制をとっていた国が多く、技術や知識に対する対価は必ずしも高いとは言えない。従って、東ヨーロッパ諸国では、技術の対価ではなく、また別の「帰国プレミアム」（Return Premium）が作用している可能性が高いと推測されるがその点については、これまでのところ十分な研究が進んでいない。

　以上に述べたことから、高技能労働者の帰国もまた、頭脳獲得の一部であると考えられるが、これについての解明は十分に進んでいるとは言えない。これまでに、送り出し国の労働市場における技術や知識に対するプレミアムが、高技能労働者の帰国の決定要因であるという有力仮説が提示されているものの、既に述べたように、実証的には必ずしもそれを裏付けるものばかりではない。幾つかのサーベイデータは、高技能労働者の移民の帰国には、同じ職業間で共通の傾向があることや、国毎の特徴や個人的な動機が背景にあることを明らかにしている。そこからは、技術の対価以外にも、高技能労働者の帰国のモチベーションとして強く働く要因が存在することも推測され、今後更なる検証が求められている。

4-3 高技能移民からの送金

高技能移民労働者の送金は、送り出し国の開発を促進する効果をもたらしているという見解は、今日の世界で広く社会常識となっているといってもよいだろう。移民労働者は、移住先の国で得た賃金の一部を、母国に残された家族や親戚に送金していることが多い。そして、母国に残された家族や親戚にとって、こうした送金は追加的な収入になるから、家計の資金制約の緩和につながり、母国での家計支出の増加につながる。仮に、教育や医療など人的資本の蓄積への支出が行われた場合、送金は、頭脳流出のもたらす負の効果——高技能移民の人的資本の流出——を相殺する効果も持つと考えられる。高技能移民からの送金が、頭脳流出の負の効果を部分的に相殺するという点に焦点を当てた研究は、比較的早い時期から少数ながら存在していた（例えば、Grubel & Scott, 1966）。ところが、近年に至り、送金が送り出し国の開発もたらす効果に関する研究は増加する傾向がある。このように送金に注目が集まってきたのは、一つには、送金の急速な増加という背景がある。IMFの国際収支統計をみてみると、移民からの送金額は4,161億ドルであり、10年前の額と比較すると約3倍以上となっている。これは、世界的な移民の増加に伴うものであることはいうまでもない。

表 4-8　送金額の推移

	1990	2000	2009
世界	68,379	131,488	416,120
中南米およびカリブ	5,694	20,186	56,590
南アジア	5,571	17,206	75,061
東アジアおよび太平洋	3,089	15,806	85,788
北アフリカおよび中東	11,393	13,061	33,442
東欧および中央アジア	3,246	10,429	36,024
サブサハラアフリカ	1,880	4,637	20,749

注）送金とは、国際収支統計のうち、労働者の送金（worker's remittances）、従業員の報酬（compensation of employees）、移民の振替（migrant transfer）の合計である。
出所：World Development Indicators、世界銀行

そして、送金には、海外直接投資など、他の民間資本流入と異なる重要な特徴がある。すなわち、送金は、多くの場合、労働者が母国の家族や親せき

の生活を助けるという動機に基づいて行われているため、他の民間資本流入よりも、景気による影響を受けにくく、安定的に推移する傾向がある（表4-8）。むしろ、母国の経済状況が悪い時に、送金が増加することさえもある。例えば、1997 年に起きたアジア通貨危機の際には、エマージング・マーケットに対する海外直接投資は急速に縮小したのに対し、送金は安定的に増加し続けたとことが知られている。

　送金の送り出し国の開発に及ぼす効果が注目を集めるようになった要因としては、ほかに二つを挙げることができる。一つは、Bollard, McKenzie, Morten & Rapoport（2011）が述べているように、より貧しい国出身の高技能労働者ほど、送金している人の割合が高いということである。もう一つは、開発途上国における送金の受取総額が、政府開発援助（ODA: Official Development Assistance）をはるかに上回る水準となっていることである（表4-9）。政府開発援助は、その配分にあたり、汚職や賄賂の温床となることも少なくなく、その効果的な使いみちについては常に意見が分かれている。これに対して、送金の場合は、民間の資本流入であり、個人が合理的である限りにおいては、パレート最適な資源配分が実現すると期待できる。近年、日本や米国など主要なドナー国が財政赤字を抱え、政府開発援助を大幅に増加させることが困難となっている。そのような情勢下で、国連や世界銀行などの開発援助機関は、送金を新たな開発資金と位置付けるようになってきており、開発途上国側で送金を誘致するような政策——例えば、送金にかかる取引コストの削減など——も盛んに議論されるようになってきている。

表 4-9　送金とその他の資金流入

	1980	1985	1990	1995	2000	2005	2009
送金	36,690	34,829	68,379	101,243	131,488	274,544	416,120
ODA	33,324	31,916	56,944	58,975	45,527	108,441	127,527
FDI	54,455	57,680	212,486	340,723	1,611,562	1,145,869	1,163,758

出所：World Development Indicators、世界銀行

　開発途上国において、送金が経済にしめるプレゼンスは、かなり大きくなってきている。世界全体でみると、送金が GDP に占める比率はわずかに

0.7%であるが、地域別にみてみると、タジキスタン、モルドバ、キルギス共和国など中央アジアの一部諸国では、送金のGDPに占める比率は20%超となっている。ネパール、フィリピン、バングラディシュなどアジアの一部諸国でも送金のGDPに占める比率は10%となっており、国民経済のかなりの部分を占めており、家計のレベルでも送金の影響は非常に大きいであろうことが推察される（表4-10）。

一方、頭脳流出の負の開発効果を相殺するためには、前述したように、送金を受け取った家計が、その送金を追加的な教育や医療などに対する投資へと振り向けることが鍵となる。送金として得られた追加的な家計収入が、食料品や衣料品など消費支出に振り向けられた場合、人的資本の蓄積にはつながらず、送金が頭脳流出の負の開発効果を相殺することはないと考えられる。そこで、送金が、どの程度、高技能労働者の送り出し国側の人的資本の流出を相殺することに振り向けられているかについて、クロスカントリーデータを用いた実証研究では、送金は経済成長率と正の相関があり、貧困削減に貢献することが確認されている（例えば、Adams & Page, 2003; Spatafora, 2005; Maimbo & Ratha, 2005 など）。

しかし、これまでのところ、生活水準調査や家計調査などの個票データを用いた分析によって、送金がどのようにして人的資本の蓄積を促すのかを解明するというまでには至っていない。個票データを用いた分析では、メキシコの国勢調査を用いて、海外の移民労働者から送金を受けている家計の子ど

表 4-10 送金の GDP 比率（2009 年）

上位 10 カ国			下位 10 カ国
タジキスタン	35.116	チリ	0.003
トンガ	27.915	マラウィ	0.018
レソト	26.231	米国	0.021
サモア	25.054	リビア	0.023
ネパール	23.826	日本	0.035
モルドバ	22.402	ベネズエラ	0.040
レバノン	21.890	サウジアラビア	0.058
キルギス共和国	21.664	モーリタニア	0.062
ハイチ	21.232	オマーン	0.085
ホンジュラス	17.602	ガボン	0.093

出所：World Development Indicators、世界銀行

もの在学年数への影響を検証した研究が良く知られている（Hanson & Woodruff, 2003）。これは、1950 年代のメキシコから米国への州別移民率を操作変数とした二段階最小二乗法（以下、2SLS）を推計し、母親の教育水準の低い 10 から 15 才の女子が、送金によって 0.73 から 0.89 年在学年数を延ばすことを明らかにした。また、メキシコの家計調査を用いて、米国から各家庭の所在地までのおおよその距離を操作変数として、2SLS による推計結果を示した研究でも、送金の意思決定と子どもの教育期間は正の関係があることを明らかにしたが、その効果は、都市部在住で、母親の学歴の低い 10 から 13 歳の子どもに限られており、前出の研究と比較すると、送金の効果は比較的小さいものに止まると指摘した（Borraz, 2005）。

　しかし、送金と人的資本の蓄積には、むしろ負の関係があることを示す研究結果も存在している（Lopez-Cordova, 2004）。同研究は、メキシコの国勢調査を用いているが、操作変数として、地域毎の降雨量のパターンを用いており、メキシコの降雨量は地域の農業製品の生産高とそこから得られる収入に影響するため、各家計は、移民労働者からの送金によって、雨量の変化による収入の振れを平滑化していると説明する。2SLS の推計結果によると 1% の送金の増加は、11% 程度、就学率を上昇させる効果が観察されるものの、6 から 14 歳の子どもでは統計的に有意ではなく、15 から 17 歳の子どもにとってはむしろ 7% 程度就学率を低下させるという結論を得ている。また国勢調査ではなく、メキシコの人口動態調査を用いた研究もある（Rapoport & Docquier, 2005）。操作変数として過去の州別移民率を採用しているが、プロビット・モデルの推計結果をみると、送金を受けている家庭の男子は、中学校を卒業する確率がそうでない家庭の男子と比較して 22% 低く、男女共に高校を卒業する確率が 13% から 15% 低いことを示した。これは、保護者が（おそらく子どもの両親であろう）海外に移住することによって、年下の兄弟の世話や家事を分担しなければならなくなったり、教育面で注意を払う大人がいなくなることが原因であろうと考えられる。

　これまで見てきたように、送金と人的資本蓄積との関係は、クロスセクションデータを用いたマクロ分析では概ね結論が一致しているものの、個票

データを用いた分析でははっきりとした結論は得られていない。これは、送金が教育を人的資本蓄積に与える影響は常に正というわけではなく、送金による収入の増加が、家計の資金制約の緩和を通じて、子どもの就学に対する正の効果（資金制約緩和効果）と、保護者が海外に移住することによって、家族構成が変化し、就学が困難になるという負の効果（家族構成効果）のどちらが大きいかということは、先験的には特定できないからであると考えられる。その効果を明らかにするためには、メキシコ以外の国においても個票データを用いた分析を進めることが求められる。

5. おわりに

本章では、これまで先行研究が強調してきた頭脳流出――高技能労働者が移民として先進国に移住すること――がもつ負の効果を相殺するものとして、近年注目を集めている頭脳獲得の最近の実証的研究について概観することを目的としている。まず、頭脳流出のデータ蓄積が進んできていることを紹介し、頭脳流出の時系列的趨勢や、頭脳流出の要因について評価した。また、アフリカ諸国における医療従事者の頭脳流出が、アフリカの公衆衛生や経済に大きな影響を与えていることと、高技能移民が低技能職に就いているという頭脳浪費について、最近の実証的研究を紹介した。依然として、頭脳流出という言葉が、経済発展に対して負の影響を与えるということは認識されている一方で、頭脳流出は多義的概念となりつつある。この背景には、頭脳流出が経済発展に与える負の影響を相殺するような現象が起こっており、これを頭脳獲得と呼ぶようになってきていることがある。最近では、頭脳獲得が、頭脳流出の負の開発効果を相殺する経路として、次のような3つが注目を集めている。一つは、頭脳流出が起こることによって国内の教育需要が高まり、人的資本の蓄積が進むというルートである。また、一旦は移民となって移住した高技能労働者が帰国し、国内の労働市場で新しい技術や知識、金融資本、人的ネットワークなどを活用して、製品開発やサービスの向上に適用

し、生産性の上昇をもたらすというルートである。最後に、移民が移住先の国で得た賃金の一部を母国に送金することによって、その送金が教育や医療に用いられ、国内の人的資本の蓄積が進むというルートである。

いずれも理論的には証明されているものの、実証的には全く相反する結論が導かれているものもある。特に、頭脳流出が送り出し国の人的資本の蓄積や生産性の上昇に影響する場合、その因果関係の特定が困難であり、因果関係の特定にはさまざまな技法が用いられているが、コンセンサスを得られるには至っていない分野も存在する。以上の3つの経路について更なる実証分析の蓄積が求められている。

参考文献

Adams, R. H., 2003, International migration, remittances, and the brain drain: A study of 24 labor-exporting countries. World Bank Policy Research Working Paper, 3069, The World Bank.

Adams, R.H. & Page, J., 2003, Poverty, inequality and growth in selected Middle East and North Africa countries, 1980-2000. *World Development*, 31 (12): 2027-2048.

Alesina, A., Devleeschauwer, A., Easterly, W., Kurlat, S. & Wacziarg, R., 2003, Fractionalization. NBER Working Papers 9411, National Bureau of Economic Research, Inc.

Awases, M., Gbary, A., Nyoni, J., & Chatora, R., 2004, Migration of health professionals in six countries: A synthesis report. Brazzaville, South Africa: World Health Organization Regional Office for Africa.

Batista, C., Lacuesta, A. & Vicente, P. C., 2010, Testing the 'Brain Gain' hypothesis: micro evidence from Cape Verde. IZA Discussion Papers 5048, Institute for the Study of Labor (IZA).

Beine, M., Docquier, F. & Ozden, C., 2010, Diasporas, *Journal of Development Economics*, forthcoming.

Beine, M., Docquier, F. & Oden-Defoort, C., 2011, A panel data analysis of the brain gain. *World Development*, 39(4): 523-532.

Beine, M., Docquier, F. & Rapoport, H., 2001, Brain drain and economic growth: theory and evidence, *Journal of Development Economics*, 64, 1: 275-289.

Beine, M., Docquier, F. & Rapoport, H., 2007, Measuring international skilled migration: a new database controlling for age of entry. *World Bank Economic Review*, 21(2): 249-54.

Beine, M., Docquier, F. & Rapoport, H., 2008, Brain drain and human capital formation in developing countries: winners and losers, *Economic Journal*, 118: 631-652.

Bhagwati, J., & Hamada, K., 1974, The brain drain, international integration of markets for professionals and unemployment: a theoretical analysis. *Journal of Development Economics*, 1(1-2): 19-42.

Bhargava, A., & Docquier, F., 2008, HIV pandemic, medical brain drain, and economic development in Sub-Saharan Africa. *World Bank Economic Review*, 22(2): 345-366.

Bhargava, A., Docquier, F., & Moullan, Y., 2011, Modeling the effect of physician emigration on human development. *Economics and Human Biology*, 9(2): 172-183.

Bollard, A., McKenzie, D., Morten, M., & Rapoport, H., 2011, Remittances and the brain drain revisited: The microdata show that more educated migrants remit more. *World Bank Economic Review*, 25(1): 132-156.

Borjas, G. J. & Bratsberg, B., 1996, Who leaves? the outmigration of the foreign-born. *The Review of Economics and Statistics*, 78(1): 165-176.

Borraz, F., 2005, Assessing the impact of remittances on schooling; The Mexican experience. *Global Economy Journal*, 5(1): 1-30.

Carrington, W. J. & Detragiache, E.,1998, How big is the brain drain?, IMF Working paper, 98/102.

Clemens, M.A. & Chand, S., 2008, Skilled emigration and skill creation: A quasi-experiment. Working Papers 152, Center for Global Development.

Clemens, M.A. & Pettersson, G., 2006, A new database of health professional emigration from Africa, Working Paper, 95, Center for Global Development.

Clemens, M. A., 2007, Do visas kill? Health effects of African health professional emigration. Working Paper, 114, Center for Global Development.

Defoort, C., 2008, Tendances de long terme des migrations internationales : Analyse à partir des 6 principaux pays receveurs. *Population*, 63(2): 285-318.

Docquier, F., Faye, O. & Pestieau, P., 2008, Is migration a good substitute for education subsidies? Policy Research Working Paper Series 4614, The World Bank.

Docquier, F., Lodigiani, E., Rapoport H. & Schiff, M., 2010, Emigration and the quality of home-country institutions, Mimeo., Center for International Development, Harvard University.

Docquier, F. & Marfouk, A., 2006, International migration by educational attainment (1990-2000), in C. Ozden and M. Schiff (eds). *International Migration, Remittances and Development*, Palgrave Macmillan: New York.

Docquier, F. & Rapoport, H., 2003, Ethnic discrimination and the migration of skilled labor, *Journal of Development Economics*, 70: 159-172.

Docquier, F., & Rapoport, H., 2011, Globalization, brain drain, and development. *Journal of Economic Literature*, forthcoming.

Domingues Dos Santos, M. & Postel-Vinay, F., 2003, Migration as a source of growth: The perspective of a developing country, *Journal of Population Economics*, 16(1): 161-175.

Dustmann, C. & Weiss, Y., 2007, Return migration: theory and empirical evidence from the U.K. *British Journal of Industrial Relations*, 45(2): 236-256.

Dustmann, C., Fadlon, I. & Weiss, Y., 2011, Return migration, human capital accumulation and the brain drain. *Journal of Development Economics*, 95(1): 58-67.

Easterly, W. & Nyarko, Y., 2009, Is the brain drain good for Africa? in Jagdish Bhagwati and Gordon Hanson (eds.) *Skilled migration today*: Prospect, problems and policies, Oxford University Press, USA.

Gibson, J., & McKenzie, D., 2011, The microeconomic determinants of emigration and return migration of the best and brightest: evidence from the Pacific. *Journal of Development Economics*, 95(1): 18-29.

Gibson, J., & McKenzie, D., 2010, The economic consequences of brain drain of the best and brightest: Microeconomic evidence from five countries. *World Bank Policy Research Working Paper*, 5394.

Grubel, H. B., & Scott, A. D., 1966, The international flow of human capital. *American Economic Review* 56(1-2): 268-274.

Hanson, G. H. & Woodruff, C., 2003, Emigration and educational attainment in Mexico. Mimemo, University of California, San Diego.

Haque N.U. & Kim, S. J., 1995, Human capital flight: impact of migration on income and growth. IMF Staff Papers 42, 577-607. International Monetary Fund.

Kangasniemi, M., Winters, L. A. and Commander, S., 2007, Is the medical brain drain beneficial? Evidence from overseas doctors in the UK. *Social Science and Medicine*, 65(5), 915-923.

Kaufmann, D., Kraay, A. & Mastruzzi, M., 2003, Government matters III : governance indicators for 1996-2002. Policy Research Working Paper Series, 3106, The World Bank.

Lopez-Cordoba, E., 2004, Globalization, migration and development: The role of Mexican migrant remittances. *Economia*.6(1): 217-256.

Mayr, K. & Peri, G., 2009, Brain drain and brain return: theory and application to Eastern-Western Europe, *B.E. Journal of Economic Analysis and Policy*, 9(1).

Maimbo, S.M. & Ratha, D., 2005, *Remittances: development impact and future prospects*. Washington D.C.: World Bank.

Mattoo, A., Neagu, I. C. & Özden, C., 2008, Brain waste? Educated immigrants in the US labor market. *Journal of Development Economics*, 87: 255-269.

Mou ntford, A., 1997, Can a brain drain be good for growth in the source economy? *Journal of Development Economics*, 53(2), 287-303.

McCulloch, R. & Yellen, J.T., 1977, Factor mobility, regional development and the distribution of income. *Journal of Political Economy*, 85(1): 79-96.

McKenzie, D., & Rapoport, H., 2011, Can migration reduce educational attainment? Evidence from Mexico. *Journal of Population Economics*, 24: 1331-1358.

Rosenzweig, M.R., 2007, Higher education and international migration in Asia: brain circulation, paper presented at the World Bank Annual Regional Conference, Beijing.

Stark, O., Helmenstein, C. & Prskawetz, A., 1998, Human capital depletion, human capital formation, and migration: a blessing or a curse?. *Economics Letters*, 60(3): 363-367.

Spatafora, N., 2005, Two current issues facing developing countries. in *World Economic Outlook*. Washington DC: International Monetary Fund.

Wong, K. & Yip, C. K., 1999, Industrialization, economic growth, and international trade. *Review of International Economics*, 7(3): 522-540.

第5章　地域的な人権ガヴァナンスの一考察

国際人身売買の問題を中心に

中村文子

1. はじめに

　現代の世界は、以前の世界に比べて国境の敷居が低くなり、大量のヒト・モノ・カネ・情報が国境を超えて行き交う世界になった。このような世界の動向を一般にグローバリゼーションという。グローバリゼーションが進んだ今日の世界では、出稼ぎ労働者、観光客、留学生、ビジネスマンなどの人びとが国境を超えて移動することで、地球規模の交流が盛んに行われるようになっている。しかしグローバリゼーションは、社会に望ましい変化を及ぼしているばかりではない。たとえば、武器や麻薬の取引、組織犯罪やテロリズムの増加というような国境を越える社会問題の増大ももたらしている。

　本章では、このような新しい国際的犯罪の一つとしての人身売買を取り上げることにする。人身売買は、国際的犯罪であるまえにローカルな犯罪でもある。たとえば、東南アジアのメコン・デルタ地帯では、農村地域における多くの貧困家庭が子どもを売ることで生計を立てざるを得ない状況にある。売られた子どもたちは、都市に連れてこられて性産業に従事させられることもしばしばである。ところが近年は、グローバリゼーションの進展に伴って、売られた子どもたちが国境を越えて外国に連れて行かれるという国際的犯罪が急速に増加してきたのである。

このような国境を越える人身売買 (trafficking in persons) のなかでも、性的搾取を目的とする女性や子どもを対象とした国際的な人身売買は、現代の奴隷貿易とも言われ、深刻な人権侵害をもたらしている。それでは、このような人身売買はどれほど深刻な人権侵害をもたらしているのであろうか。たとえば、2009年にアメリカ国務省によって出された『人身売買年次報告書 (Trafficking in Persons Report)』によれば、国境を越える人身売買の被害者は年間 1,290 万人で、そのうち少なくとも 139 万人が性的搾取を目的とした人身売買の被害者であり、女性や子どもが数多く含まれているという。しかも、人身売買はグローバリゼーションの進展に伴って規模が拡大するばかりでなく、人身売買に関わる組織も人身売買の被害者も複数国にまたがるようになった。

国境を越える人身売買が横行する一方で、このような人身売買を防止するためのグローバルな規範の形成も促されることになった。2000 年、国連国際組織犯罪防止条約が制定された。これは、武器や麻薬取引、密入国といった犯罪を国際犯罪に位置づけ、各国の司法機関に対して取り締まりの対象にするように促すものであった。さらに、国連はその条約の選択議定書として「国際的な組織犯罪の防止に関する国際連合条約を補足する人 (特に女性及び児童) の取引を防止し、抑止し及び処罰するための議定書[1]」(以下、「人身取引議定書」という) を策定した。この議定書は、国境を越える人身売買とは何かを定義し、その定義に基づいて処罰するべき犯罪を画定することで、人身売買の国際的な犯罪化と犯罪組織の処罰を促すものであった (京都 YMCA 2001：130-131)。それゆえ、この人身取引議定書の成立は、国際的な反人身売買規範の形成を決定づけるものであった。

しかし、このようなグローバルな人権規範をローカル・レベルに浸透させていくのは容易なことではない。たとえば、アジア諸国においては、グロー

---

[1] 条約のタイトルは次の通りである。「Protocol to prevent, suppress and punish trafficking in persons, especially women and children, supplementing the United Nations Convention against Transnational Organized Crime」(http://www.uneca.org/daweca/conventions_and_resolutions/convention_traff_eng.pdf, 2012 年 1 月 8 日参照。)

バルな人権規範とは、すなわち「欧米の人権概念」であって「普遍的な人権概念」ではないと批判した上で、「アジア的人権」という対抗概念を打ち出そうとする動きが盛んである。また、イスラム諸国においても、イスラムの文化、慣習、法律と国際人権規範のあいだには緊張関係がみられ、欧米の人権概念を絶対と見なすことには反対の意見が根強い。しかし、欧米諸国においても非欧米社会においても、人身売買に対する問題意識をより広範に喚起し、啓発していくことが求められている。それは、いずれの社会も人身売買の被害者を生み出す供給地域であり、彼らを性的に搾取する受入地域でもあるからである。

　それでは、国連国際犯罪防止条約の「人身取引議定書」に掲げられたグローバルな人権規範を、独自の人権観を有するとされるアジア地域において適用し、浸透させることはどのようにしたら可能なのであろうか。アジアの一部の地域では、人身売買は生存のために必要悪ではあるが慣行として広く行われている。その一方、人身売買がアジア地域においても既に社会問題として広く意識されるようになっているのも事実である。そこで注目されるのは、アジアの地域機構の一つである東南アジア諸国連合（ASEAN）の動向である。ASEANでは、2011年5月に開催された首脳会議において共同声明（「ASEAN Leader's Joint Statement In Enhancing Cooperation Against Trafficking In Persons In Southeast Asia」）を発表し、人間の安全保障の協力を強化するにあたって、人身売買に関してもより強力な取り組みを行うために動き出した（毎日新聞 2011年5月7日）。

　そこで、地域統合の最先端をいくヨーロッパに目を転じると、1985年の世界女性会議を受けて、欧州連合（EU）が独自の反人身売買対策を強力に推進している。あとで詳述するが、このEUの政策は市民社会を巻き込んだ大規模なものであり、それによって広く人身売買に対する市民の問題関心を呼び起こすことに成功しているばかりでなく、EU加盟国による対策強化を促している。

　それでは、アジアの地域機構が、EUのように反人身売買というグローバルな規範を広く社会に浸透させ、その規範の実効性を高める可能性はないの

であろうか。もしあるとすれば、それはどのような方法によって実現できるのであろうか。これが本章の主題である。

　グローバルな規範が地域に受容されていくときに、地域機構の果たし得る役割は次の3つに大別できよう。一つは、仲介者（mediator）としての役割である。国際機構やグローバルNGOと国家や地域社会を結び合わせることができるのは、地域機構である。第二に、通訳者（interpreter）としての役割である。グローバルな規範は欧米型の概念を用いて規定されていることが多いが、それを特定の地域の伝統的・文化的な概念に置き換える役割を地域機構は果たすことができる。第三に、促進者（facilitator）としての役割である。規範の伝播や定着に際して、地域内のリーダーとして域内の遅れた地域を高い基準にまで押し上げる力を持っているのが地域機構である。本章では、反人身売買というグローバルな規範をアジア社会に浸透させていく上で、アジアの地域機構がこのような三つの役割をどのように果たし得るかについて考察していきたい。

　本章では、以下、第2節で人身売買の定義を行う。その上で、第3節で、国境を越える人身売買の実態がどうなっているか、また、国境を越える人身売買の拡大に応じて、どのように反人身売買規範が形成されてきたかを探りたい。さらに、人身売買の要因について、先行研究を概観する。第4節では、グローバル規範の形成過程に関する理論を通じて、どこまで現実の規範形成の過程を理解し、理解できないのかを明らかにする。第5節では、東アジアとヨーロッパでの人身売買の実態と地域機構による対策がどのようなものであるかについて考察する。第6節では、地域機構による人権ガヴァナンスの一考察として、規範の内面化に関する主要な理論を省察し、どこまで現実の規範浸透の過程を解明することができるかを探る。そして最後に、反人身売買規範を東南アジアへ浸透させるためには、ASEANと市民社会の行使主体との協力関係が重要であることを述べたい。

2. 国際的犯罪としての人身売買の定義

　人身売買は、2002年の国連国際組織犯罪防止条約によって国際犯罪を構成する行為であると規定[2]されているが、処罰の対象となる国際犯罪である人身売買の概念に関しては、同条約の選択議定書である「人身取引議定書」において、以下のように定義されている。
　すなわち、「『人身取引』とは、搾取の目的で、暴力若しくはその他の形態の強制力による脅迫若しくはこれらの行為、誘拐、詐欺、欺もう、権力の乱用若しくは弱い立場の悪用又は他人を支配下に置く者の同意を得る目的で行う金銭若しくは利益の授受の手段を用いて、人を採用し、運搬し、移送し、蔵匿し又は収受することをいう。搾取には、少なくとも、他人を売春させて搾取すること若しくはその他の形態の性的搾取、強制的な労働若しくは役務の提供、奴隷若しくはこれに類する行為、隷属又は臓器摘出を含める」（第3条 (a)）[3]。この条項によれば、人身売買の目的は搾取である。性的搾取、強制労働、奴隷的苦役、臓器売買などが列挙されており、その手段は、暴力、脅迫、誘拐、詐欺、金銭や利益の授受などのあらゆる手段があてはまる。
　さらに、「人身取引議定書」の第5条第1項は、締約国に対し、故意による人身売買行為を犯罪とするための必要な措置をとるよう義務づけ、第5条第2項では未遂や幇助なども犯罪化の対象とするように義務づけている。そこで、国家が同条約に加わるに当たっては、刑法などの国内法を整備する必要に迫られることになる。たとえば、2005年には、日本の刑法は、同議定書の内容を受けて改正されて、人身売買罪が新たに創設されることになった。

2　A/RES55/25, 15 November 2000.
3　「人身取引議定書」外務省仮訳（http://www.mofa.go.jp/mofaj/gaiko/treaty/pdfs/treaty162_1a.pdf, 2012年1月8日参照。）

3. 国境を越える人身売買の増加と反人身売買のグローバル規範の形成

　国境を越える人身売買は、移住者・労働者の流れと符合している。すなわち、人身売買の被害者は、東欧・中南米・アフリカなどの貧しい国家（地域）から、西欧・アメリカ・日本などのより豊かな地域（国家）へ強制的に移動させられ、性的搾取や強制労働、臓器摘出等を強要される。

　しかし、人身売買の規模をめぐっては、確立したデータが存在しない。なぜなら、周知の通り、人身売買はアンダーグラウンドな犯罪であることから正確な統計を出すのが困難であり、調査機関や団体によって人身売買の被害者の調査範囲も異なるからである。それでも、性的搾取を目的とする女性や子どもを対象とした国際的な人身売買の被害者の数については様々なデータが示されるようになった。たとえば、米国国務省によれば、国境を越えて売買されている被害者の数は毎年60万人から80万人である。しかし、これには「国内市場」で売買されている被害者の数は含まれていない。国内で売買された人の数をあわせると、人身売買される人の総数は年間1,230万人にも上るという。そのうち43パーセントが性産業の市場で売買され、残りのうちの32パーセントは無償労働の市場で売買されている。また、1,230万人の被害者の中で、女性が8割を占めており、全体の数の5割は18歳以下である（US State Department 2006）。国連児童基金（United Nations Office on Drugs and Crime, UNICEF）のデータでは、国境を越える人身売買の被害者数は60万人から80万人にのぼり、その中で6分の1から半分は子どもである。さらに、国連薬物犯罪事務所（United Nations Office on Drugs and Crime, UNODC）は155カ国を調査した上で、人身売買の被害者の内訳が、女性66％、男性12％、女児13％、男児9%であると報告している（UNODC 2009）。この調査結果から、人身売買の被害者が女性に集中しているといえよう。

　このような深刻な国際犯罪を抑制するために、2000年、国連は国連国際組織犯罪防止条約のなかに人身取引議定書を特別に置くことになったのであ

る。この議定書は、人身売買を定義した上で、これを犯罪として位置づけ、締約国にこの犯罪を取り締まる義務を課している。同議定書は 2003 年に発効し、2011 年 12 月の時点で 147 締約国を抱えている。このように国際条約が形成されたにも関わらず、人身売買は依然として深刻な被害を及ぼしている。なぜなら、国際規範が存在するだけでは国際犯罪はなくならないからである。国際規範が各国の国内社会に伝播して受容されてはじめてこれは機能し、国際犯罪は減少に転じることになるであろう。

　言うまでもなく、以上のデータを受けて、数多くの研究が人身売買の原因を探った。本章の紙幅は限られているが、近年の主な文献を簡単に紹介したい。社会学の観点からは、青山（2007）がタイの性産業の女性に焦点をあて、このような女性の自らのアイデンティティ意識、つまり女性は自身が性的奴隷なのか性的労働者と考えているかを探っている。L. シェリーは歴史的あるいは比較的なアプローチをとり、人身売買は様々なビジネス・モデルによって行われ、アジアやアフリカやヨーロッパやラテン・アメリカのそれぞれの地域で異なり、21 世紀における経済的な格差や人口変化によりさらに深刻化すると推測する（Shelly 2010）。また、S. カメロンと E. ニューマン等がより横断的なアプローチを用いて、人身売買の社会的・文化的・政治的な側面に注目する。より具体的には、人身売買を促す勧誘や輸送のルートを追及することにより、人身売買が起こる原因、あるいはマイグレーションを促す問題、さらにそれぞれに取り込まれている被害者や難民の人権、そして、それら三者の緊密な関係に着目している（Cameron and Newman 2008）。同様に、K. ビークスと D. アミル等もグローバル性産業における性的搾取を目的とした女性や女児の人身売買を検討し、その経済的・社会的背景や法的取り締まりについて議論している（Beeks and Amir 2006）。さらに、ヨーロッパ地域を視野に入れ、G. ウイリーと P. マックレドモンド等は人身売買の原因や規模、さらに EU の加盟国が人身売買といった犯罪をいかに定義しているのかを明らかにし、被害者の救済に主眼を置いた法整備の必要性を指摘している（Wylie and McRedmond 2010）。そして、批判的安全保障論の観点から、C. アラドーは人身売買と安全保障の関係を分析している。彼女は人身

売買といった問題を安全保障問題として理解するのは（securitization）被害者の自由や平等を制限し、社会や国家間において新たな境界線を生んでしまうことを強調している（Aradau 2008）。さらに、EU 研究と国際関係論を結びつけ、羽場久美子（2010）は人身売買の EU や日本の地域的対策の研究に関する包括的な省察を行い、EU の対策と比較して、日本の人身売買対策とそれをめぐる市民社会・政治・専門家のネットワーク形成の遅れを強調している。著者は以前の研究において、これらの研究を受けて、人身売買をめぐる需要と供給という経済的要因と、被害者に対する差別という認識的要因を留意しない限り、適切な人身売買の包括的な対策を提示することはできないことを明らかにした（Nakamura 2011；中村 2008）。

4. 地域的ガヴァナンスとグローバル規範の社会への浸透に関する主要な理論

グローバルな人権規範の形成や社会への浸透を説明する理論モデルは、国際政治学者 M. フィネモアと国際政治学者 K. シキンクの論稿「International Norm Dynamics and Political Change」で提示されたものが代表的である。フィネモアとシキンクは、グローバルな規範の社会への浸透プロセスを「規範のライフサイクル（norm lifecycle）」と名付け、そのライフサイクルは次の 3 つの段階によって構成されると主張した。

すなわち、3 つの段階とは、規範の誕生（第 1 段階）、規範のカスケード（第 2 段階）、規範の内面化（第 3 段階）である。第 1 段階では、問題意識を持った規範企業家（norm entrepreneur）が既存の規範を転換するための新たな規範を提案する。たとえば、赤十字国際委員会の創設者の一人であるアンリ・デュナンは、戦場における傷病兵の局外中立を認めるための規範を提起した。このように新しく提案された規範は、既存の規範との競争に直面することになる。その競争に勝ち抜くことができれば、グローバルな人権規範が形成される。

第 2 段階は、その規範を影響力のある国家が受容して、先導して普及して、

消極的な国家にもその規範を受諾させることを試みて、追随させていくプロセスである。規範を先導する国家が他国に規範に従わせることに成功すると、いわば「臨界点（tipping point）」に達し、規範のカスケード、すなわち諸国家が雪崩を打ってその規範を承認することになる。たとえば、赤十字国際委員会が提案した傷病兵の局外中立を認める条約は、フランスやプロイセンなどの当時のヨーロッパ大国が承認したことから、これに消極的であったオーストリアやロシアも追随することになった。

　最後の第3段階では、このようなグローバル規範が各国の法制度等に取り入れられ、その結果、その規範は国内社会においても習慣化、制度化されることになる。たとえば、赤十字条約は各国の軍規にも盛り込まれることによって、傷病兵に対して攻撃を控え、敵国の傷病兵といえども救護に対象になると軍隊で教育が行われることにもなった。

　この議論を補完する形で、国際政治学者M.ケックとK.シキンクは、このようなライフサイクルが一方的に進むものではなく、ライフサイクルの円滑な進行には、NGO等によるアドボカシー・コアリションの役割が必要不可欠であると主張した（Keck and Sikkink 1998）。アドボカシー・コアリションとは、「提携した知識を持つ特定の問題分野に活動している行為主体の間の流動的で開かれた関係である。この関係は、活動の問題意識や、原則的アイデアと規範が形成され、頻繁にこのような関係が合理的な利益に沿って活動をしてない政策変容をアドボカシーしている行為主体を巻き込んでいる」として定義されている（Keck and Sikkink, 1998: 8-9）。このようなコアリションは、当初は新たなグローバル規範の受諾に消極的だった各国政府に圧力をかけることで、規範のカスケードを起こす役割を果たすだけでなく、各国の国内社会における習慣化や制度化の局面においても主要な役割を果たすことが明らかにされた（Finnemore and Sikkink 1998）。

　ところが、それぞれの国家や地域の伝統的規範や習慣は、このようなグローバルな人権規範のライフサイクルを進める上で重大な障害となり得る。たとえば、政治哲学者マイケル・イグナティエフは、グローバル人権規範はある社会にとっては伝統的生活習慣を否定し、西洋的な文化による支配の試

みと受け取られがちであると述べている（Ignatieff 2001）。この指摘は、ローカルな規範がグローバル人権規範のライフサイクルを阻む重大な支障になり得ることを示唆している。

そこで、国際政治学者アミタフ・アチャリヤは、このようなローカルな規範とグローバルな規範の衝突がしばしば起こることを指摘したうえで、このような場合の規範の進路を以下の3つに整理した。第1は、「拒絶」である。グローバルな規範がローカルな社会から拒絶されて、国内およびローカル地域においてそれ以上普及しない場合である。第2は、規範の「置き換え」である。これは、既存のローカルな規範が新しいグローバルな規範によって置き換えられる場合である。さらに、このような衝突によってライフサイクルが止まってしまうとは必ずしも限らず、第3として、グローバル規範の「ローカリゼーション」が起こる場合があることを明らかにしている（Acharya 2004）。これは、既存のローカルな規範と、新しくアドボカシーされてくる規範との間で調整が行われ、相互に修正されるのである。そこでは、ローカルな慣習や文化による「抵抗」を受けないよう、現地の慣習・文化に配慮した説得が必要となってくる。規範をローカルな価値観に応じたものへと変更させることによって、持続性が生まれ、グローバル規範の安定性も高まる。さらに、アチャリヤは、地域機構がグローバル規範とローカルの社会環境とを媒介する役割、すなわちローカル・レベルの対抗を緩和し、ローカル社会にグローバル・レベル規範を内面化させる役割を果たすことができるとも述べている（Acharya 2011）。

そこで、フィネモアとシキンクの「規範のライフサイクル」モデルにおける国際規範の国内社会の内面化のプロセスを補完するアチャリヤのローカリゼーションの理論を接ぎ木して、グローバル規範の普及と伝播に関するモデルを示したものが図5-1である。ここで、グローバルな人権規範は、地域機構の介在によって、各国社会にそのまま受け入れられ内面化していくか、受け入れを拒否されるかという2つの可能性のみならず、グローバル規範の修正（ローカリゼーション）を経て、各国社会に浸透していくという第3の道が拓かれる可能性が出てくる。

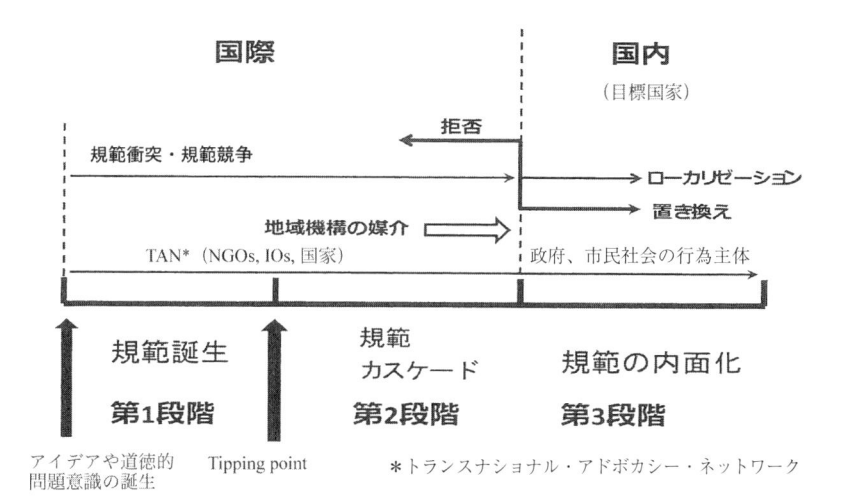

第5章　地域的な人権ガヴァナンスの一考察　161

図 5-1　規範発展の3つの進路
出典：Finnemore and Sikkink, 1998: p. 896 の図1をもとに作成

　ここで、地域機構が果たし得る機能について体言すれば、前述したように、地域機構は、規範伝播において仲介者、通訳者、促進者の三つの役割を果たすことができる。
　より具体的には、まず、地域機構はグローバルな組織とローカル・レベルのガヴァナンスの距離を縮め、規範の内面化のプロセスを促進する機能を果たし得る（仲介者）。また、地域機構はアドボカシー・コアリションにおいて規範企業家としてだけではなく、規範のインタープリター（通訳者）としての機能も果たすことができる。さらに、地域機構はその領域内で発生する諸問題に精通しており、したがって、資源（資金、情報等）の配分を適切かつ有効的に行うことができる（促進者）。このようにグローバルな規範は、地域機構が介在することによって、各国社会に円滑に浸透していくものと考える。（図 5-2 参照）。
　そこで、以下、ヨーロッパと東アジアにおいて、グローバルな人権規範を各国社会に浸透させる上で地域機構がこれまで果たしてきた、あるいは今後

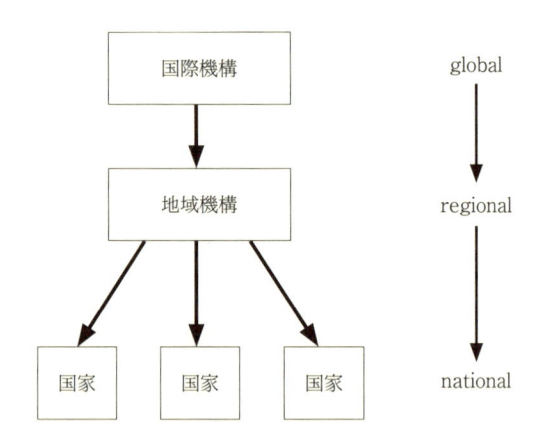

```
         ┌─────────┐
         │ 国際機構 │         global
         └────┬────┘           │
              ↓                │
         ┌─────────┐            ↓
         │ 地域機構 │         regional
         └────┬────┘           │
          ↙   ↓   ↘             ↓
     ┌────┐ ┌────┐ ┌────┐
     │国家│ │国家│ │国家│      national
     └────┘ └────┘ └────┘
```

図 5-2　規範伝播における地域機構の位置（著者作成）

果たし得る役割がどのようなものかを探っていくことにするが、ここではその前に、両地域における人身売買の現状とそれへの対策を概観しておきたい。

5.　東アジアとヨーロッパにおける人身売買の現状と対策

5-1　東アジアとヨーロッパ地域における人身売買の現状

東アジア地域は、人身売買の被害者の送り出し地域であるだけでなく、同時に通過地点でもあり、受け入れ地域でさえある。とくに、メコン川地域（カンボジア、ラオス、ミャンマー、タイ、ベトナム、中国雲南省）は性的搾取を目的とした人身売買の被害者を送りだす中心的な地域となっている（Huguet, Ramangkura 2007）。国際移住機関（IOM）の調査によると、メコン川流域諸国を出身地とする人身売買の被害者数および、その域内の被害者数は年間 20 万人から 45 万人におよんでいる。その中でタイは人身売買ルートのハブであり、ここから国際的なネットワークを持つブローカー等によって、日本をはじめとする世界各地へ女性や女児が売られる。タイはまた、日本や

欧米諸国からの買春観光地にもなっており、多くの女性と子どもが性産業で観光客の接待をさせられている。このような人身売買の要因として、一般に貧困が挙げられることが多い。経済的な理由によって親が自分の子どもを売りに出す。しかし、実態はより深刻である。こうした理由によって子どもを売る行為に「眉をひそめる者はいない」とさえいわれる。そのような事情に付け込んで、ブローカーは新しい「商品」を求めて貧しい家庭を狙うのである（バットストーン 2010:33-34）。また、スマトラ沖地震などの災害により孤児となってしまい大人の庇護が得られない子どももブローカーにとっては恰好の餌食となった。このようにアジア地域では、人身売買の現実と人身売買を禁止したグローバルな規範とのあいだに甚だしい乖離が見られるのである。

　一方、ヨーロッパ地域では、毎年、約50万人の人身売買の被害者がEU領域内に送り込まれると推測されている（Locher 2007：22）。このような事態を受けて、EU加盟国27カ国のうち、23カ国が人身取引議定書を批准し、EU諸国だけでなくEU域外の東ヨーロッパも含めたほとんどのヨーロッパ諸国が人身売買に関する国内法制度を整備した。それにより、人身売買の検挙数も増加し、司法の場で人身売買が裁かれる事案も増加した。たとえば、2003年から2004年までの期間と、2006年から2007年までの期間を比べると、人身売買に関する有罪判決が30パーセント増加したという。

　以上の進展の背景には、反人身売買のグローバル規範がヨーロッパ地域で普及し、これが立法化されたことが挙げられる。この進展は、言い換えれば、M. フィネモアとK. シキンク（Finnemore and Sikkink 1998）のいう「規範カスケード」の段階である。規範カスケードを促進した中心的な行為主体はEUである。EUは、人権保護をその存在目的の重要な一つの柱として掲げており、加盟国あるいは加盟候補国に対して人身売買の対策を講じることを要求している。たとえば、ブルガリアでは、2004年の人身売買の有罪判決が3件であったのに対して、2007年の有罪判決は85件であった。同様に、ルーマニアでも2003年の人身売買関連の有罪判決が49件であったのに対し、2007年には188件と一気に増加している。この2国は2007年にEUに加盟しており、このことからEUが上記のような手段を用いて反人身売買規範

の国内社会への内面化を促進する役割を果たしたと推測される。

　ヨーロッパにおける人身売買のもう一つの特徴は、人身売買の多数の被害者が、EU 域外の出身であるということである。たとえば、オランダは、EU 域外の人身売買の被害者が多数見つかっている国の一つである。UNODC（2009）の統計によると、人身売買の被害者のうちオランダ出身者は被害者全体の 40％にすぎず、被害者の 60％ が外国人であった。その外国人被害者の中で最大の被害者を出しているのは、中国人の 11％である。このことから、EU 内におけるグローバル人権規範の内面化に大きな役割を果たしたとしても、EU 内での人身売買を防止する上で、その効果には限界があることが分かる。すなわち、グローバル人権規範のグローバル社会への浸透が不可欠なのである。

5-2　東アジアとヨーロッパにおける人身売買の対策

　東アジアにおける人身売買は、旅券を偽造したり国際結婚を装ったりして国家の取り締まりを逃れて行われている。また、取り締まるべき国家の側も、すべての国家が人身取引議定書の批准に迅速に対応できているというわけではなく[4]、さらに批准してもその統制が効果的に展開されているとは限らない。人身売買撲滅のためには、国家間相互の情報交換が大変重要になる。実際のところ、東南アジア諸国の国家警察と、人身売買の巨大なマーケットを持つ日本の警察とが連携し、人身売買に関するそれぞれの現状について情報交換を行っている。各国警察がどの程度まで情報を交換しているかは別として、犯罪を取り締まり、被害者を救済する立場であるべき警察の問題意識の醸成にも大変有効に機能していると思われる。日本、多くの被害者を生みだす中国、日本と同様にマーケットが存在する韓国を巻き込んだ東アジア全体が抱える深刻な問題であるだけに、この東アジア地域の連携は大変重要である。

---

[4] ちなみに、ASEAN 加盟国において、2011 年 6 月現在で人身取引議定書を批准しているのは、ラオス（2003 年 9 月）、ミャンマー（2004 年 3 月）、カンボジア（2007 年 7 月）、マレーシア（2009 年 2 月）、インドネシア（2009 年 9 月）であり、タイは 2001 年に署名しているが未だに批准には至っていない。

ASEAN では 1990 年代後半に入ってからようやく越境する犯罪対策に付随して、人身売買への対処が注目されるようになった。1997 年 12 月に第 1 回越境犯罪に関する ASEAN 閣僚会議がマニラで開催され、そこで採択された「越境犯罪に関する ASEAN 宣言」において加盟国は、人身売買をはじめテロ、薬物取引、武器の密輸などの越境犯罪に対して、地域的取り組みの必要性を確認した。このあたりから、越境犯罪を脅威として認識し始めたと言える（山根 2010）。2002 年には ASEAN のすべての加盟国、ヨーロッパ、中東、北米、アフリカ、ならびに国連移住機関をはじめとする関係国際機構が参加して、国際犯罪、人身取引に関する閣僚会議が開催された。そこでは、人身売買をめぐる国境管理や買春ツアー等に焦点を当て、相互支援等の取り組み強化が課題として取り上げられた。その後も、2004 年の ASEAN 公式首脳会議によって対策が前進し、前述のように、2011 年 5 月には ASEAN 首脳会議の共同声明（「ASEAN Leader's Joint Statement in Enhancing Cooperation Against Trafficking in Persons in Southeast Asia」[5]）が出され、その中で 2022 年までに安全保障などの国際問題に関して、加盟国の政策立案を集約する共通の仕組みの構築や、地域外の紛争に対して解決手段を提供する「ASEAN 平和和解研究所」の設立を今後の対策として打ち出している。また、女性や子どもを対象とした人身売買に関しては、各国が協力して対策を強化することが盛り込まれた。政治・安全保障の分野でも統合を進めると同時に、研究所の設立によって地域外のみならず、地域内の紛争解決にも本格的に関わっていく姿勢を示したのである。しかし、加盟国の主権が優越し、内政不干渉が原則である ASEAN では、一体化した対策を遂行することは今なお困難であり、加盟国の国内法や法政策と矛盾のない範囲にとどまる等、加盟国の裁量に委ねられているところは否定できない。

　一方、EU では、1995 年の世界女性会議以降、多くの NGO が会議の影響を受けて人身売買撲滅のための活動を展開していった。1996 年 6 月、女性に対する人身売買対策を促進した EU 委員会の委員、アニタ・グラディンの調整により EU の「ウィーン会議」が開催され、EU の人身売買に対する

---

[5] http://www.asean.org/Joint_Statement_TIP.pdf, 2012 年 1 月 8 日参照。

最初の具体策である「ストップ・プログラム（Stop Programme）」が打ち出された。このプログラムは、加盟国の裁判官、検察官、警察官、出入国管理官、さらにそれぞれの担当職員とNGO関係者を対象とし、情報交換、実務者間の連携強化、調査研究を目的として1996年11月に設けられ、約4年間で合計650万ユーロの資金援助を行った。その後、2003年に「エイジス・プログラム」に統合され、欧州規模のネットワーク構築、情報交換や加盟国による加盟候補国への協力事業への援助を目的として展開された。2004年度の予算は1,500万ユーロであった。
　この反人身売買を目的とする「ストップ・プログラム」は、B. ロッハーが指摘しているように、1995年にA. グラディンがEUの司法・内務総局長に着任してから進行した経緯があり、グラディンがEUにおける反人身売買規範をめぐる規範企業家の役割を果たした例と見ることができる。また、グラディンは、いわゆる「ビロードの3者連携（velvet triangle）」における「フェモクラット（femocrat）（女性官僚）」であり、このような「トライアングル」の他の二つの角であるNGOと知識人・研究者のアドボカシー・ネットワークを形成し、EUにおける反人身売買規範の普及にも大きく貢献した。
　さらに、最も重要なのはEUによる「ダフネ・プログラム（Daphne Programme）」である。「ダフネ・プログラム」の具体的な目標は、子ども・女性・若者に対する暴力を撲滅するトランスナショナルなネットワークの形成を強化することであり、人身売買の被害者もその意味に含まれる。「ダフネ・プログラム」の最も重要な要素は、トランスナショナル・アドボカシー・ネットワーク形成への積極的な取り組みであろう。EUは資金や情報の提供を通して、国家よりも、民間の行為主体を積極的に支援している。このような活動は、EUが規範普及や規範内面化といったプロセスにおいて積極的な役割を担う努力を示すものである。
　EUをはじめとする地域機構は、「ダフネ・プログラム」が示すように、グローバル規範を内面化させ、その規範を人身売買撲滅のために活かす重要な媒介の役割を果たし、かつ規範普及のプロセスを強化する役割を果たし得るものである。これと関連して、前述したM. ケックとK. シキンク（Keck

and Sikkink 1998）によって打ち出された「ブーメラン・モデル」、あるいは T. リッセと K. シキンク（Risse and Sikkink 1999）によって提案された「螺旋モデル」で指摘されているように、とくに市民社会の行為主体の数が少ない、あるいは市民社会が活動できるような社会的環境が十分に整っていない場合、広範なアドボカシー・コアリションの一部を担う国際組織がそのような国内の民間の行為主体を支援することが、重要な意味を持つ。さらに、上述したように、地域機構はグローバルな組織とローカル・レベルのガヴァナンスの距離を縮めることによって、規範の内面化のプロセスを促進することができる。地域機構は、アドボカシー・コアリションにおいて規範企業家としてだけではなく、規範普及のプロセスにおいて規範の通訳者としての機能も果たすのである。

　近年のアドボカシー活動や規範の内面化の研究においては、EU による「ダフネ・プログラム」のキャパシティ・ビルディングが注目されるようになってきた。その例として、モントヤは、地域機構としての EU が、次の 5 つのメカニズムによって、市民社会の活動環境を整備し、活動を促進・支援する際の、地域機構の役割について、理論モデルを提示している。すなわち、上記の第 4 節の理論枠組みを踏襲して述べると、第 1 に、地域機構は、その領域内で発生する諸問題に精通しており、資源（資金、情報等）の配分を適切かつ有効的に行うことができるので、その地域の問題に精通していると判断し得る地域の NGO を選択し、「ダフネ・プログラム」の下でその NGO 等に対して資金や情報を提供して活動を支援することができる。第 2 に、地域機構は、政策形成をめぐる協力、政策形成と実行のモニタリングを行うことができるので、たとえば EU 加盟国に対して、人権侵害等が行われていないかどうかを監視することができるのである。第 3 に、地域機構は、TAN と協力しながら、あるグローバル規範を普及させ、世論の問題意識を喚起することができる。すなわち、「ダフネ・プログラム」等によって支援している NGO などと国境を越えた連携を展開し、問題の啓発を実行していく。第 4 に、EU のガヴァナンス構造が、新たな議論の場を提供する。これにより、より多くの行為主体を取り込んで活動を展開することができるの

である。そして第5に、国際機構は、新たな議論受け、さらに資源や情報の配分によってNGOをはじめとする非国家主体を強化させることができる。正に「ダフネ・プログラム」の意義であり、市民社会を醸成して、市民社会と連携しながら問題を解決していく試みである。

6. 地域機構の役割に関する主要理論の省察

本節では、主としてEUの経験を念頭に置きながら、グローバルな人権規範のローカルな社会への浸透に果たす地域機構の役割に関する主要理論を概観したい。

グローバル規範のローカル社会への浸透についての代表的な理論として、まず、「ブーメラン・モデル」を挙げてみたい。「ブーメラン・モデル」は、抑圧されている国内主体が他国や国際機構、NGOなど国外主体と連携することによって、抑圧的な政治体制を変革することが可能なるとするモデルである。たとえば、ある国家において政府による人権侵害が展開されており、政府に対抗する国内の行為主体が抑圧などによって政府機構への直接的なアクセスが欠如しているとしよう。国内の行為主体は、彼らの政治的主張をアジェンダとして設定するために、あるいは、政治的変容をもたらすための支援を得る目的で、国外へ情報を流し、他の国家や国際機構、NGOなどとトランスナショナルな連携を形成しようとする。つまり、国内社会から国際社会に向けてブーメランを投じ、そのブーメランがトランスナショナルな圧力として、ターゲットとなる国家に戻ってくるのである。つまり、対象国政府に対して国際規範に順応するよう圧力がかけられることになる。このモデルは、国内社会と国際社会の相互作用と、それによって、ターゲットとなる国家の政治的変容が起こる。つまり、人権規範へ順応するという過程を明らかにするモデルである（Keck and Sikkink 1998: 13）。ただし、アメリカの政治学者C. モントヤは、「ブーメラン・モデル」が有効なのは、国家に対して人権侵害を訴えることができる活発な草の根の運動、たとえばNGO等が

十分な国際的連携を持っており、ターゲットとなる国家が外からの圧力を受け入れる姿勢を有している場合に限られると論じている（Montoya 2009）。とくに多くの発展途上国の場合、このような条件は備わっておらず、モントヤの見解によれば、「ブーメラン・モデル」が想定する効果は起こりにくいということになる。

　モントヤは、EUによる人身売買を含む女性に対する暴力の防止のための取り組みを分析した上で、キャパシティ・ビルディング戦略が持つ重要性を明らかにしている。キャパシティ・ビルディングとは、「人権を擁護する」という国際的な目的に適うことができる能力を市民社会が備えることである。モントヤは、一般に、市民社会のキャパシティ・ビルディングを実現するために持ち得る戦略としてモニタリングという強制的強化戦略（coercive enforcement strategy）と、キャパシティ・ビルディングという調整戦略（management strategy）の2つがあると述べている（Montoya 2008: 359-361）。ここで、強制的強化戦略とは、当事国がその問題に関わらない場合に強制的にモニタリングや政策を展開していくことであり、調整戦略はある行為主体が問題にはコミットしているけれども実現が困難な場合にこれを行使することである。EUの場合、多くの加盟国が人身取引議定書を批准しているので、人身売買を防止するための規範に関して前者の強制的強化戦略は必要ではなく、キャパシティ・ビルディングが重要になってくる。

　より具体的には、EU加盟国が新たなプロジェクトを実現するために、EUは資金や情報といった資源を加盟国に提供する。また、EUはNGOにも資源を提供することによってキャパシティ・ビルディングにも貢献している。つまり、草の根の活動がない状況においても、資金や情報を提供するいわゆるトップ・ダウンの政策によって、人権擁護のためのキャパシティ・ビルディングを進めることは可能である。そこで、モントヤは「ブーメラン・モデル」を修正して、EUを念頭に置きながら、人権擁護のために国際組織が行う調整のメカニズムを説明する「傘モデル（umbrella pattern）」を提示した（図5-3を参照）。

　この「傘モデル」は、理論的に「ブーメラン・モデル」を取り込んでおり、

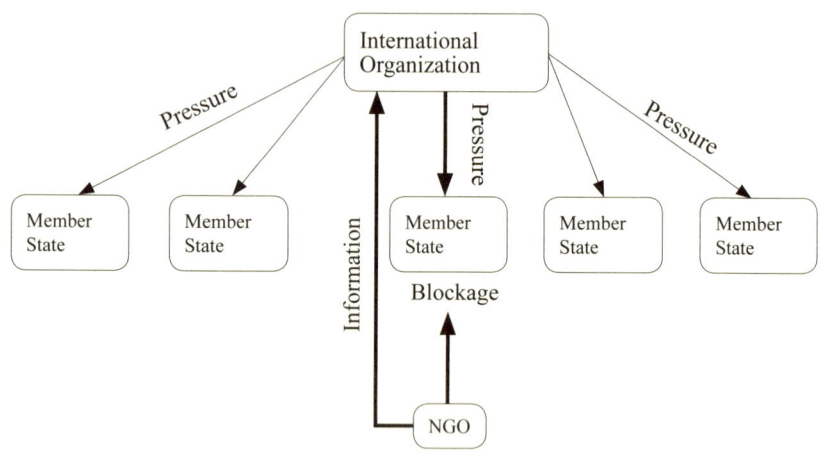

```
                    ┌──────────────┐
                    │ International│
                    │ Organization │
                    └──────────────┘
           Pressure   ↙  ↓  ↓  ↘   Pressure
                    Pressure
┌──────┐ ┌──────┐ ┌──────┐ ┌──────┐ ┌──────┐
│Member│ │Member│ │Member│ │Member│ │Member│
│State │ │State │ │State │ │State │ │State │
└──────┘ └──────┘ └──────┘ └──────┘ └──────┘
                   Blockage
                      ↑
                    ┌────┐
                    │NGO │
                    └────┘
   Information
```

図 5-3　傘モデル

出典：Montoya, 2009: 329

図 5-2 で示すように、脆弱な行為主体（たとえば NGO）が上部にある地域機構に情報を流して、地域機構から国家に圧力をかけてもらう。ここまでは「ブーメラン・モデル」と同じであるが、「傘モデル」においては、これに加えて、地域機構がこのような一国の情報を一般化して、傘下にある加盟国全体に雨のように圧力を与えることができることも視野に入れている。このように「傘モデル」によれば、一国の NGO が地域機構を通して他の加盟国あるいは地域全体にも影響を及ぼすことができる。

　このモデルは、EU が、人身売買に対する「ダフネ・プログラム」の TAN の一つであるリージョナル・アドボカシー・ネットワーク（regional advocacy network, RAN）を積極的に形成させることができたメカニズムをうまく説明することができる。アメリカの政治学者である M. アダムスと A. カン（Adams and Kang 2007）によれば、このような RAN は、同じ地域に存在する、共通の目的を持つ個人や組織の集合であると定義している。EU の「ダフネ・プログラム」は、まさに RAN 形成に成功した例と言えよう。

　最後に、東南アジアの地域機構である ASEAN が、人権擁護においてどのような役割を果たし得るかを考えてみたい。ASEAN は、EU のような超国

家性を有しておらず、内政不介入の原則を掲げている。そして、ASEAN の多くの加盟国においては市民社会が未成熟であり、NGO が政治参加する権利も大幅に制限されている。したがって、前述の「傘モデル」が示すような、グローバルな人権規範の地域への浸透に地域機構が大きな役割を果たすという事態は ASEAN についてはあまり期待できないであろう。

したがって、国家レベル、さらに最終的にはトランスナショナル・レベルにおいて市民社会の成熟を促進するという EU の積極的な経験を考慮することは、国際犯罪である人身売買との戦いに闘志を燃やす学者や政策決定者への価値ある教訓として理解されるべきであろう。人身売買は国家の視線から隔たったアンダーグラウンドな社会で生じるものである。それゆえ、国家のローカル・レベルでの取り組みだけでなく、市民社会における行為主体の活動も必要となるのである。市民社会の行為主体への支援を行い、人身売買のようなトランスナショナルな犯罪や人権侵害と闘う試みが社会の市民参加を必要としていることを認識しなければならない。

しかし、ASEAN においても若干ではあるが、変化の兆しが表れ始めている。その一例として、最近、「トランスナショナルな市民社会（transnational civil society, TCS）[6]」が ASEAN 憲章制定作業部会への提言を行ったことを挙げることができる。しかし、これによって、ASEAN にも市民社会からのボトム・アップの道筋が制度的に確立されたわけではなく、単に上から選定された NGO が ASEAN の政策決定過程にわずかに参加したという程度のものに過ぎない。しかし、参加する行為主体が拡大していけば、ASEAN が「傘モデル」の示すような地域機構としての役割を果たす可能性も出てくるかもしれない。

---

6 ASEAN の「アジェンダに従順な専門職団体、ビジネス組織、シンクタンクを連携 NGO として」ASEAN が認証して取り込んでいる（五十嵐誠一、2009 年）。

7. おわりに
——移動・地域的人権ガヴァナンスと東アジア共同体の創造の可能性

　国際規範の伝播と受容の過程においては、トップ・ダウンによる地域機構の圧力だけでなく、ボトム・アップの市民社会の行為主体からの参画が必要になる。この両者の連携を通じて国際規範の伝播と受容が促進されるのである。それゆえ、人権保護とりわけ人身売買を防止するための有力な対策を進めるためには、市民社会の行為主体による活動だけでなく、市民社会と地域機構をはじめとする国外の行為主体とのトランスナショナルな協力関係が不可欠となる。また、人身売買をなくすためには、情報の収集、加害者（犯罪）の摘発や処罰、被害者の救済、被害者を生まないための教育・啓発活動などの包括的なアプローチも必要である。それを政府の政策だけで遂行するのは困難であり、その点からも、ASEANと市民社会の行為主体との協力関係が、今後さらに重みを持つことになるであろう。こうした人権問題の解決のための有力な取り組みは、国家主権を尊重し、不干渉を原則とするASEANのガヴァナンス規範の再考を促すものとなる。ASEANは東南アジアにおける唯一の地域機構であり、今後、グローバル規範の通訳者や促進者の役割を十分に果たし得ると思われる。それを通じて、ASEANは規範の「アジア化」を促すことになるであろう。今後、東南アジア地域において、人権政策の調和を促すことができるか否か、アジアにおける地域化のこれからの評価に注目していくべきである。現在までの進展の一つは、上述したようにASEANにおける市民社会の参加である。これはまだ制度化されたわけではないが、この点もEUから学ぶべきことが多々あると思われる。さらに、市民社会の参画が、ASEANレベル（地域レベル）と同様に、国家レベルにおいても実現することができれば、デモクラティック・ガヴァナンスの格差が縮小し、人権規範がさらに受容される可能性が十分にある。

参考文献

Acharya, Amitav, 2004, "How Ideas Spread: Whose Norms Matter? Norm Localization and

International Change in Asian Regionalism," in *International Organization*, Vol. 58, No. 2: 239-275.

Acharya, 2011, "Norm Subsidiarity and Regional Orders: Sovereignty, Regionalism, and Rule-Making in the Third Wordl," in *International Studies Quarterly*, Vol. 55: 95-123.

Adams, Melinda, and Alice Kang, 2007, "Regional Advocacy Networks and the Protocol on the Rights of Women Africa," in *Politics & Gender*, Vol. 3, No. 4: 451-474.

Aradau, Claudia, 2008, *Rethinking Trafficking in Women: Politics and Security*, Basingstoke: Palgrave Macmillan.

Beeks, Karen, and Delila Amir, 2006, *Trafficking And the Global Sex Industry*, Lexington Books.

Breslin, Shaun, Richard Higgott, and Ben Rosamond, 2002, "Regions in Comparative Perspective," in: Breslin, Shaun, Christopher W. Hughes, Nicola Phillips, and Ben Rosamond (eds.), *New Regionalisms in the Global Political Economy: Theories and Cases*, London; Routoledge.

Börzel, Tanja A., and Thomas Risse, 2010, "Governance Without a State: Can it Work?," in *Regulation & Governance*, No.4: 113-134.

Cameron, Sallly, and Newman, Edward, 2008, *Trafficking in Humans: Social, Cultural, and Political Dimensions*, Tokyo: United Nations University Press.

Checkel, Jeffrey, 1998, "The Constructivist Turn in International Relations Theory," in *World Politics*, Vol. 50, No. 2: 324-348.

Checkel, Jeffrey, 2001, "The Europeanization of Citizenship?," in Cowles, Marie Green, James Caporaso, and Thomas Risse eds., *Transforming Europe: Europeanization and Domestic Change*, Ithaca: Cornell University Press.

Cooper, Andrew, Christopher W. Hughes, and Philippe De Lombaerde (eds.), 2008, *Regionalisation and Global Governance: The Taming of Globalisation?*, London: Routledge.

Finnemore, Martha, 1993, "International Organizations as Teachers of Norms: The United Nations Educational, Scientific, and Cultural Organization and Science Policy," in: *International Organization*, 47-4: 565-597.

Finnemore, Martha, and Kathryn Sikkink, 1998, "International Norm Dynamics and Political Change," in *International Organization*, Vol. 52, No. 4: 887-917.

Friedman, Elisabeth Jay, 2009, "Re(gion)alizing Women's Human Rights in Latin America," in *Politics & Gender*, Vol. 5, No. 3: 349-375.

Huguet, Jerrold W., and Varamon Ramangkura, 2007, "The Long Road Home: Analysis of Regional and National Processes for the Return and Reintegration of Victims of Trafficking in the Greater Mekong Sub-region," available at http://lastradainternational.org/lsidocs/the_long_road_home_oct07.pdf (retrieved October 23, 2011).

Ignatieff, Michael, 2001, "The Attack on Human Rights," in *Foreign Affairs*, 80-6: 102-116.

International La Strada Association ed., 2005, *La Strada European Network Against Trafficking in Women: Facts and Practices*, available at http://lastradainternational.org/documents/Facts_Practices.pdf (retrieved January 9, 2011).

Kantola, Johanna, 2010, *Gender and the European Union*, Basingstoke: Palgrave Macmillan.

Keck, Margaret E., and Kathryn Sikkink, 1998, *Activists Beyond Borders: Advocacy Networks in International Politics*, Ithaca: Cornell University Press.

Locher, Birgit, 2007, *Trafficking in Women in the European Union: Norms, Advocacy-Networks and Policy-Change*, Wiesbaden: VS Verlag für Sozialwissenschaften.

Montoya, Celeste, 2008, "The European Union, Capacity Building, and Transnational Networks: Combating Violence Against Women Through the Daphne Program," in *International Organization*, Vol. 62, No. 2: 359-372.

Montoya, Celeste, 2009, "International Initiative and Domestic Reforms: European Union Effects to Combat Violence against Women," in *Politics & Gender*, Vol. 5, No. 3: 325-348.

Nakamura, Ayako, 2011, "Regional Governance against Trafficking in Persons: European Strategies towards the Implementation of Global Norms," in *GEMC journal*, No.4: 160-181.

Risse, Thomas, Cowles, Marie Green, and James Caporaso, 2001, "Europeanization and Domestic Change: Introduction," in Cowles, Marie Green, James Caporaso, and Thomas Risse eds., *Transforming Europe: Europeanization and Domestic Change*, Ithaca: Cornell University Press.

Risse, Thomas, Stephen C. Ropp, and Kathryn Sikkink eds., 1999, *The Power of Human Rights: International Norms and Domestic Change*, Cambridge: Cambridge University Press.

Risse, Thomas, and Kathryn Sikkink, 1999, "The Socialization of International Human Rights Norms into Domestic Practices: Introduction," in Risse, Thomas, Stephen C. Ropp, and Kathryn Sikkink eds., *The Power of Human Rights: International Norms and Domestic Change*, Cambridge: Cambridge University Press: 1-38.

Risse-Kappen, Thomas, 1994, "Ideas Do Not Float Freely: Transnational Coalitions, Domestic Structures, and the End of the Cold War," in *International Organization*, Vol. 48, No. 2: 185-214.

Shelley, Louise, 2010, *Human Trafficking: A Global Perspective*, Cambridge: Cambridge University Press.

Wylie, Gillian, and McRedmond, Penny, 2010, Human Trafficking in Europe: Character, Causes and Consequences, Basingstoke: Palgrave Macmilllan.

青山薫, 2007, 『「セックスワーカー」とは誰か——移住・性労働・人身取引の構造と経験』

大月書店.
五十嵐誠一, 2009,「東南アジアの新しい地域秩序とトランスナショナルな市民社会の地平—ASEAN 共同体の形成過程における「下」からのオルターナティブな地域主義に注目して—」,『国際政治』第 158 号 : 89-103.
京都 YWCA 編, 2001,『人身売買と受け入れ大国ニッポン』明石書店.
デイヴィッド・バッドストーン著、山岡真理子訳, 2010,『告発・現代の人身売買―奴隷にされる女性と子ども』朝日新聞出版.
中村文子, 2008,「性的搾取のトラフィッキング―男女、貧富、内外の権力格差と差別意識の理論的アプローチ―」『国際政治』第 152 号 : 132-152.
羽場久美子, 2010,「グローバリゼーションとトラフィッキング― EU ・日本に見る実態と戦略―」『年報政治学 2001- Ⅱ　ジェンダーと政治過程』Vol. 61-2: 174-193.
毎日新聞 2011 年 5 月 7 日朝刊 http://mainichi.jp/select/world/news/20110507ddm002030043000c.html, 2011 年 5 月 7 日参照。).
山根健至, 2010,「東南アジアにおける人身取引対策の地域協力に関する考察― ASEAN による制度的枠組み形成過程の検討―」『立命館大学人文科学研究所紀要』No. 95: 131-157.

公文書

A/RES55/25, 15 November 2000.
United Nations International Children's Emergency Fund, 2009, *Progress for Children: A Report Card on Child Protection*, retrieved November 8, 2010, from http://www.unicef.org/publications/files/Progress_for_Children-No.8_EN_081309.pdf.
United Nations Office on Drugs and Crime, 2009, *Global Report on Trafficking in Persons*, retrieved November 8, 2010, from http://www.unodc.org/documents/Global_Report_on_TIP.pdf.
UNODC, *Global Report on Trafficking in Persons, 2009*.
US State Department, 2006, *Trafficking in Persons Report 2006*.
US State Department, 2008, *Trafficking in Persons Report 2008*, retrieved November 8, 2010, from http://www.state.gov/documents/organization/105501.pdf.
US State Department, 2009, *Trafficking in Persons Report 2009*, retrieved November 8, 2010, from http://www.state.gov/g/tip/rls/tiprpt/2009/.

第 6 章　難民政策の二重性

難民認定制度と申請者の不安全化

髙松香奈

1.　はじめに

　国連難民高等弁務官事務所（UNHCR）は 2010 年に公表した報告書 Global Trends の中で、2009 年末の時点で、世界には約 4330 万人もの人が紛争をはじめ様々な原因により移動を余儀なくされ、これは過去 15 年の中でも多い人数であると指摘する[1]。さらに、難民が先進諸国に殺到しているという一般論に反し、実際には多くの難民が近隣諸国である開発途上国の都市部に集中する傾向にあると指摘した上で、難民問題への恒久的解決策として第三国が難民を受け入れる「第三国定住制度」や難民保護としての受け入れをあげている[2]。難民の受け入れがグローバル社会が抱える難民問題への恒久的な解決であるとすれば、各国の難民受け入れが強く求められることになるだろう。とりわけ先進諸国には積極的な役割が求められている。

　日本政府はこの面で大きな役割を果たしているだろうか。日本における難民認定の現状を確認しておきたい。法務省入国管理局が 2011 年 2 月 25 日

1　UNHCR ホームページ「2009Global Trends」http://www.unhcr.org/4c11f0be9.html　最終アクセス日　2011 年 12 月 10 日。
2　UNHCR ホームページ「2009Global Trends」http://www.unhcr.org/4c11f0be9.html　最終アクセス日 2011 年 12 月 10 日。

表 6-1　申請・異議申立・認定・人道配慮・庇護数

	2005	2006	2007	2008	2009	2010
申請数（人）	384	954	816	1,599	1,388	1,202
異議申立数	183	340	362	429	1,156	859
難民認定	46	34	41	57	30	39
人道配慮	97	53	88	360	501	363
庇護数	143	87	129	417	531	402

法務省入国管理局公表の「平成 17 年～平成 22 年における難民認定者数等について」を参考に作成 [4]

に公表した「平成 22 年における難民認定者数等について」[3] によると、平成 22 年に日本に対して難民認定申請を行った者は 1,202 人であり、また難民の認定をしない処分に対して異議の申立てを行った者は 859 人であった。申請者の国籍を見てみると、出身地は 51 か国に及び、主な国籍は、ミャンマー 342 人、スリランカ 171 人、トルコ 126 人、ネパール 109 人、インド 91 人となっている。

表 6-1 に示すように、2005 年から 2010 年の難民認定申請数の推移を見ると、2008 年から大幅に増加し、異議申立数も 2009 年に激増した。しかし難民として認定された者の人数は常に低い水準で推移し、2010 年は 39 人が難民認定されたが、その内 13 人は異議申立手続を経ての認定者であった。[5]

法務省は、難民と認定しなかった申請者のうち、人道的な配慮が必要なケースを「人道配慮」とし、在留を認めている。この「人道配慮」のケース

3　法務省入国管理局ホームページ　「平成 22 年における難民認定者数等について」
http://www.moj.go.jp/nyuukokukanri/kouhou/nyuukokukanri03_00077.html　最終アクセス日 2011 年 12 月 10 日。

4　法務省入国管理局ホームページ　統計に関するプレスリリース「難民認定者数」
http://www.moj.go.jp/nyuukokukanri/kouhou/nyuukokukanri01_00013.html　最終アクセス日 2011 年 12 月 30 日。

5　法務省入国管理局ホームページ　http://www.moj.go.jp/nyuukokukanri/kouhou/nyuukokukanri03_00077.html

と、難民認定者数を合算したものを「庇護数」とし、2010年では「人道配慮」が363人、認定者数が39人で、計402人が「庇護数」となっている。庇護された者の国籍を見ると全体の約89％（356人）がミャンマー人であるという。

難民認定申請者の申請時の在留資格については、法務省が公表する難民認定申請者の在留態様等で「申請者の申請時における在留態様は、正規在留者が668人（約56％）で、不正規在留者は534人（約44％）となっている。不正規在留者のうち、自ら地方入国管理官署に出頭して申請した者は148人（約28％）、収容令書又は退去強制令書が発付された後に申請を行った者は386人（約72％）となっている。また、申請者全体の約2割（不正規在留中に申請した534人の約4割）に当たる223人が、過去に難民認定申請を行ったことがある者である。」（法務省入国管理局、2011年）[6]と示されている。

日本政府の難民受け入れは、他の先進諸国と比べ認定数がきわめて少ないという特徴を持つ[7]。グテレス国連難民高等弁務官は日本の難民の認定者数が欧米などの先進国に比べて少ないことについて「日本の受け入れ制度が世界基準に達し、認定者が増えることを希望している。また、申請は公平に認めるようにしてほしい」と述べている（朝日新聞　2009年11月21日）。

このような特徴を持つ難民認定制度ではあるが、近年の日本の難民政策に関する研究は、主に難民の処遇に着目したものが主流になっている。たとえば、第三国定住を中心に日本が難民への人間の安全保障を提供するための社会統合支援体制に関する研究（Takizawa 2011）や、難民受入と公的支援の変遷についての研究（荻野 2006）などの研究蓄積があり、これらの先行研究から得られる、日本の難民政策に関する示唆は貴重なものである。

先行研究の多くが難民に着目するが、「難民」という地位が与えられていない場合、それらの者への保護を求める根拠は曖昧であり、難民認定されな

---

[6] 法務省入国管理局ホームページ　「平成22年における難民認定者数等について」http://www.moj.go.jp/nyuukokukanri/kouhou/nyuukokukanri03_00077.html　最終アクセス日 2011年12月10日。

[7] UNHCRホームページ　「数字で見る難民情勢（2009年）」http://www.unhcr.or.jp/ref_unhcr/statistics/index.html　最終アクセス日 2011年8月24日。

かった者への目配りは少なかったものと推察される。しかし、日本国内の難民認定制度を俯瞰した場合、「難民」の地位を得られないものが大多数であるという現状についてもっと強い問題意識を懐く必要があるであろう。難民認定制度の「表」を認定された難民とすると、その「裏」に存在する認定されなかった申請者を無視することはできないと考える。そこで本章では、難民と認定されず（却下された経験を持つが）、日本国内で申請を続ける難民認定申請者の存在に着目したい。

　国内の難民認定申請者が不安定な法的身分やそれに起因する生活上の問題を抱えるが、しかし、このような難民認定申請者の現状とは対照的に、日本政府は、難民問題への取り組みを「人間の安全保障」の理念からとりわけ重要な課題と位置付けている。そして実際、人間の安全保障の理念に沿って、国連内への信託基金設立などをはじめ、予算措置を伴う取り組みを積極的に行っており、これを根拠として難民に関する日本政府の取り組みは積極的であると外務省は自讃している[8]。この日本政府の政策は2つの方向性があると捉えることができるのではないだろうか。一つは、「人間の安全保障」の理念に沿った「外」向けの政策と、そしてもう一つは難民認定申請者の不安全を招来せしめる「内」なる政策である。

　とりわけ本章が問題視するのは、この2つの政策間の一貫性の欠如であり、難民認定申請者の感じる大きな苦痛である。日本の難民認定制度の持つ政策指向性とは何か、難民認定申請者の経験と意見を念頭に置きながら考察する。

　そこで第2節では、難民受入を行うことが政治的にどう議論されたのか考察する。その上で第3節では「外」へ向けた政策としての、難民政策の取り組みについて、そして第4節では国内へ向けた難民政策を考察する。そして第5節では申請者のほとんどが難民認定されないという難民認定制度の状況下で、申請者が申請に至り（選択）、どのような生活状況にあるのか、ビルマ人難民認定申請者に対しての聞き取り調査の結果を示した上で、第6節では難民認定制度とその機能について、関連する在留資格の無い外国人に

---

[8] 外務省ホームページ　「難民問題とは？〜国際社会と日本の取組」http://www.mofa.go.jp/mofaj/press/pr/wakaru/topics/vol70/index.html　最終アクセス日2011年8月25日。

対する政策も含め考察する。

　ビルマ人への聞き取り調査を実施した理由は、ビルマ人が難民認定申請者の最大グループであるためである。尚、法務省入国管理局の資料等では「ミャンマー人」と記載されるが、申請者自身は「ビルマ人」とするため、本章では呼び名の統一は行わず、双方を用いることにする。

2.　国家と難民庇護の義務

　本節では、国家が難民を受け入れる事をどう理解できるのか、主な先行研究で提示される見解も踏まえて考察したい。

　国連難民高等弁務官事務所（UNHCR）は2004年に"Agenda for Protection"を取りまとめた[9]。これは2000年に開始された「難民の国際的保護に関する世界協議」の成果である。この協議は庇護希望者と難民の国際的保護の強化を各国に要請することを主要目的としていた。しかし、このような協議を通じて現実には国連機関が各国家に対して保護の強化を要請しても、その要請は強制力を持つものではなく、各国家の対応はそれぞれの裁量に任されているため、実効性は乏しかった。それでは、今後、国際社会が難民・庇護希望者の保護強化を実現するためには、各国家はどのような義務を果たすのが適当なのだろうか。

　1948年に採択された「世界人権宣言」では、第14条ですべての人間が迫害を逃れるため避難する権利が確認されている[10]。その後、1951年に「難民の地位に関する条約」が、そして1967年には「難民の地位に関する議定書」が採択された。

　「世界人権宣言」、「難民の地位に関する条約」、「難民の地位に関する議定

9　UNHCR（2004）Agenda for Protection, June 2004（日本語版：UNHCR駐日事務所（2006）『難民保護への課題』）. http://www.unhcr.org/refworld/docid/4714a2872.html　最終アクセス日2011年8月13日.

10　外務省ホームページ「世界人権宣言」（仮訳）　http://www.mofa.go.jp/mofaj/gaiko/udhr/1b_002.html　最終アクセス日2011年8月13日.

書」は、個人が避難する権利に言及するが、個人が国家から庇護を受ける権利を規定したわけではなく、また国家に法的な義務を負わせるものではない。「難民条約上、難民の人権は包括的に保障されるのではなく非常に選択的であること、当該国家により付与されるものであることがわかる。加えて難民認定の手続きをはじめとする、実効的な措置をとる義務は、この条約上規定されておらず、国家はかかる義務を有さない。」(富田 2004：73) とする国際法学者が難民条約の実行上の問題を指摘している通り、難民条約上は多くの部分を批准国の裁量にゆだね、難民申請者の安全を守るという義務を国家に対して直接的には課していない。難民に関連し国家が負う法的義務は、迫害が予想される地域への難民の追放・送還の禁止を定めたノン・ルフールマン原則に留まるのである。

　このように、条約上、難民の受入は国家が負うべき法的義務とはされず、また、難民の認定も、国家が独自に決定することができるとされている。このように条約の枠組みにおいて、国家の義務を規定していないことに対して、UNHCR は人道的な観点から難民の受入がグローバルな義務であることを強調している。すなわち、グローバルな義務という立場に基づいて、グローバル社会を構成する各国、特に先進国に対して道徳的義務を負わせようとする考えである。しかし、このような見解に対しては、難民の受入は国家の福祉制度への過度な負担を発生させこれを破綻させると主張するような煽情的な議論が向けられている。例えば、近年の EU に見られるような、難民や移民が「社会保障にただ乗りしている」という不満の現れであり (朝日新聞 2010 年 9 月 28 日)、これらの不満は、厳密な検証に基づいたものではないが、難民や移民政策の厳格化をとる国もでている。

　このような、グローバルな義務と国家の義務 / 役割の衝突の問題についてミラーは、強いコスモポリタニズム、弱いコスモポリタニズムという視点から、アプローチしている (ミラー 2011：31-59)。ミラーの議論は、どこにいる人間に対しても平等な処遇の提供を求める強いコスモポリタニズムと、どこにいる人間に対しても平等な道徳的関心を示すことを求める弱いコスモポリタニズムとを区別した上で、国内の枠組みでの正義の促進とグローバルな

正義の促進が衝突する際にどちらを優先すべきかは、ローカルな義務により重みを与えるべきであるとか、比較考量によって決定すべきであるというような単純な判断基準に拠るべきではないとする。すなわち、グローバルな義務が絡む問題が発生した場合には、そのグローバルな義務が消極的なものであるか、積極的なものであるか（権利の積極的な侵害を含むか、権利の充足が出来ない事か）についても考慮する。ミラーの議論は行為主体が一定の範囲で優先的にグローバルな義務を果たすべきであることを示すが、行為主体が負う責任の範囲については、必ずしも明確ではなく、責任を負うべきグローバルな義務とそうでない義務の間の境界は定かではない。一方で、1990年代頃から示された「人間の安全保障」の概念は、国家レベルの軍事的安全保障ばかりではなく、人間一人ひとりの生存・生活・尊厳に対する様々な軍事的、非軍事的脅威から各個人を守り、それぞれの持つ豊かな可能性を実現するために、「人間」を中心とした安全を重視する取り組みを強化しようとする考え方であり、例えば1994年の『人間開発報告書』で端的に示されている（UNDP 1994）。人間の安全保障の理念に立てば安全を保障する義務の第一の担い手は国家にとどまらず、様々な公的・私的組織、個人も人間の安全を保障する主体となる。そしてそのような多様な主体は人間の安全が脅かされている時には積極的に行動して脅威を取り除くことが求められる。

　このように、人間の安全保障は、介入主義的な要素を持つために、伝統的な内政不干渉の原則とのコンフリクトを生じ得る（神余 2008）。ここでは、この議論の展開は行わないが、その一つの例として、紛争下の人々の人間の安全保障のために行われる人道的介入に対しては、内政不干渉の原則に反し違法ではないかという議論が提起されている。本章が取り上げる難民問題にかんしても、人間の安全保障の理念をとるならば、難民という迫害されている人々の安全を保護する義務の担い手は広く国際社会であるということになり、その一員たる諸国家は難民を積極的に保護する義務を負っていることになる。したがって、日本政府が難民問題への取り組みに際して人間の安全保障の理念を強調するのであれば、当然に日本政府は難民保護の積極的な義務を負わなければならないだろう。

亀山は移動労働者や難民などシティズンシップから排除されている人々の包摂について、「トランスナショナルな移動をしている外国人労働者や、移民、難民」と、「トランスナショナルな移動の機会がない最貧国や破綻国家に暮らす者」に分け、包摂の方向性として前者にはトランスナショナルな包摂、後者にはグローバルな包摂を提示している（亀山2007：89-90）。本章が着目する難民認定申請者は、この枠組みでは前者のトランスナショナルな移動をしている者に当たり、トランスナショナルな包摂が求められるが、より具体的には、国家が難民として認定して自国内の居住を認めるばかりでなく、市場やコミュニティへの平等な参加をも保障することが重要であると論じている（亀山2007：92）。この亀山の議論は、「社会的包摂」という概念を用い、グローバル社会の構成員である国家内で、国境横断的に（トランスナショナル）に包摂を実現していくことと、そしてグローバルに（国境横断的に国家の領域外で）包摂を実現していくことを示しているが、2つのレベルの政策が同じ方向を向いて行われる重要性も読み取ることができるであろう。

3.　「外」へ向けての政策

では日本政府は難民問題に関しどのような取り組みを行っているのか。本節では、「外」に向けての日本の難民政策と取り組みの動向について、考察したい。

日本政府の難民問題への取り組みの上で「人間の安全保障」の理念は、とりわけ強調されているようである。日本政府は1990年代後半より頻繁に同理念を使うようになるが、民主党は「人間の安全保障」の実現は、政権交代後も日本の国際協力分野における最重要課題と位置づけた上で、一国だけでは解決できない課題としての難民問題を示している（民主党2009：16）。

そもそも、日本政府は、人間の安全保障の理念を、日本の外交の柱に据え、政府開発援助（ODA）はその理念を実現するための基本政策をなすものとしている。たとえば2005年2月に策定されたODA中期政策では、「人間

の安全保障」を、「一人一人の人間を中心に据えて、脅威にさらされ得る、あるいは現に脅威の下にある個人及び地域社会の保護と能力強化を通じ、各人が尊厳ある生命を全うできるような社会づくりを目指す考え方である。具体的には、紛争、テロ、犯罪、人権侵害、難民の発生、感染症の蔓延、環境破壊、経済危機、災害といった「恐怖」や、貧困、飢餓、教育・保健医療サービスの欠如などの「欠乏」といった脅威から個人を保護し、また、脅威に対処するために人々が自らのために選択・行動する能力を強化することである。」(外務省 2005：1-2) と示し、同理念を人権・人道支援の根拠として位置付け、難民問題の取り組みを、その具体的課題として明示していた。

　外務省は難民問題に関し、「日本は、中立的な立場にある国際機関を通じて世界各地の難民に支援を行っています。また、近年日本のNGOによる人道支援活動も活発になっており、政府はこのようなNGOを側面的に支援しています。」と述べているが、実際に国際機関を通じた支援として、日本の多国間援助の枠組みを通した国際機関への援助額はDAC諸国平均よりも高い（外務省 2009：120-122）[11]。2007年のUNHCRへの拠出をみると、その率（拠出率）は7.1％と米国の28.9％と比べると低迷しているが、米国に次いで第2位の拠出国となっている[12]。この点から考えると、日本政府の国際機関を通じた難民支援は比較的積極的なものと評価されるべきであろう。

　また、日本の「外」に向けた政策はこれだけにとどまらない。2008年12月、第三国定住による難民受入のパイロットケースの実施が閣議了解された[13]。第三国定住とは、難民キャンプ等で一時的な庇護を受けた難民を、受

---

[11] 外務省ホームページ「難民問題Q＆A」http://www.mofa.go.jp/Mofaj/Gaiko/nanmin/qa2.html　最終アクセス日 2010年3月10日　実際、日本の多国間援助の枠組みを通した国際機関への援助額はDAC平均よりも高く、国連難民高等弁務官事務所（UNHCR）への拠出シェアもDAC加盟国の中では比較的積極的な供与を行っている（外務省、2009：120-122）。

[12] 外務省ホームページ「国際連合難民高等弁務官事務所拠出金」http://www.mofa.go.jp/mofaj/gaiko/oda/shiryo/sonota/k_kikan_21/pdfs/101_102.pdf　最終アクセス日 2011年12月10日。

[13] 内閣官房ホームページ「第三国定住による難民の受入れに関するパイロットケースの実施について」http://www.cas.go.jp/jp/seisaku/nanmin/081216ryoukai.html 最終アク

入れに合意した第三国へ移動させることであるが、日本政府は、タイの難民キャンプに滞在するミャンマー人難民を平成 22 年度から、年に 1 回約 30 人を 3 年連続して受け入れるパイロットケースを実施するとした[14]。2010 年 9 月には 3 家族 18 名が、そして 10 月には 2 家族 9 名が第 1 陣として日本に到着した。また、2011 年 9 月には、タイで暮らすミャンマー難民 4 家族 18 人が第 2 陣として日本に到着した。

　日本政府が第三国定住を開始するに至った経緯として外務省は、「(イ) 国連難民高等弁務官事務所 (UNHCR) は、第三国定住による難民の受入れを各国に推奨してきました。第三国定住による難民の受入れは、難民の自発的帰還及び一時庇護国への定住と並ぶ難民問題の恒久的解決策の一つとして位置づけられており、難民問題に関する負担を国際社会において適正に分担するという観点からも重視されています。(ロ) このような国際社会の動向を踏まえ、我が国も国際貢献及び人道支援の観点から、アジア地域で発生している難民問題に対処するため、平成 20 年 12 月の閣議了解において、第三国定住による難民の受入れをパイロットケースとして実施することを決定しました。」としている[15]。ここから、難民問題に関し国際社会の構成メンバーとしての責任を果たす手段としての第三国定住といちづけることができるであろう。この点については、UNHCR 駐日事務所が主催したシンポジウムで外務大臣政務官は、第三国定住の実施に関して国際貢献と人道支援の観点からの支援を強調している[16]。さらに他のシンポジウムにおいても、日本政府は「人間の安全保障」の視点を重視しつつ、UNHCR を始めとする国際

セス日 2011 年 8 月 23 日。

14　外務省ホームページ　「難民問題と日本 III―国内における難民の受け入れ―」http://www.mofa.go.jp/mofaj/gaiko/nanmin/main3.html　最終アクセス日 2011 年 8 月 23 日。

15　外務省ホームページ　「難民問題と日本 III―国内における難民の受け入れ―」http://www.mofa.go.jp/mofaj/gaiko/nanmin/main3.html　最終アクセス日 2011 年 12 月 30 日。

16　外務省ホームページ　「シンポジウム「日本への第三国定住：よりよい保護と社会統合のもとへ難民を迎える」における西村外務大臣政務官による開会挨拶」http://www.mofa.go.jp/mofaj/press/enzetsu/22/encn_0825.html　最終アクセス日 2011 年 8 月 23 日。

機関と協力しながら，アジアやアフリカ地域をはじめとする世界各地の難民・国内避難民への人道支援を積極的に実施していると前置きしたうえで，国際貢献・人道支援の観点から第三国定住を実施していることに言及した[17]。繰り返し言及される人道支援の観点であるが，外務省は，人道支援は人間の安全保障を確保する取り組みの一つであるとする[18]。

　第三国定住の場合であっても，日本政府による面接，受入決定が行われるが，難民は既に難民キャンプに滞在し，実質的には UNHCR で難民の認定がされている。そして，受入に際しては，定住のための在留資格や，定住支援，社会保障等の提供が日本政府より行われる。第三国定住は，UNHCR からの候補者リストの提供を受けるという点や，国際機関との連携を図りながら実施するという点において，日本政府の国際貢献を対外的に明らかにしやすいプロセスといえかもしれない。

　しかし，第三国定住については問題点も指摘されている。問題点としては，日本への定住希望者の低調な応募と日本の選考基準の厳しさ，さらに老朽化した住宅や長時間の通勤・通園時間，労働条件の不透明さなど，事前の説明とは異なる待遇についてである（朝日新聞　2011 年 8 月 27 日）。すなわち，「外」に向けての政策要素の強い第三国定住においても，一度国内に入った場合に，日本政府は第三国定住者が日本社会で生活していけるようなサポートという面においては多くの課題を抱えている。

4.　「内」に向けての政策
——難民認定制度

　2011 年に，日本は難民条約加入 30 周年を迎えた。一般的に難民条約は「難民の地位に関する条約」と「難民の地位に関する議定書」の総称である

---

[17]　外務省ホームページ「世界難民の日 2011 シンポジウム「日本の難民保護の 30 年——これまでの道のりと今後の展望」山花外務大臣政務官挨拶　http://www.mofa.go.jp/mofaj/press/enzetsu/23/eymh_0620.html　最終アクセス日 2011 年 8 月 23 日。

[18]　外務省ホームページ「我が国の人道支援方針」http://www.mofa.go.jp/mofaj/gaiko/jindo/jindoushien2_1_1.html　最終アクセス日 2011 年 8 月 23 日。

が、日本は 1981 年 10 月 3 日に「難民の地位に関する条約」に、1982 年 1 月 1 日に「難民の地位に関する議定書」に加入し、難民条約は 1982 年 1 月 1 日から日本に対し発効している[19]。

本章が考察する「難民認定制度」は、難民条約加入に伴う国内法の整備の一つとして「「出入国管理及び難民認定法（入管法）」が改正され、「出入国管理及び難民認定法」（第七章の二：難民の認定等）で定められたことにより成立した。同法「第六十一条の二」[20]が示すように、難民の認定は法務省（法務省入国管理局）が所管している。この制度について、法務省入国管理国のホームページは、「難民である外国人は，難民認定申請を行い，法務大臣から難民であるとの認定を受けることができ，また，難民条約に規定する難民としての保護を受けることができます。」[21]と記している。ここでいう難民条約に規定する難民とは、難民条約に定義された難民の要件に該当すると判断された人、つまり「条約難民」を意味している（出入国管理及び難民認定法 2 条）。難民条約第 1 条 A（2）で定義された難民の要件は以下の通りである[22]。

（a）人種、宗教、国籍若しくは特定の社会的集団の構成員であること又は政治的意見を理由に、迫害を受けるおそれがあるという十分に理由のある恐怖を有すること

（b）国籍国の外にいる者であること

---

19 参照　外務省ホームページ「難民問題と日本 III—国内における難民の受け入れ—」http://www.mofa.go.jp/mofaj/gaiko/nanmin/main3.html　最終アクセス日 2011 年 12 月 10 日。

20 第六十一条の二　法務大臣は、本邦にある外国人から法務省令で定める手続により申請があつたときは、その提出した資料に基づき、その者が難民である旨の認定（以下「難民の認定」という。）を行うことができる。法務大臣は、難民の認定をしたときは、法務省令で定める手続により、当該外国人に対し、難民認定証明書を交付し、その認定をしないときは、当該外国人に対し、理由を付した書面をもつて、その旨を通知する。

21 法務省入国管理局ホームページ「難民の認定　難民認定制度」http://www.immi-moj.go.jp/tetuduki/nanmin/nanmin.html

22 外務省ホームページ「難民問題と日本 III—国内における難民の受け入れ—」http://www.mofa.go.jp/Mofaj/Gaiko/nanmin/main3.html

(c) その国籍国の保護を受けることができない、又はそのような恐怖を有するためにその国籍国の保護を受けることを望まない者であること

　この日本政府が沿う定義は諸外国の例と比較しても狭義なものといえる。UNHCR は難民条約の統一的な解釈を推し進めるために『難民認定基準ハンドブック』[23]を作成し、より柔軟性のある難民定義の解釈を示している（UNHCR 2009: 10-29）。

　難民の定義については、国会でも質疑が行われている。2002 年に提出された「我が国における条約難民の認定体制に関する質問主意書」[24]では、条約法に関するウィーン条約第三十一条を根拠に、難民条約の解釈にあたっては、前文及び附属文を含めた条約文や締結国間でなされた難民条約の関係合意である最終文書の規定に従う必要があると考える点、また、難民の人権の広範な保障という難民条約の趣旨、目的に照らして解釈されなければならないと考える点について質問が行われている。

　これに対し政府は、難民条約の解釈について、条約法に関するウィーン条約（昭和五十六年条約第十六号）第三十一条に規定されるとおり、前文及び附属書を含む条約文等の文脈によりかつその趣旨及び目的に照らして与えられる用語の通常の意味に従い、誠実に行っている旨回答している（答弁第 52 号）。

　日本政府の難民の解釈は極めて狭く、柔軟性に乏しく、これが結果として難民認定者数の少なさを招いていると見ることができるかもしれない。詳細については後述するが、これは現在の難民認定申請者の多くが、日本入国の当初の目的が就労という現状からも、解釈の柔軟性がとりわけ、期待されている。

　UNHCR は東京弁護士会の要請を受け「難民の定義の解釈に関する国際連合難民高等弁務官事務所の助言的意見」を裁判所に提出している[25]。その

---

23 UNHCR ホームページ『難民認定基準ハンドブック』http://www.unhcr.or.jp/protect/pdf/20090210_rsd.pdf 最終アクセス日 2011 年 12 月 10 日。
24 2002 年 12 月 13 日提出　質問第 52 号　提出者中村哲治議員。
25 UNHCR ホームページ「難民の定義の解釈に関する国際連合難民高等弁務官事務所の助言的意見」http://www.unhcr.or.jp/protect/pdf/041222opinion.pdf　最終アクセス日

中で、収入を得る目的で不法入国したという事実や、仮にその不法入国が密入国業者を介しての入国だった場合に難民申請の評価にどう関係があるのかという問いに対して、庇護手続きの目的は、申請者が出身国に戻った際に迫害を受けるかという点にあり、「十分に理由のある恐怖」については、申請者の入国や滞在の方法や密入国業者の仲介などに左右されるものではないと述べる。さらに、申請者の出身国が渡航書類の発給を拒否したことに起因し不法渡航が行われた場合に、ケースによってはそれが迫害の危険を示すものになりうるという解釈も示している。

以上のように、日本政府による難民条約の解釈は狭く行われる傾向にあり、国会での質問でもあったように難民の人権の広範な保障という意味において、問題が発生しているといえよう。

5. 難民認定申請者の現状——ビルマ人難民認定申請者の事例から

前述したように、難民認定申請者の置かれている環境は不安定なものである。それでは、難民認定申請者の立場から、現行の制度について具体的な問題点を指摘することができるのだろうか。ここでは、関東に在住するビルマ人の難民認定申請者からの聞き取り調査の結果を紹介したい。

これまで難民認定申請者の生活状況に関しては、特定非営利活動法人難民支援協会が実施した「難民認定申請者等に対する生活状況調査」(2002年)がある。この調査により、難民認定申請者の直面する、経済的な問題や病気・医療問題の深刻さが浮き彫りとなった。

本章が紹介する聞き取り調査の結果は、筆者が2010年3月から2011年6月まで実施したものの中から、聞き取りに応じて下さった方が意見の公開を了承して下さったケース(全16人)についてである[26]。この聞き取り調査

2011年12月10日。

[26] 聞き取り調査は長時間に及ぶ事が殆どであったが、時間を割いて意見を聞かせてくださったビルマ人難民認定申請者の皆さまにお礼申し上げたい。

でも、前述の難民支援協会が実施した調査同様に、生活の困難さがとりわけ強調された。聞き取り調査では、現在日本での生活状況に限らず、本国での生活も含めた、申請者の現在までのライフヒストリーについて尋ねる内容とした。ここでは、聞き取りに応じてくださった方の概要にふれ、その後申請者からとりわけ強調された、難民認定申請に至った事情、収容の問題、そして医療問題について焦点を当てる。

　聞き取りに応じて下さった方のうち、本章での紹介を承諾して下さった16人は男性12人、女性4人であり、内子どものいる者が1名（女性）であった。16名の全員が、収容施設に入った経験を持ち、聞き取り調査当時は仮放免中であった。16名のうち、聞き取り調査当時に何らかの収入があるものは半数にも満たない7名であり、生活は同居するビルマ人（全員複数で生活していた）に一時的に世話になっている場合や、収入があった時の僅かな蓄えにより生活しているのが現状であった。また収入がある場合でも、1か月の収入は約13万円から18万円の間に分布しており、不景気の影響で労働時間の確保が難しいという問題も指摘された。この所得水準の中で、家族への送金を行っているものはいなかった。また聞き取りに応じて下さった方の中で、保護費等の公的支援を受けているものはいなかった。そして聞き取り調査では、心理的ストレスも含め何らかの健康不安を抱えている者が多数であったが、後述するように健康状態が悪くても治療を受けることができない問題についても言及があり、不安がさらに増しているのが現状であった。

　まず、難民認定申請者として日本に滞在するいきさつにはどのようなものがあったのだろうか。すべての聞き取り調査対象者は、日本入国の当初の目的が難民認定申請ではなく、就労を目的とするものであった。このような場合、既述のUNHCRの意見とは異なり、日本政府は難民の条件には合致しないと判断し、難民認定申請は容易に棄却されてしまう傾向にあろう。しかし聞き取り調査では、「ミャンマー」国籍を持つという文脈特殊性から難民認定に至るプロセスをより掘り下げて考察する必要性が示された。

　まず、日本入国に関しての問題点である。いつパスポートの取得を試みたかにより状況に違いはみられたが、ビルマ国内では、パスポートを取得し、

その後日本の就労ビザを取得するには、長い時間を要するという意見が聞かれた。そのため、パスポートや就労ビザをアレンジする会社や個人に対し日本入国に係る書類を依頼した結果、騙されたケースというのも発生している。具体的には、パスポートとビザが偽造のものである場合や、ビザに記載のある会社がはじめから雇用をするつもりはなく、名義貸しをしている場合などである。その結果、日本入国後に仕方なく異なる仕事を探し就労するも、ビザに記載された就労先とは異なる場所で働いていたために入国管理局に収容されたケースもあった。それらのケースの場合には、収容施設に入った後に難民認定申請という制度を知って、申請するに至っている。ある難民認定申請者（20代女性申請者）は収容された後に理解した事情として、ビルマで日本入国を手伝ってくれたブローカーが、日本国内の企業の名義を借りて就労許可をとったということで、彼女自身としては意図したものではないが、入国管理の側からは虚偽の入国ということになり収容されたと話した。

　また、日本に到着後、日本での生活を通してビルマの国内情勢に疑問を持ち、日本国内で展開される民主化活動に参加する者もいる。その場合、実質的に「ミャンマー政府」を敵に回すことを意味し、日本で政治活動をした場合に在京大使館に写真を撮られるなど、帰国することにリスクが発生しビルマに帰れなくなるのではないかという不安を抱える。また、その間滞在資格がオーバーステイになり、難民認定制度の存在を知っても、申請した際に捕まるのではないかという不安があり、日本に入国後から難民認定申請まで時間を要してしまうという事情についても言及があった（40代男性申請者）。また難民認定が容易ではないという事から申請者は一度却下されても異議申し立てなど申請は継続されるが、そのプロセスでは入国管理局の収容施設に複数回入所させられている。施設での暮らしは困難なものであるが、だからといって退去強制に従って国へ帰るということはできないという実情にいついても触れられた（40代男性申請者）。

　さらに、ビルマ人難民認定申請者の特殊事情についても言及しなければならない。それは、「在日ミャンマー連邦大使館」による「在日ミャンマー国籍者」への徴収と関係する。聞き取り調査では、多くの人が「税金」の支払

いがあると答えた。厳密には、聞き取り調査で多数が「税金」と説明するが、人によっては「パスポートを有効に所持しておくための料金」と答え、また人によっては海外で就労することへの「過料」という意味で答えている。ここから、お金を徴収される側にとっては、それが何を目的に徴収されるものなのか十分な理解はないが、「在日ミャンマー連邦大使館」に対しての何らかの支払いがあるという事実である。それは、毎月 12,000 円の支払いであるが、特に就労していない場合や就労資格が無く低賃金の仕事に従事している場合には重い負担といえる。この徴収は毎月払わなくても、帰国の際にビルマの空港で一括納付が可能とのことであるが、累積すればさらに支払いが難しくなるのが現状のようである。そのため、聞き取り調査では、収入がないため支払えない人や、支払うことに対する疑問・不信感から、支払っている者は皆無であった。未払いは、とりわけ旅券の更新や日本で誕生した子どもの登録、そして帰国時のビルマ入国などの際に問題となる。支払いを行っていない場合、旅券の更新や帰国ができなくなるのだ。このような事情もビルマ人を難民認定申請化させる要因の一つになっているのかもしれない。聞き取り対象者の全員がビルマの状況が好転すればすぐにでも帰国したいと考えている。しかし、「在日ミャンマー連邦大使館」との関係から現在は帰れない事情があるのだ。

　このように、日本での生活を通して、難民認定申請まで時間を要してしまった事情と、帰国できない事情があることに目を向けるなら、このような事情が難民認定申請へ取り込まれていく背景になる。

　難民認定申請者は先の見えない不安な生活を送っているが、申請者からは、精神的な問題について多くの言及があった。申請者の精神的苦痛は、経済的な困窮によるばかりではなく、収容施設の存在も大きかった。申請者は難民認定のハードルは高く申請が却下されるために、全員が収容施設に入った経験を持っていた。まず、収容施設の滞在期間は、聞き取り調査では短い人だと 29 日で長い人だと 1 年以上であった。収容を解かれるためには、収容中に仮放免の申請をすることになるが、収容期間の長短の違い（仮放免が認められるまでの期間の違い）については、何が基準とされているのか、被収容

者側にとっては定かではなく、これも不安要素の一つとなっている。保証金は、ビルマ人の場合は30万円であった。これは出身国によって異なるということである。多くのビルマ人がこの30万円を用意する苦労を経験していた。多くの場合が在日ビルマ人どうしの相互扶助や、日本人も含めた寄付により賄われていた。

　仮放免は法務省の見解では、在留資格ではなく、退去強制手続を、健康上の理由、あるいは人道的判断により一時的に収容を停止するということである。従って仮放免中は、住居や行動範囲、出頭義務など様々な制約を受ける。出頭義務は1ヶ月または2ヶ月～3ヶ月に1度入国管理局に出頭して認印を受けることが必要となっているが、申請者をさらに不安にさせるのが、この出頭をした際に、再収容されることである。これまで、更新のため入国管理局に行って再度収容ということにならないか、入国管理局に行くのがとても怖いという意見があった（30代男性申請者）。

　また、収容施設での生活は、かなり苦しいものであった。収容施設で体調不良であるのに、薬や治療をしてもらえなかったケースや数週間時間を要したケース、手錠をつけられて病院に連れて行かれたケースなど、施設の対応にショックを受けたという意見も出された。既述の通り、難民認定申請に至る過程には、特有の事情があったが、聞き取り調査の対象者の共通する気持ちとしては、結果として日本滞在の在留資格に問題が発生したが、罪を犯すとか、日本政府を騙すなどといった意図は全くなく、収容施設で犯罪者のような扱いを受けるのが辛いという苦悩であった。

　また、難民認定申請に至るまで、そして難民認定まで（多くの場合却下され異議申し立てを行うまで）時間を要するため、在留資格の有無にかかわりなく申請者は日本国内の生活者であり、滞在の長期化はライフコースの変化を伴い、新たな問題も発生させていた。

　日本で婚姻し、出産を経験する難民認定申請者も少なくない。30代の女性申請者は、子どもが日本で出生した場合でも、難民認定申請者は「在日ミャンマー連邦大使館」に出生の届出をすることができないために、子どもが無国籍の状態に置かれることになっていることについて言及した。この

ケースはビルマ人の夫婦の子どもであるので、子どもの国籍は「ミャンマー」になるのであるが、難民認定申請者は在日大使館に結婚の届け出はもちろん、子どもの出生についての届け出もできない事情があるのだ。

聞き取り調査では医療についての問題が多く指摘された。そして全員が、国民健康保険がないことによる高額な治療費を払えないため、どんなに辛い状況でも受診を控えることや、また病院から入国管理局へ通報されるのではないかという不安から受診を控えるという意見も聞かれた。しかし、子どもに関しては不安なので、高額な医療費を負担しても受診するという状況もあった。また、出産に関しては、日本人の場合も自己負担となるが、出産のケースが帝王切開になり健康保険を持っていないので出産費用が約200万円に及んだケースなどもあった。

以上の聞き取り調査は、申請者から語られた様々な問題の一部であるが、ここから強調される点は、難民認定申請者が日本国内での生活者であるということに他ならない事実であり、様々な不安全と隣り合わせの生活を強いられていることである。

6. 難民認定申請者の周辺と政策

難民認定申請者への聞き取り調査から、申請に至った過程、日本滞在中における精神的ストレスや医療の問題などがリアルに示された。では、日本政府の難民認定制度や関連する政策は、難民認定申請者に対しどのような影響を与えているのだろうか。日本での滞在が長期化する中で、難民認定申請者の生活に強いインパクトを与える在留資格と行政サービスを中心に考察したい。

6-1 在留資格

特定非営利活動法人難民支援協会は、難民申請数が2006年から急増したことにより、審査期間も長期化し、その間の公的な生活支援が限定的で、在

留資格がなければ就労することもできない点について指摘している[27]。さらには、難民認定申請者が審査期間中に拘束されたり、突然送還されたりする事態や、これまで認められていた「仮放免」の類似ケースが認められないことなどが問題視されている（朝日新聞　2010年2月28日）。

　大多数の難民認定申請者は難民認定されないというのが現状であるが、難民認定申請者は申請中にどのような法的身分に置かれるのだろうか。

　正規在留者は、既に日本滞在のための何らかの法的身分が存在するが、不正規在留者の場合には、前提となる法的身分がない。既述の通り、申請者のうち正規在留者は約56%で、不正規在留者は約44%であった。この44%に対し法的地位の安定を図る必要がある。そのため法務省は、仮滞在の許可は当該外国人が本邦に上陸した日（本邦にある間に難民となる事由が生じた者にあっては、その事実を知った日）から6か月以内に難民認定申請を行ったものであるとき、または難民条約上の迫害を受けるおそれのあった領域から直接本邦に入ったものであるときなどの一定の要件を満たす場合には、仮に本邦に滞在することが許可され、一時的に退去強制手続きが停止される（法務省入国管理局 2006：4）。この仮滞在許可を受けると一時的に退去強制手続が停止されることになり、許可が出されている期間日本に滞在することができるが、この仮滞在許可は原則として3ヶ月のみである。さらに、仮滞在許可を得ての生活には様々な制約が付随する。具体的には、住居や行動範囲の制限ほか、就労の禁止や難民調査官から出頭の要請があった場合には、指定された日時、場所に出頭して、難民認定手続へ協力する義務などである（法務省入国管理局 2006：5）。特に、就労の禁止は、ある程度の蓄えを持った上で難民認定申請をするケース以外、生活の困窮と不安全な就労を促すものといえよう。

　難民認定申請者の大多数が不認定ということになるが、申請が不認定となった場合、基本的には国外退去の対象となる。しかし、不認定という結果

27　NPO法人難民支援協会ホームページ「2008年9月19日－日本での難民申請数　初の1000人突破に関するリリース」http://www.refugee.or.jp/jar/topics/other/2008/09/19-1900.shtml　最終アクセス日 2010年4月15日。

に対し不服がある場合には、不認定の通知から7日以内に異議申し立てを行えば、難民認定申請中と同様に送還を行わないこととされている(法務省入国管理局、2006：6)。異議申し立てを受け法務大臣が取る対応としては、「選定された難民審査参与員[28]による判断が下され、その結果として異議の申立てには理由があるとされれば難民と認められ、一定の要件を満たす場合には、定住者の在留資格が付与され、一定の要件を満たさない場合であっても、在留を特別に許可すべき事情があると認められる場合には、在留が許可される」(法務省入国管理局 2006：7-8)。

　日本の場合難民認定される人よりも、人道配慮となる場合が圧倒的に多いが、人道配慮になった場合には滞在中の法的身分を安定化するため在留特別許可が出されることになっている。難民とは認定されなくても、人道的配慮から在留が認められることを難民政策の前進とする捉え方もあるが(朝日新聞 2009年1月6日)、人道的配慮で得られる在留特別許可の付与に関する問題も指摘されている。その問題について在日ビルマ人難民申請弁護団は2010年4月に法務政務次官に対する申し入れの中で、2004年までは「定住者」の在留資格であったが、2005年以降は「特定活動」の在留資格が付与され、従前の扱いであれば「定住者」の在留資格を認められて然るべき人が「特定活動」の在留資格しか認められない点を指摘している[29]。この点が指摘されるのは、「定住者」と「特定活動」では、生活保護や家族呼び寄せなど、受けられる利益が大きく異なるためである。そのため、「特定活動」から「定住者」への在留資格への変更の希望は強い。2010年5月、「特定活動」の資格で在留特別許可を得た在日ミャンマー人がより安定的で保護の度合いが強い「定住者」への資格変更を集団申請したのに対し、東京入国管理局が資格変更を認めたケースが報道された(日本経済新聞 2010年5月18日)。この報道によれば、法務省の全国一律基準[30]のいずれかの条件を満たしてい

---

[28]　難民審査参与員とは、法律又は国際情勢に関する学識経験を有する者のうちから選任されるとされる。

[29]　全国難民弁護団連絡会議ホームページ「申入書」http://www.jlnr.jp/statements/20100405_moj.html　最終アクセス日 2011年12月10日。

[30]　一律基準とは、資格申請を希望する家族のうち1人が(1)在留期間が正規、非正規

れば、家族全員に定住者への変更を認めるというものである。

異議申立てに対し理由なし、かつ人道配慮でもないという決定を受けた場合には、国外退去の対象となるが、その結果に不服の場合には行政訴訟の裁判に持ち込むことが可能である。

既述の聞き取り調査では、全ての難民認定申請者が入国管理局の収容施設に入った経験を持っていたように、多くの難民認定申請者は難民認定申請が却下された際や、異議申し立てが退けられた際など複数回にわたり収容施設に入っている。

収容施設に収容された場合には、自らが収容を解く必要があるが、収容施設から出る場合には仮放免となる。そして多くの申請者の現在のステータスは仮放免となっているのが現状である。仮放免許可を得るには、本人、親族、代理人による仮放免許可申請に基づき、必要性が認められれば許可を受けるが、許可を受ける際には、必要に応じて一定金額以上の保証金の納付が求められる[31]。仮放免は在留資格ではないため、同一人物が複数回収容されることもある。既述の申請者への聞き取り調査では、この仮放免の更新に、強い不安とストレスを感じていることが示された。

以上のように、難民認定申請者は実際には申請したときから3ヶ月に限り仮滞在許可により身分が安定するが、それ以降は退去強制手続きのための収容に怯えながらの生活を強いられている。難民認定申請者の収容については、国会でも質問が行われている。

2009年11月11日に提出された質問第67号「難民認定申請者の収容に関する質問主意書」（提出者山内康一議員）では、自らが法務省入国管理局に出頭し難民認定申請の手続きを行っている申請者の収容について政府の合理的理由を確認している。この質問への答弁として2009年11月20日に政府は、難民認定手続と退去強制手続とを別個のものと捉え、難民認定申請者が在留資格を有しない場合で、仮滞在許可がなされた場合以外は、退去強制手

を問わず10年以上 (2)「特定活動」の取得から3年以上。

31 法務省法務ページ「仮放免許可申請」http://www.moj.go.jp/ONLINE/IMMIGRATION/16-11.html 最終アクセス日2011年12月10日。

続が並行して行われるとし、さらには退去強制手続については身柄の収容の上行われることが原則であり、個々の事案（健康状態等の事情）を考慮し、収容当日やその後に、仮放免の措置を採るなど適切かつ柔軟に対応していると回答している（答弁第 67 号）。

また、2010 年 2 月 8 日に提出された質問第 86 号「難民認定申請者の収容に関する質問主意書」（提出者山内康一議員）で再び難民認定手続きと退去強制手続きが平行して行われることにより難民認定申請者が収容される事態への政府見解と難民認定制度の見直しの是非について質問された。これに対し 2010 年 2 月 16 日に政府は、2004 年に一部改正された「出入国管理及び難民認定法」により一定の要件に該当する場合を除き、仮滞在許可を受けたものについて退去強制手続を停止することなどを定めたと返答している（答弁第 86 号）。

日本国内の難民認定制度の問題については、与党民主党も指摘していた。民主党は『民主党政策集 INDEX2009』の中で、「先進国中もっとも冷たく厳しいと言われる日本の入管・難民認定行政、難民への生活支援、難民申請者への処遇を改めるため、「難民等の保護に関する法律」を制定します。」（民主党 2009：14）と述べている。また、日本弁護士連合会も外務省、法務省、厚生労働省、財務省及び財団法人アジア福祉教育財団難民事業本部等に対し難民認定申請者の生活改善について意見書を提出している（2009 年 6 月 18 日提出）。同会が意見書を提出するに至った背景として、難民認定申請者の生活の困難さは勿論のこと、特に難民認定申請者数の急増、難民認定手続の長期化、保護費支給の一部停止（2008 年 12 月）、保護費支給対象者の限定などが言及されている（日本弁護士連合会 2009）。

2007 年 11 月 7 日に提出された質問第 49 号「難民認定制度に関する質問主意書」（提出者福島みずほ議員）では、難民認定申請の平均審査期間について質問しているが、その回答として 2007 年 11 月 16 日の答弁では、難民認定申請を行ってから異議申立ての結果が決定されるまでの平均期間は約 545 日で、このうち異議申立ての結果として難民認定されたものの平均期間は約 714 日、異議申立てが棄却された場合の平均期間は約 529 日と示している

（答弁第49号）。

　異議申し立てが却下された場合には、多くの場合行政訴訟に持ち込むことになるためさらに時間を要する。すなわち、難民認定申請には最低でも2年は必要であり、不安定な身分は最低でも2年間は続くということである。

6-2　難民認定申請者への行政サービス

　難民として認定された人は、日本で安定的に在留できるほか、永住許可要件の一部緩和、難民旅行証明書の交付が認められている。また、難民条約加入の際に、難民に対する各種の保護措置を確保するため、社会保障関係の法令から国籍要件を撤廃するなどの法整備が行われたことにより、初等教育、国民年金、国民健康保険などについて、日本国民と同一待遇を受けられるようになっている。しかしこれらは難民と認定された場合に享受できるサービスであり、本章が焦点を当てる難民認定申請者には適応されない。

　在留資格が問われずに受けられる行政サービスには、義務教育、母子手帳の交付、結核予防のための健康診断などがある（2009年6月30日　第171回国会　総務委員会第23号　議事録）。

　表6-2は、難民認定申請者の受けられるサービスを、申請者の滞在のための法的身分に分けて示したものである。聞き取り調査では、特に就労と医療費の問題が指摘されたが、国民健康保険の対象外となり、病気をした場合には全額負担の自費治療を余儀なくされている。国民健康保険は、在留資格が1年以上あり、他の健康保険に入っていない人は加入する必要があるが（千代田区総合ホームページ参照）[32]、難民認定申請者の場合、定住者として認定される以外は、1年以上の滞在を確定できないために実質的に加入が難しくなっている。しかし、在留資格のない外国人に国民健康保険の加入資格が認められるかどうかが争われた訴訟では、1992年3月に厚生労働省が国保の被保険者とするには1年以上の在留資格が必要との見解が示されているが、

---

[32]　千代田区総合ホームページ「区のサービス情報［手続き］：国民健康保険（国保）」http://kuminseikatsu.city.chiyoda.tokyo.jp/faq/00078/d0007849.html　最終アクセス日2011年12月10日。

判決では一般的には適法な在留資格が必要であるも、個別の事情や生活状況に照らして判断すべきという結論を示している（朝日新聞2004年1月15日）[33]。

表6-2　法的身分と行政サービス

在留状況	「仮滞在」	「仮放免」	「定住者」	「特定活動」
期間	3ヶ月	1ヶ月・2ヶ月・3ヶ月のいずれか※	1年または3年（1年の在留資格でも更新を繰り返すうちに3年）	1年（更新可能。1年毎に審査）
就労	資格外	資格外	制限なしに可能	難民認定申請者の場合資格外
国民健康保険	対象外（1年以上を対象としているため）	対象外（1年以上を対象としているため）	定住者の資格を得た日から強制加入（1年以上を対象）	1年以上を対象としているので、1年更新の場合事実上に加入は困難
生活保護	対象外	対象外	受給可能	対象外
家族呼び寄せ	不可能	不可能	可能	不可能

入国管理局のホームページを参考に筆者作成[34]
※聞き取り調査結果

　行政サービスは限定的であるが、難民認定申請者への公的サポートとして「難民認定申請者に対する保護措置」（保護費）がある[35]。この措置では、生活費（一定額）、住居費（一定限度での家賃補助等）その他の保護費の支給及び当面の居所を自力で確保できない者に対する難民認定申請者緊急宿泊施設の提供を、外務省が財団法人アジア福祉教育財団難民事業本部を通じて行っている（岩田2011：9-11）。支給期間は原則4ヶ月であり、状況によっては延長も可能ということになっている。保護費の額は12歳以上の場合には、1

---

[33] 朝日新聞2004年1月15日夕刊2面「不法滞在者の国保加入、一部認める　最高裁『個別事情で判断』」。
[34] 入国管理局ホームページ「各種手続案内」　www.immi-moj.go.jp/tetuduki/t-main.htm/#nanmin 「在留資格一覧」www.www.immi-moj.go.jp/tetuduki/kanri/qaq5.htm/ 最終アクセス日2011年12月10日。
[35] 難民事業本部ホームページ「事業」http://www.rhq.gr.jp/japanese/profile/business.htm 最終アクセス日2011年12月10日。

日1500円の生活費と、月上限4万円（単身者）の住居費からなる（日本弁護士連合会、2009）[36]。しかし外務省は、予算の不足を理由に2009年5月から支給対象の要件を厳格化した。新たな要件は生活困窮に加え、重篤な病気、妊婦や12歳未満、観光ビザなどを持ち合法的に滞在しているが就労許可がない、のいずれかとなった結果、全国で100人以上が支給対象から外れた（朝日新聞、2009年5月6日）。最新の数字は公開されていないが、2002年（歴年）における保護費受給者数はのべ391世帯、支給額は35,175,199円であった（難民支援協会2002：7）。

　このように保護費の受給の要件はかなり厳しいものであるが、そもそも受給が許可されても、期間が原則4ヶ月であり、前述したように異議申し立て等を行う場合に約2年を要することからも考えると、一部の人に、短期間だけ役立つ限定的サービスにとどまっていると言わざるをえない。

6-3　生活者としての存在の不可視化と排除

　UNHCRのとりまとめたAgenda for Protectionでは、庇護希望者と難民の国際的保護の強化を各国に要請すると同時に、国際的な保護を必要としないと見なされる者の送還および出身国への再入国に関する公正かつ迅速な意思決定の確保を求めている。これは、重層的な人口移動の中で、難民保護の向上を図り、そのためには難民でない者が庇護制度を濫用することを防ぐ事が必要である（UNHCR 2006:50-53）。この庇護制度の濫用という問題は、国家が難民の受け入れに慎重な姿勢をとる有力な理由になっているようである。

　難民認定申請制度の濫用については国会でも取り上げられるが、それは主に「不法就労」との関係で議論されている。2009年6月の法務委員会では難民認定申請者の就労について、難民認定申請中の者のうち不法滞在者等の在留資格未取得者については就労を認めていないことに関し、政府参考人は

36　日本弁護士連合会（2009）「難民認定申請者の生活状況をめぐる制度の改善に関する意見書」http://www.nichibenren.or.jp/library/ja/opinion/report/data/090618_3.pdf 最終アクセス日2011年12月10日。

「在留資格未取得者の場合には、就労を認める措置を講ずることによって、不法就労の者による難民認定制度の濫用、悪用を誘発するおそれを否定することができないので困難であるというふうに考えている」と見解を述べている（国会議事録171－衆－法務委員会－11号、平成21年06月19日）。難民認定を行う法務省の立場として、条約の定義に沿う難民認定申請者と「不法就労」の延長線上での難民認定濫用者という捉え方を明示している。

　しかし、難民認定申請者への聞き取り調査で示されたように、出身国にいる家族に会えなくなることや、子どもの国籍に問題が発生するケースなど、難民認定申請をすることに伴う、さまざまなリスクが発生するにも関わらず難民認定申請する人々を、「不法就労」の延長線上での制度の濫用者と捉えることには無理があり、人道的にも問題を指摘できるのではないだろうか。

　さらに、難民認定申請者の多くが就労不可能な状態にあり、国民健康保険からも除外され、保護費受給も容易ではない。難民認定申請者は生活の困窮を回避する十分な手段を持たないが、難民認定申請者に対する行政サービスの提供はこれまでどのように議論されてきているのであろうか。

　2009年の通常国会において、「出入国管理及び難民認定法及び日本国との平和条約に基づき日本の国籍を離脱した者等の出入国管理に関する特例法の一部を改正する等の法律」が可決・成立し、同年7月15日に公布された[37]。これにより、新たな在留管理制度に移行され、従来の外国人登録制度が廃止となった。これまでは、在留資格を持たない者についても外国人登録が義務づけられていたが、新たな制度のもとでは、住民基本台帳法の適用除外とされ、登録制度の枠外とされている。

　この新しい在留管理制度は、2005年7月19日に犯罪対策閣僚会議の下に設置された「外国人の在留管理に関するワーキングチーム」で検討され、2007年7月3日に「外国人の在留管理に関するワーキングチームの検討結

37　法務省ホームページ「出入国管理及び難民認定法及び日本国との平和条約に基づき日本の国籍を離脱した者等の出入国管理に関する特例法の一部を改正する等の法律の概要」http://www.moj.go.jp/nyuukokukanri/kouhou/nyukan_nyukan86.html　最終アクセス日2011年12月10日。

果」が報告されている[38]。また、2007年2月1日には法務大臣の私的懇談会である出入国管理政策懇談会の下に設置された在留管理専門部会でも検討が行われ、2008年3月26日に報告書『新たな在留管理制度に関する提言』が提出されている[39]。

　前者の「外国人の在留管理に関するワーキングチームの検討結果」では、在留資格を持たない「不法滞在者」にも外国人登録証が交付されていることを問題視し、不法滞在者にも登録が義務付けられ、登録証明書を交付していることが、正規滞在者と誤解され、口座開設、携帯電話の購入等に身分証として使われ、継続在留を容易にしていると指摘する。そのため在留カードの交付を入国・在留許可と連動させ、「不法入国者」には交付されない仕組みを作ることを目的とした[40]。本会議は犯罪対策閣僚会議の下に設置されたため、国の管理強化が前面に出されている点が特徴的である。また、後者の「新たな在留管理制度に関する提言」も外国人の在留管理に関するワーキンググループと同様に在留管理制度の問題点として、「不法滞在者」への外国人登録証明書交付の問題を指摘している[41]。

　新たな制度のもとで「不法滞在者」が住民基本台帳法の適用除外とされ、登録制度の枠外におかれることで、限られてはいるが、現在受けられているサービスを受けられなくなる問題が懸念される。たとえば、市区町村から通知される子どもの就学案内などである。

　そもそも日本政府は、この住民登録に限らず、就労目的の外国人の入国に

---

[38] 首相官邸ホームページ「外国人の在留管理に関するワーキングチームの検討結果について」http://www.kantei.go.jp/jp/singi/hanzai/dai9/9siryou3.pdf　最終アクセス日 2011年12月10日。

[39] 法務省ホームページ「新たな在留管理制度に関する提言」http://www.moj.go.jp/nyuukokukanri/kouhou/nyukan_nyukan44-11.html 最終アクセス日 2011年12月10日。

[40] 首相官邸ホームページ「外国人の在留管理に関するワーキングチームの検討結果」http://www.kantei.go.jp/jp/singi/hanzai/dai9/9siryou3.pdf　最終アクセス日 2011年12月10日。

[41] 法務省ホームページ「新たな在留管理制度に関する提言」http://www.moj.go.jp/nyuukokukanri/kouhou/nyukan_nyukan44-11-3.html#2　最終アクセス日 2011年8月23日。

は限定的な政策を持ち、「不法滞在者」に対しては徹底的な排除強化を行っていると見ることができよう。

犯罪対策閣僚会議は、2003年12月に「不法滞在者」を2004年から5カ年で半減させる計画を打ち出した（不法滞在者5年半減計画）。これは、日本の「不法滞在者」が25万人程度と推計されていることを背景に（実際のデータは示されていないが）、犯罪対策閣僚会議としては「不法滞在者」が犯罪の温床になると捉えたことによる。これは犯罪対策閣僚会議が策定した「犯罪に強い社会の実現のための行動計画」の目標の一つである[42]。

このように、難民認定制度の周辺にある政策もまた、難民認定申請者も含む、生活者として存在する在留資格を持たない外国籍の人々に対し、排除を行う傾向にあるといえよう。

7. おわりに

本章では、難民認定制度と難民認定申請者の不安全な状況、そして政策を考察してきた。

日本の「外」へ向けての政策は、比較的積極的ともいえる国連機関への拠出があり、また様々な問題点も指摘されるが新たな試みとしての第三国定住など、「難民の保護＝人間の安全保障」という概念に支えられ行われていた。すなわち、難民の保護というグローバルな義務に積極的な日本の姿勢である。

しかし、日本国内の難民認定制度と関連する政策は、「外」へ向けての政策とは対極に位置するものといえるかもしれない。難民認定の限定的運用、行政サービスからの排除と存在の不可視化が指摘される。「人間の安全保障」という外交政策が打ち出されていることと同時に議論され実施されてきた、排除的要素の強い政策である。

---

[42] 首相官邸ホームページ「犯罪に強い社会の実現のための行動計画」http://www.kantei.go.jp/jp/singi/hanzai/kettei/031218keikaku.pdf　最終アクセス日2011年8月23日。

日本の難民問題への取り組みは、地球規模の人道・人権問題である難民問題への国際貢献という、個々人の安全に配慮する政策を世界へ向けてアピールする外交的政策指向性とは政策非横断的に、国内政策においては強固にシティズンシップの付与を避けている現状が見られた。身分の不安定な中での難民認定申請の長期化は、申請者の不安全を助長していた。

　事実、申請者への聞き取り調査の結果は、日本国内で安全が保障されない人々の存在を顕著に示すものであった。申請中における収容や難民認定基準の問題、そして子どもを含めた医療問題など、難民認定の長期化を背景に見直しが急がれる。また、難民問題という、地球規模課題に対する取り組みへは、就労を目的とした渡航など入国管理政策も含めた、包括的なアプローチが求められるのではないだろうか。そして少なくとも、難民認定制度が申請者の現状の課題を考慮した制度に代わる事が強く求められるのではないだろうか。難民というグローバルな課題に対する、国内で果たす国家の義務を再考していく必要に迫られている。

　具体的に、難民認定基準の緩和や認定期間の短縮、公的支援の拡大など、様々な取り組みが求められるが、これらの取り組みが迅速に行われないのであれば、少なくとも申請中の就労を認めるなど、生活を成り立たせるための手段を認める必要があるのではないだろうか。既述の通り、国会の法務委員会で日本政府参考人は、「不法就労」の者による難民認定制度の濫用と悪用を懸念していた。聞き取り調査により、日本入国の当初の目的が就労であったことが示されたが、難民認定申請に至るまでのプロセスを見ると、制度の濫用や悪用などではなく、母国への帰国が難しくなる複雑な事情があった。しかし、日本政府側の懸念に基づき運用されている難民認定制度は、申請者の生活状況をより困難なものにしている。特に、多くの申請者が申請時点で就労資格を持たないため、申請後も就労が出来ない状況が続いている。収入を確保する手段を禁じることは、個人の安全を侵害する行為でもあり、申請者はより厳しい生活環境に置かれる。また、生活を成り立たせるために、就労資格なしで就労をするケースもあるが、就労資格がないことにより、低賃金など脆弱な立場の悪用なども懸念されるのだ。そもそも、就労に関し日本

政府は厳格な立場を取っているといえる。2010年3月に公表された「第4次出入国管理基本計画」[43]を見ると、外国人労働者の受入に関する今後の出入国管理行政の方針としては、①「我が国社会に活力をもたらす外国人の円滑な受入れ」と、②「安全・安心な社会の実現に向けた不法滞在者対策等の推進」に大別されていると理解でき、やはり柔軟な出入国管理の方向にはないといえる。難民認定制度を考える上では、密接に関わる就労の問題についてもあわせて再考していく必要があるのではないだろうか。

参考文献

Takizawa, Saburo, 2011, Refugees and Human Security : A Research Note on the Japanese Refugee Policy『東洋英和大学院大学紀要』7: 21-40, 2011-03-15.
UNDP, 1994, *Human Development Report 1994 New Dimensions of Human Security*, UNDP.
UNHCR, 2004, Agenda for Protection, June 2004(日本語版：UNHCR駐日事務所、2006,『難民保護への課題』).
UNHCR, 2004, Agenda for Protection, June 2004(日本語版：UNHCR駐日事務所、2006,『難民保護への課題』).
ミラー、デイヴィッド, 2011, 富沢克＋伊藤恭彦＋長谷川一年＋施光恒＋竹島博之（翻訳）『国際正義とは何か──グローバル化とネーションとしての責任』風行社（Miller, David, 2007, *National Responsibility and Global Justice*, Oxford University Press）.
朝日新聞、2004年1月15日夕刊「不法滞在者の国保加入、一部認める　最高裁「個別事情で判断」」.
朝日新聞、2009年5月6日朝刊「社会面難民保護費：外務省、支給を厳格化　今月から100人以上打ち切りへ」.
朝日新聞、2009年1月6日朝刊「社説　難民受け入れ　もっと門戸を開けよう」.
朝日新聞、2010年9月28日朝刊「（異郷に生きる　難民はいま：下）先進欧州、失われる寛容」.
朝日新聞、2011年8月27日朝刊「厳しい選考基準に不満の声　ミャンマー難民、定住環境整わず　2陣、来月来日」.
朝日新聞、2009年11月21日朝刊「日本の難民認定『増加希望する』グテレス国連高等弁務官」.
岩田陽子、2011,「ISSUE BRIEF　我が国の難民認定制度の現状と論点」国立国会図書館 ISSUE BRIEF NUMBER 710（2011. 5.12.）.

---

[43] 法務省（2010）『第4次出入国管理基本計画』http://www.moj.go.jp/content/000054439.pdf　最終アクセス日2011年12月29日。

外務省, 2005,『政府開発援助に関する中期政策』.
亀山俊朗, 2007,「第3章　シティズンシップと社会的排除」福原宏幸編著『シリーズ・新しい社会政策の課題と挑戦第1巻　社会的排除 / 包摂と社会政策』法律文化社：74-100.
神余隆博, 2008,「日本の人間の安全保障政策とその外交的実践」『国際公共政策研究』第13巻第1号.
難民支援協会, 2002,「財団法人アジア福祉教育財団難民事業本部委託　難民申請者の住環境に関する状況調査」平成14年度調査.
日本経済新聞, 2010年5月18日朝刊「「定住者」資格、法務省が基準、ミャンマー人16人認定」.
富田麻理, 2004,「難民条約の履行確保―国連人権機関の実行を検討して―」The Seinan, Law Review, vol.36, No.3.4 2004.
萩野剛史, 2006,「我が国における難民受入と公的支援の変遷」『社会福祉学』第46巻第3号.
法務省入国管理局, 2006,『難民認定手続き案内』.
民主党, 2009,『民主党政策集 INDEX2009』.

第7章 ゲートを超える
バリ島のゲーテッド・コミュニティ

菱山宏輔

1. はじめに

　これまでゲーテッド・コミュニティについての研究は、米国の事例を中心に、市場の影響、個人化、地域社会や地方政府からの離脱、住宅所有者組合（Home Owners Association）の管理手法といった特徴が注目され、その自律性あるいは閉鎖性が論じられてきた（Blakely&Snyder 1997=2004）。今日では、米国の不動産市場の影響力を相対化し、社会住宅や居住の歴史に配慮するヨーロッパ（オランダ）におけるゲーテッド・コミュニティの研究（Aalbers 2003）、社会主義時代の住宅政策の影響を踏まえた研究（Raposo, 2006）、高い流動性や地元社会との格差が特徴となるインドネシア（ジャカルタ）（Leish 2002）、貧富の差が激しく徹底したセキュリティを目したアフリカや南米（Jürgens and Gnad 2002, Thuillier 2005）、セキュリティ・マーケットの影響をうける中国（Wu 2003）など、各国のゲーテッド・コミュニティの事例についての研究が推進されている。これらは共通して、地域社会からの中産層の離脱とそれゆえの公共空間の衰退、貧富の差の拡大の象徴としてゲーテッド・コミュニティを批判的に論じる。しかしながら、そうした離脱を解消する可能性はあるのか、ゲート内の住民は、ゲート外の公共空間にどのような貢献をなし得るのかといったことは、いまだ明らかにされていない。

以上に述べてきた、従来のゲーテッド・コミュニティ論において展開されてきた議論に対して、本章では以下の三つの主な問題意識から議論を進めたい。第一に、ゲーテッド・コミュニティを、隔絶した特殊な環境として批判するだけでなく、現代のコミュニティの諸問題が端的に生じ、観察可能な社会的集合であるとみることはできないか。換言すれば、ゲーテッド・コミュニティを「あるべきコミュニティ」ではないとして批判するだけでなく、むしろ「今日のコミュニティ」の濃縮として捉えることができるのではないか。第二に、ゲーテッド・コミュニティの閉塞状況は、必ずしも固定されていないのではないか。すなわち、ゲート外部の地域社会がもつ社会組成の多層性や、移動性をもつセキュリティの存在が、ゲートの内と外をつなぎあわせるのではないか。第三に、これら二つの問題意識によって、ゲーテッド・コミュニティについての議論を、今日のコミュニティの諸問題に対する新たな分析枠組みと問題解決の指針へと応用し得るのではないか。

　こうした問題意識に基づき、本章では以下のような諸問題について考察していきたい。次の第2節では、ゲーテッド・コミュニティについて、コミュニタリアンが「あるべきコミュニティ」ではないと批判していることをふまえ、公共圏の消失、物語の消失という現代的なコミュニティの特徴を端的にあらわすものとしてとらえることができないか、さらに、多元的所属、ネットワークの不確実性という新たな評価の可能性について考察したい。第3節では、これらの論点をより具体的に論じるために、ゲーテッド・コミュニティ一般およびバリ島の事例を分析する際の基準となるゲーテッド・コミュニティの基本的特徴を、米国とジャカルタにおける、ゲーテッド・コミュニティについての先攻研究から明らかにしたい。より詳細には、近年、米国社会は定住化傾向にありながら（Putnam 2000=2006: 248）、通勤に、日常にといっそう移動する社会となっている（Pisarski 2006, Federal Highway Administration 2011）。そのため、ゲーテッド・コミュニティは大都市における不平等とセグリゲーションの過程における端的な表象として現れているのではないか。ジャカルタにおいては、同様の含意をもちつつも、さらにそれが強調された形態であるのではないかについて考察したい。

第4節では、筆者によるフィールドワークをもとに、バリ島のゲーテッド・コミュニティの特徴を探りたい。その際、バリ島の伝統的住居がもつ門（ゲート）は、公共空間としての特徴をもっていた可能性と、グローバル化や都市化による社会変容をうけた変化について論じる。それを踏まえ、バリ島におけるゲーテッド・コミュニティについて、具体的な事例をあげ米国・ジャカルタ型と比較しながら論じたい。特に、最後の事例としてとりあげる集合住宅地は、ゲーテッド・コミュニティ化することによって、むしろ、バリ島の地域社会、いわばゲートの外部がもつ社会的流動性や不確実性をとりいれる結果となったことを明らかにしたい。

第2節に入る前に、本書全体におけるこの章の位置づけについて付言しておこう。まず、ここまでの各章はいずれも国境をこえるヒトの移動に着目するものであったが、本章は、住居移動等、国境内のより日常的な移動に着目するものである。ゲーテッド・コミュニティは、ヒトの定住地であってヒトの移動とは無関係であるかのような印象を与えがちであろう。しかし実際には、ゲーテッド・コミュニティというものは、ヒトの移動の結果としての不動の状態であり、かつ、ヒトの移動に少なからぬ影響を与えるインフラストラクチャーをなしていると考えられる。さらに、現在のゲーテッド・コミュニティの特徴は、グローバル化が進むヒト・モノ・カネ・情報（イメージ）の移動（フロー）の影響を不可避に受け規定されており、ゲーテッド・コミュニティに関する諸問題の解明には、そのような種々のフローの影響の分析が不可欠である。本章第4節において論じるように、特にバリ島においては、グローバル・ツーリズムによるヒトの移動（旅行や移住）の増大による各種弊害からの離脱（移動）、グローバル化に対して強化されるナショナリズムや地元社会の慣習的義務からの離脱（移動）が、ゲーテッド・コミュニティに移住してくる住民の主要な動機となっている。さらに、バリ島のゲーテッド・コミュニティの事例においては、セキュリティの向上のために、ゲートやガードマンの設置という一見閉塞的状況へと向かいかねない活動が生じたにもかかわらず、地元自警団や警察による区域内パトロール、ゲートに常駐せず近隣の中古市場との間を行き来することで治安を維持する

ガードマンといった、いわばより可動的・流動的なセキュリティが配置されることとなった。以上に述べたように、本章では、ゲーテッド・コミュニティを移動との関わりという側面に着目して論じることになるが、これによって、他の章で展開された移動に関する議論に、陰影を加える事ができるのではないかと期待している。

2. ゲーテッド・コミュニティ論の視点

2-1 批判のなかのゲーテッド・コミュニティ

　ゲーテッド・コミュニティとは何なのだろうか。外面的特徴に着目してその概念を規定したものとしては、次のようなものがある。「通常の公共スペースが私有化され、出入りが制限された住宅街区である。これらは非居住者による侵入を防ぐため、通常、壁やフェンスによって囲まれ、玄関口が管制された、安全な住宅地である」(Blakely&Snyder 1997=2004: 8)。このように、外面的・物理的には、壁やフェンス、さらにゲートやガードマンの存在等玄関口を管制する手段が特徴である。

　さらに、ゲートとフェンスは物理的障壁以上のものを象徴する。それは多くの緊張関係、すなわち「特権に対する不安とその保全に根ざした排他的願望と市民としての責任との関係、公共サービスの民営化に向かう傾向と公共の利益および社会福祉の理想との関係、環境に対する個人およびコミュニティの管理の必要性と同胞市民を疎外する危険性との関係」を明示するため、これを問題にあふれるコミュニティとして否定的に捉える見解がしばしば向けられてきた（Blakely & Snyder 1997=2004: 3-4)。さらに、そのような批判は、ゲーテッド・コミュニティがどれほど従来のコミュニティを反映し得るのか、市民権を維持可能であるのかという議論へと展開している(Blakely&Snyder 1997=2004: 4)。

　その延長にコミュニタリアンからの批判がある。M.サンデルは、政府に対する信頼と共同性感覚が、人間とコミュニティではなく自動車と市場区分を

設計の基準とする郊外において失われつつあり、「その傾向を示す究極のものは、増加しつつあるゲート・コミュニティである」と論じている（Sandel 1996=1999: 52）。同様に、A. エツィオーニも、「官・民の責任ある立場の人びとが、豪勢な生活――門と守衛に守られたコミュニティーや、不動産、お抱え運転手つきのリムジン、お手伝い、個人教授など――を送ればそれだけ、彼らはコミュニティーの他の成員と没交渉になる」（Etzione 2001=2005: 168）と論じ、そうした「孤立」が、社会的絆の減退、コミュニティの道徳文化からの隔離、同胞市民たちの生活の現実の消去へとつながるとして批判する。

以上のように、コミュニタリアンが「ゲーテッド・コミュニティ」をあるべき「コミュニティ」ではないとすることに対して、むしろ、きわめて今日的な「コミュニティ」を体現する場所ということもできる。渋谷（2003）によれば、「市場原理のどぎつさにいささか嫌気のさした（？）『コミュニタリアン』たちは郊外に『ゲイテッド・コミュニティ』を形成し、他方でゲットーのストリート・ギャングの『コミュニタリアン』たちは縄張り争いに余念がない。どちらの〈コミュニティ〉における主体形成も、それが脱政治化されている限り、互いに出会うことはない」（渋谷 2003: 66）。すなわち、ゲーテッド・コミュニティと、隔離される側のゲットーは同様の構造のうちにあり、どちらもが新たな「コミュニタリアン」の場所と捉えることができることになる。

2-2 現代的コミュニティの濃縮としてのゲーテッド・コミュニティ

次に、ゲーテッド・コミュニティを、今日的コミュニティの濃縮の場所として捉えるために、より具体的に、「公共圏の消失（＝脱政治化）」と「物語の消失」に着目して議論を進めたい[1]。ゲーテッド・コミュニティの第一の特

---

[1] ゲーテッド・コミュニティの構造的特徴をより普遍的な社会的文脈との親和性において扱う観点として、「ネオリベラリズムを補完するコミュニタリアニズム」という議論（酒井 2001, 渋谷 2003）、あるいは、「規律型権力」から「環境管理型権力」（東・大澤 2003 第三章を参照）へのセキュリティの技術の転換という議論との関わりにおいて論じることも可能であろう。この延長には、ゲーテッド・コミュニティにおける主体像についての議論も含まれる。それは、自らが必ず何者かであること、すなわち他の何者で

徴は、それが脱政治化＝公共圏の消失したコミュニティを表していると見られるという点である。ゲーテッド・コミュニティのゲートと壁によって、外部の他者との関わりが切断されたうえで成立するような同質的な公共圏は、「浄化された公共圏」でしかない。それは「そもそも異質な他者の交通の場としての公共圏の定義に反している。そこでは交渉も政治もシミュラークルとしてのみ存在を許される」（酒井 2001: 282）。

同様に、ゲーテッド・コミュニティは「媒介的なもの」の排除の欲望によって導かれる「擬似的公共空間」（渋谷 2003: 186）である。ゲート内の住居や環境の管理規定の原理は「隣人に対する協調やその権利の尊重にもとづくもの」ではなく、「会社、ビジネス、そして不動産を尊重する原理」（McKenzie 1994=2003: 224）である。そうした環境下においては「通常と異なった形態の政治的社会化」（McKenzie 1994=2003: 224）、すなわち、均質かつ市場原理に傾斜した政治的社会化が生じる。ゲーテッド・コミュニティの脱政治的環境は、「管理者と被管理者、資本と労働、指導者と支持者、戦争の敵味方のあいだの、相互関与（mutual engagement）」（Bauman 2000=2001: 16）の終焉の時代を端的に反映しているともいえよう[2]。

はないことを保証されている存在である。本章では、主体性に係わる議論を扱わないが、その理由は、「物語を消失した自己」とともに、「アクティヴ（かつ自明）な主体」というもうひとつの主体性を同時に論じる必要があるためである。このことについては、日本における防犯や防災を主眼とした安全安心まちづくりと関わらせるかたちで立論が可能である。それは、環境管理型権力について説明するうえでも、より適切な事例となるだろう。

2 ギデンズ（Giddens 1998=1999）は同様の文脈において、相互関与の終焉を現代社会の二つの排除として描写している。一つは、底辺層における雇用機会、医療サービスの機会、社会福祉からの排除である。もう一つは「エリートの反逆」であり、いわば自主的に自らを地域社会から隔離する傾向であり、その具体的な形態のひとつがゲーテッド・コミュニティである。ロバート・ライシュの言う「ホワイト・フライト」は後者の意味で用いられているといえよう。もっとも、ブレークリーとスナイダー（Blakely&Snyder 1997=2004）は、都市中心部において、中・下層の住民による道路封鎖や有刺鉄線の配置といった、富裕層のみによらないセキュリティ型のゲーテッド・コミュニティについて描写しており、より下層においても自主的な隔離の可能性があるといえるだろう。

第 7 章　ゲートを超えるバリ島のゲーテッド・コミュニティ　215

　ゲーテッド・コミュニティ内の生活様式に目を向けると、それは、「あまりに似通っていること、画一性、出入りする場所の世界的な類似性、それゆえの、地元の多様性からの集団的離脱」が特徴となる（Bauman 2001=2008: 80）。そうした同質性の世界においては、「本当のよそ者と遭遇したり、本当の文化的異議に直面したりする可能性は、限りなく低くなる」（Bauman 2001=2008: 81）。しかも、この「同一性のコミュニティ」は、「個人が選択したアイデンティティにしっかりとした基礎を与えてくれる」（Bauman 2001=2008: 91）。それでいて、このコミュニティとそれを基にしたアイデンティティは、「結合することが容易であったのと同じく、分解することも容易」なものである[3]（Bauman 2001=2008: 92）。

　ゲーテッド・コミュニティの第二の特徴は、その内部の主体の「物語」を消去する、というものである。ここで「物語」とは、過去と現在を結びつけ、「責任」をもちつつ「自己統治を共に実践する」ために必要とされるものである（Sandel 1996=1999）。同様に、それは「時間の進行にかたちを与え、物事が生起するいわれを示し、その顛末を明らかにするものである」（Sennett 1998=1999: 26）。R. N. ベラによれば、自由主義的な自己、自分の責任は自分でとるという自律的自己・空虚な自己の内側をうめるためには、「自己を見出す」ことが必要であり、それは「自分の人生とは何なのかがしっくり理解できるような物語を見出すということ」でもある（Bellah et al. 1985=1991: 97）。そうした物語のために必要な制度的文脈（コンテクスト）は、個人主義的世界と共同体的世界の両者に存在する。個人主義的世界における物語の制度的文脈は、「功利主義的個人主義の世界」としての「仕事」と、表現的個人主義の世界としての「ライフスタイルの飛び地」を受け入れる「中産階級的文脈」である（Bellah et al. 1985=1991: 98）。物語のもうひとつの文脈は、

3　注 2 であげた、自主的な自らの排除やホワイト・フライトの結果には、このような、結合することも分解する事も容易という特徴が付随するだろう。これを空間的移動の観点からみた場合、エリートは自ら閉じこもる場所へと移動できるだけでなく、さまざまな機会の観点からさらに他の場所に移動して、別の新たな閉じこもりを選択することもできるという、潜在的な移動の可能性（本章 5-2 補論でいうところの「運動性」）をもった不動状態が付与されているという分析も可能であろう。

「共同体の文脈」である。この共同体は、自らの過去によって成立し、「自らの物語（ストーリー）を、自らの成り立ちを語る物語（ナラティブ）を伝承」（Bellah et al. 1985=1991: 186）する「記憶の共同体」である。それゆえ、自己は、自律的だが空虚な自己と、物語をもつ共同体によって構成された自己との中間地点にある（Bellah et al. 1985=1991: 188）。

ゲーテッド・コミュニティ内の自己は、個人主義的世界に生き、自由に選択する自律的な独立した自己であり、「選択に先行した道徳的・市民的紐帯に負荷されない、自由主義的な市民」（Sandel 1996=1999: 40）である。ゲーテッド・コミュニティは「私事化されたコミュニティ」であり、「同質な飛び地（homogenous enclaves）」（Sandel 1996=1999: 48）、「ライフスタイルの飛び地」（Bellah et al. 1985=1991: 第三章）へと特化されたコミュニティである。そこには、表現的個人主義の世界はあるが、共同体の物語はない。あるいは、物語があったとしても断片化されている[4]。住民は「私的な生活、とくに余暇と消費をめぐる生活にしか関わらないので、個々人のなかのある断片しか含み込んでいない」という意味で断片化され、「そこはライフスタイルを共有する者しか含まれないので、社会的に見て断片的」でもある（Bellah et al. 1985=1991: 85）。

R. セネットによれば、「他者との結びつきは、コミュニタリアニズムや倫理的な『べき論』によって、すなわち価値の共有を明瞭に肯定する主張、浅薄な共同体のチームワーク的『われわれ』意識によって、なおさら先細りになる」（Sennett 1998=1999: 212）[5]。そのようなチームワーク的「われわれ」意

4 R. N. ベラは、共同体が「公共的な生活と私的な生活の間の、またあらゆる種類のコーリングの間の相互依存関係を良しとしつつ、包括的な全体であろうとするもの」である一方で、ライフスタイルは「根本的に断片的なものであり、類似した者どうしのナルシシズムを良しとするもの」としている（Bellah et al. 1985=1991: 85）。

5 セネットは、「仕事」においても物語の消失がみられるとして、フレキシビリティの増大が、物語の担保を不可能にしていると論じる。例えば、労働のフレキシビリティによって繰り返される解雇の「漂流体験」と、日常の細々とした変化が全く繋がりを持たないような倫理的規範・「動かぬ理想」という両極のあいだにおいて、「行為を調和的に統一し得る『物語』」（Sennett 1998=1999: 26）が失われる。労働の場面においては、特に、ネオリベラルな労働体系の追求、「官僚的ルーチンにたいする嫌悪とフレキシビ

識においては、「歴史はあるが、共有された困難の物語はなく、したがって共にする運命もない」(Sennett 1998=1999: 212)。この議論は、上述したゲート内の住居や環境の管理規定の原理（McKenzie 1994=2003）の特徴といえよう。以上のように、主体が「物語」を紡ぐ能力を失っているとき、「両義性を消滅させ、境界を強化し、内部と外部の区別を厳密にし、そしてまさしく『主権を再興する』原理主義への傾向」が生じるか、「物語に飢えるあまり、あるものは暴露的なトークショー、有名人のスキャンダル、そして裁判をめぐる騒動といった空虚な茶番に引き寄せられる」(Sandel 1996=1999: 65) ことになる。

2-3 ゲーテッド・コミュニティ論は現代のコミュニティの新たな意味づけを導けるのか

　以上、ゲーテッド・コミュニティの特徴として、公共圏の消失、物語の消失という二点を明らかにしてきた。続いて、それぞれの特徴に対応して、どのような視点によって現代のコミュニティについて新たな評価が可能であるのかについて論じる。

　第一に、公共圏の消失に対しては、多元的な所属による公共空間の再生という視点に立つことが可能であろう。M. サンデルによれば、「地域から国家、さらには世界全体に至るまで、多層的な舞台において演じられる政治が要求されている。そのような政治において必要とされるのは、多層的に位置づけられた自己（multiply-situated selves）として思考し、行動しうる市民である」(Sandel 1996=1999: 64)。同様に、市野川は、安全性についての議論において、「複数帰属による『安全性』」として、「多角的なコミュニティと個人との関わり」（村上・市野川 1999: 91）をあげている。市野川は、その事例とし

リティの追求は、われわれを自由にする条件を作り出すどころか、むしろ権限と統制の新しい構造を生みだした」(Sennett 1998=1999: 53)。上述したバウマンの議論に見たように、ゲーテッド・コミュニティの「コミュニティ」と、主体の「アイデンティティ」は、結合も分解も容易であり、徹底してフレキシブルなものであるため、ネオリベラリズムのフレキシビリティがコミュニタリアニズムに対してもつ影響という点からもゲーテッド・コミュニティを分析することが可能であろう。

てバリ島の地域社会構成に触れているが、本章においてはこの議論をさらに展開するために、C. ギアツが提唱した「多元的集団構成（pluralistic collectivism）」（詳細は本章第4節を参照）の概念の有効性を提示したい。多元的集団構成とは、たがいに重なりながらも、ひとつに収斂することのない、協同集団の絡み合いとそのまとまりの構造化された布置関係である（Warren 1993）。本章におけるバリ島のゲーテッド・コミュニティの事例から、多元的所属が今日のコミュニティにおいて持つ意義を捉えることができるだろう。

　第二に、物語の消失に対しては、明示的な物語の創造ではなく、ネットワークの不確実性を見いだすという視点をとることによって、擬似的な物語を伴うコミュニティ像を回避することが可能となろう。上述したように、擬似的な物語は、「価値の共有を明瞭に肯定する主張」による他者との結びつきの弱化（Sennett 1998=1999: 212）や「原理主義」、「空虚な茶番」（Sandel 1996=1999: 65）への傾倒の可能性をもつ。他方、ネットワークに着目した場合、その不確実性が高いほど、すなわち、ネットワークにおける「ギャップ、迂回路、媒介物」が多いほど、個人は動き回りやすい（Sennett 1998=1999: 111）。

　ただし、ここでも物語は重要な位置を占める。というのも、「ネットワークを巡り歩こうとする人は、社会生活を通じて蓄えた資産――共有された過去の体験、個人の功績と寄与――に頼って支えられる必要がある」（Sennett 1998=1999: 111）からである。この点に関していえば、ネットワーク内の移動も、移動の基盤となる物語を通して既存の社会階層を反映・強化し、時に抑圧になることもあり得る（Kaufmann 2002）。そのため、本章では、ネットワークそのものよりも、「不確実性」が重要な意味をもつ。バリ島の事例においては、ゲーテッド・コミュニティ内のリーダーが、地区内に限定された確実な環境とネットワークを形成し利用しようとしたとき[6]、不確実性が、当初の限定性やコントロールを打ち破ってしまうような潜在性を有することを

---

[6] もちろん、居住者個人に限定すれば、職場や趣味の集まり、医療・福祉施設や教育の現場等との行き来のなかで、様々なネットワークがあり得る。しかしここでは、あくまでゲーテッド・コミュニティにおける集合的消費に関わるネットワークに限定したい。

明らかにしたい。

3. 排他的ゲーテッド・コミュニティの形式とその変質
——米国とジャカルタ

今日のゲーテッド・コミュニティ研究は、ブレークリーとスナイダー（Blakely&Snyder 1997=2004）の研究が橋頭堡を構築したと言ってよいだろう。彼らは「コミュニティ感覚」、「排他性」、「私有化」、「安定性」という四つの社会的価値（social value）から、ライフスタイル型、威信型、セキュリティ型というゲーテッド・コミュニティの三つの類型を導いた。この研究の延長に、各地のゲーテッド・コミュニティを事例にとりあげ、四つの社会的価値がどの程度実現しているかの検証を量的調査や数理モデルによって行う研究（Chapman&Lombard 2006, Wilson-Doences 2000）と、新たな社会的価値を加えて類型化する研究がみられる。後者の例として、アールバース（Aalbers 2003）は、オランダのゲーテッド・コミュニティが生じる社会構造・歴史上の背景を踏まえ、「住宅市場の構造」という社会的価値を加え、分析を行っている。そのことにより導きだされる米国とオランダの社会構造上の差異は、空間的移動の大－小（住居を頻繁に変える－変えない）、エスニシティの分断－混住、場所の歴史性への配慮が弱い－強い、市場の影響が比較的強い－弱い、福祉国家の影響が比較的弱い－強いという指標によって描写される。

3-1 米国のゲーテッド・コミュニティ：自動車・郊外化・セグリゲーション

米国のそうした社会構造上の背景、特にゲーテッド・コミュニティに通じる集合住宅の排他性の端緒は、米国の郊外化の進展のなかに見いだすことができよう。郊外化は19世紀中盤以降の人々の暮らしの特徴となり、第二次世界大戦以前の郊外住宅開発においては人種制限約款によって、その後は排他的ゾーニングによってエスニック・セグリゲーションが基調をなしていた（McKenzie 1994=2003: 111）。1960年代までに、裕福な白人家庭の急速な郊外移住のため、郊外においてもスプロール化が進み、その対応としてニュー

タウン建設が進んだ。その際の市場戦略は、独占性を強調するうえで、エスニックな差異を強調するセグリゲーションによって特定住民の優越感に訴える戦略から、「ヴィレッジ民主主義への回帰」といった民主主義的で平等主義的なレトリックへと変化していった（McKenzie 1994=2003: 155）。

1970年代には、郊外の分譲地として適切な土地が少なくなったことを受け、居住密度を高くする戦略がとられた（McKenzie 1994=2003: 134）。連邦住宅局は、土地利用に関する基準として「人口密度」ではなく、区画全体でみた場合の「土地利用濃度」、「最大許容濃度」という概念を採用した（McKenzie 1994=2003: 145）。これにより、区画のなかに共同利用の公園等が存在すれば、全体の密度を下げることができた。こうして、共同利用区画の共同管理という、古き良きタウンシップの理念までもが合流していくこととなった。この時期、1960年代後半から1970年代に制作された総合計画による退職者向け住宅地が、「平均的な米国人が自分自身を外壁で隔離することができた最初の場所」（Blakely&Snyder 1997=2004: 5）であった。

1980年代までには、ニュータウンを小分けにして売り、規模を縮小してライフスタイルを売り込む方法がとられた（McKenzie 1994=2003: 165）。そこでは、アメリカ中産階級におけるプライヴァティズムを基底とした「ユートピア観念、すなわち排他・排除・孤立を好む感情を上塗りし、強化するイデオロギー」が大きな影響力をもつこととなった（McKenzie 1994=2003: 167）。その延長に、1980年代には、「高級不動産への登記と派手な消費へと向かう傾向」とともに、「排他、威信、レジャーを目的に設計」され、同時に「主に恐怖から逃れるべく構築された」ゲーテッド・コミュニティが多く出現した（Blakely&Snyder 1997=2004: 5）。

こうした米国の郊外発展は、自動車やハイウェイ、フリーウェイの浸透によって人口移動が確保されることによってはじめて可能となったということも、看過できない特徴であろう。その結果、アメリカ社会では自動車による移動について、移動の価値意識が定着していった（渡久山2011, 遠州1996）。すなわち、アメリカ的価値観のもと、自動車こそが「自らの意志と連動する自由な移動を可能にする媒体で、自由、希望、独立、解放、恍惚感、逃避な

どを象徴」（渡久山 2011: 133）するものであり、伝統的なアメリカの精神を体現するものと広く捉えられていた。他方で、渡久山（2011: 150-151）によれば、20世紀前半の自動車移動はアフリカ系アメリカ人や女性にとっては危険を伴うものであり、このことが、米国の郊外化における排他的な特徴の一面を成していた。

　以上のように、米国の郊外化には、それにともなう排除のイデオロギーと市場主義の融合、それらにコントロールされた道徳的価値、都心と郊外を結ぶ自動車に付随するアメリカの精神といった擬似的かつ排他的な物語が付随した。今日、米国のゲーテッド・コミュニティは、都市構造との関わりから郊外化との親和性をもつ。郊外化は、中心部の密集と多様性からの退避であった。その後さらに「郊外の多様化が進み、ゲート化は多様化からの再度の逃避の新たなメカニズムである」（Vesselinov&Goix 2009）。すなわち、ゲーテッド・コミュニティは財と資本の集中を示唆し、大都市圏での貧困とセグリゲーションの増大とともに、その数を増やしてきた。

　現在、都市の損失の増大は、大都市圏における不平等が相互作用し、ゲート化がセグリゲーションを進めることで生じている。ヴェッセリノフ（Vesselinov 2008）によれば、居住におけるセグリゲーションと同様、ゲート化は都市の不平等の一形式である。大都市圏のセグリゲーションは、反差別の法制度や諸種の社会集団、社会運動、政府やローカルな組織の努力にもかかわらず、1970年代以来減少していないという。さらに、住居のセグリゲーションは、学校、仕事場、祈りの場、ヘルスケアシステム、娯楽、レジャーというような他の分野へと広がりを見せてきた。「このプロセスへの処方箋をみつける代わりに、ひとつの非常にパワフルな代替物が発展してきた。それがゲーテッド・コミュニティである」（Vesselinov 2008: 553）。米国のゲーテッド・コミュニティは、なによりも、郊外化にともなうイデオロギーを濃縮した「コミュニティ」として生じ、さらに分離・排除・不平等を加速させているといえよう。

3-2 ジャカルタにおける郊外開発の特殊性と地域社会

インドネシアにおいて、分離・壁・ゲート自体は古くからあるものである。それは、植民者、華僑、現地人を隔てる物理的な構造そのものであり、同時に、宗教、社会的地位、文化的、地理的出自による分離でもあった。その後、第二次世界大戦後のインドネシア独立、中央集権体制の確立という近代国家形成の過程を通して、近年では、以下に論じるように、グローバル化を背景とする金融自由化・住宅整備計画等の政策や、中央集権体制の崩壊を主とした社会変容をうけて、より近代的なゲート、すなわち都心と郊外、社会階層、自動車所有の有無といった近代的（統治）技術に基づく分離が進んだ。現在、さらに米国型の消費社会イメージの輸入に後押しされて、新たな居住形態である郊外型ゲーテッド・コミュニティが開発されている（Leish 2002）。ここでも、自動車は、郊外の住居と職場あるいはショッピングモールとのドア・トゥ・ドアの移動を可能とするものである。しかし、米国の場合と異なり、それは、移動のイメージを伴うというよりも、誇示的消費の側面を担うこととなった[7]（Leish 2002）。

ジャカルタにおける郊外の発展は、民間ディベロッパーと政治・経済的エリートとの癒着の構造を背景として、社会経済的需要ではなく、主要にはエリート層による投資を目的としたものであった。1988年以来の金融自由化、住宅金融制度の拡充と規制緩和は民間ディベロッパーの活動を拡大させた[8]。国営貯蓄銀行（BTN）は従来からの低コスト住宅への低利融資に加え、市中銀行の金利と連動する通常融資によって貸付を急拡大させた（福島 2002: 49）。

---

[7] ジャカルタの渋滞は世界的にも悪名高いものである。自動車は、ある時は川沿いのスラムを、またある時は高層ビルに反射する強烈な陽光を映し出す。すなわち、ジャカルタの渋滞のなかに埋もれる自動車は、見え隠れするデュアル・シティの実態を窓にじりじりと映しこみながら、長時間の自動車移動にともなうストレスを集合的に経験させるものとなる。この点で、ジャカルタにおける自動車移動は、米国とは異なった移動のイメージや「テクノ・スケープ」を付与しているのかもしれない。

[8] 福島によれば、1983年に261社であったインドネシア不動産協会会員企業数は1987年には720社となり、アジア経済危機前の1997年には約2000社にまで増加した（ただし、2002年には半減）（福島 2002: 49）。

「第五次住宅整備6カ年計画（Repelita V）」（1989-94）において、民活主導による雇用増大と経済成長率の維持が目標とされ、規制緩和とともに、国政企業や各種サービスの民営化が模索されるようになった。こうしたなか、中央集権体制エリートと結託した地場民間大企業による郊外開発が進んだ（新井 2005）。

　1990年以降、都市開発の中心的な目論みは、中間所得層の人口増、既存地元市場からショッピングモールへの大衆消費の場の転換、密集し環境劣悪な都市中心部から中高層住宅や郊外住宅地への居住のシフトというものであった（澤 2001: 89）。それまで1970年代には、国家的政策として地元生活環境の向上が計られてきた（布野 1991: 第3章）。1980年代には一転して、「改良型」から「クリアランス型」へと都市の大規模開発が進んだものの、都心の過剰に集中した人口の経済的底上げは難しかった（倉沢 2001: 30-37）。その後1990年代に至り、金融自由化に伴う外国からの投資に対して開発への期待が集まったが、その成果は副次的・限定的であった（澤 2001: 89）。しかも、郊外住宅開発は、経済成長と新中間層の台頭による住宅需要の増加というよりも、土地投機にともなう現象であった（新井 2005）。そのため、土地取引市場の活発化から、急激な土地高騰を招き、「都市開発バブル」とも言うべき失敗が経済危機の深刻化を招いた（澤 2001: 89）。その結果、買収金による貨幣経済が急速に進展した。これまで政策の中で地元社会の紐帯に結びつけられていた住民は、「フローティング・マス」としての民衆に急速に変化し、富裕層と貧困層の社会的対立軸が明らかになり始めた（澤 2001: 97）。

　「第6次住宅整備5カ年計画（Repelita VI）」の終了した1998年以降、アジア経済危機と中央集権体制崩壊という経済的政治的混乱のなか、従来の「住宅供給」重視から「住宅需要」重視へと大きな方針転換が図られていった（北野・水野・城所 2001: 96）。もっとも、低価格住宅を供給してきた全額政府出資の都市開発公団（Perum Perumnas, 1974～）は、金利も払えない債務超過状態に陥り、1999年末に国営貯蓄銀行からの商業ローンを政府からの救済措置的なソフトローンに借りかえた。大型不動産開発事業への不良債

権、銀行所有者が所有する首都圏の大型不動産のほとんどは、インドネシア銀行再建庁の管轄下へ移転され、失敗の費用が公共化されることとなった（新井 2005: 24）。

3-3 ジャカルタ形ゲーテッド・コミュニティの特徴

以上のようなジャカルタの都市開発・郊外化は、以下の点において、米国の郊外化と異なる。米国においては、郊外という場所が排除や移動との関連のうえに思想化され、市場の論理とともに中産層を集め拡大していった。これに比べ、ジャカルタの都市郊外は、いわゆる中央集権体制の下で、体制上層部エリートと民間大企業の利益誘導のもとに「寡占的に」（新井 2005）開発された。そのため、ジャカルタの場合、貧富の差はいっそう明確かつ可視的であり、インフォーマルセクター就労者と高級住宅居住者が、壁を隔てて比較的近い空間的距離のうちに生活する可能性を有することとなった。

リーシュ（Leish 2002）はジャカルタの大規模ゲーテッド・コミュニティの特徴について論じ、アメリカ型の消費社会の導入、所得格差、それゆえの治安の悪化とガードマンの不可欠さ、誇示的消費の傾向、資産と宗教による中国系住民の突出が特徴となっていることを明らかにした。加えて、リーシュが明らかにしたジャカルタのゲーテッド・コミュニティにおいて、注目したい特徴は以下の三点である。

第一は、ゲート内の環境維持における、ディベロッパーへの強い依存である（Leish 2002: 346）。米国の場合、住宅所有者協会など自治組織が形成されることが多いが、ジャカルタの場合そのような動きは少ない。住民からの徴税をもとにした定期的なインフラのメンテナンス以外は、ディベロッパーが住民の意見収集のためにタウンマネージャーを配置するという程度にとどまる。そのため、ディベロッパーと住民の両者ともに環境管理に関心が無い場合、設備が急速に悪化することもある[9]。

---

[9] ジャカルタに限らずバリ島デンパサールにおいても、ディベロッパーによってゲートの設置とガードマン滞在のための小屋の設置がなされながら、その後、維持管理がなされず放置される住宅地区の事例をみることができる。

第二は、ゲートの外部住民への注目と対応がみられる点である（Leish 2002: 348）。ゲーテッド・コミュニティ外部住民の不満を和らげ、軋轢や犯罪の発生を未然に防ぐことを目的として、ゲート内の特定箇所の道路や公園を開放する等の優遇や、住民とディベロッパーから周辺部住民へ寄付が行われることがある。このとき、道路や公園が外部住民に開放され、かつ第一の特徴における内部住民の無関心の態度が伴う場合、ゲートは常時開けられ、ゲーテッド・コミュニティではなくなる地区があり得よう。他方、内部住民において、外部住民への対応をディベロッパーのみに依存する場合、内部住民と外部住民の接触の可能性は閉ざされるであろう[10]。

　第三は、場所によってインドネシア型の地域社会制度の導入がみられる点である（Leish 2002: 347-348）。インドネシアでは近隣住民組織が比較的強い影響力をもち、その慣習的な組織構成や機能がゲーテッド・コミュニティ内にも採用される場合がある。もっとも、高所得層ではそのようなことがみられず、より個人化が進んでいることが特徴となる。

　これら、米国とは異なるジャカルタのゲーテッド・コミュニティの特徴から、以下本章4-4と4-5において論じるバリ島の二つの事例の特徴を、一定程度明らかにすることが可能であろう。はじめの事例（BA-GS）は、ディベロッパーがより積極的に地区運営に関わり（上記第一の特徴）、バリ島の地域社会への（シミュラークルとしての）配慮をみせる（上記第二の特徴）。ふたつ目の事例（PAG）は、ディベロッパーの関与はほとんどないものの、地区内リーダーが活躍し、第二、第三の特徴を現在のバリ島の社会的背景のもとに導入して特殊なゲーテッド・コミュニティを形成している。こうした形式的な論述が可能である一方で、次の節において、バリ島におけるグローバル・ツーリズムと都市化、伝統的家屋のゲートがもつ意義、多元的集団構成を踏まえ、米国のみならずジャカルタのゲーテッド・コミュニティにはない、本

---

[10]　前者の事例は、バリ州都デンパサール市東部の旧公務員住宅地区にみることができる。後者は、デンパサール市において大規模かつ比較的初期（1998年）から開発された高級住宅地TA(仮称)にみることができる。後者の事例についてはHishiyama(2010)を参照。

章の問題意識にこたえることができるバリ島のゲーテッド・コミュニティの特徴を明らかにしたい。

4. バリのゲーテッド・コミュニティ

　ゲーテッド・コミュニティにかかわるバリ島の社会変容は、米国やジャカルタのゲーテッド・コミュニティ形成の背景となった大都市の変化とは様相を異にする。すなわち、米国やジャカルタのゲーテッド・コミュニティが、中心から周辺に向けた都市開発に伴う人口移動や社会問題（不平等是正や拡散の問題）とともに発展したことに対して、バリ島のゲーテッド・コミュニティ形成の背景となったのは、グローバル・ツーリズムにともなう都市化、他島からの移住者の増大、それに伴う社会・文化変容であった（本章4-3を参照）。開発の担い手をみても、米国がディベロッパー、ジャカルタがディベロッパーと財・政エリートであったことに比較して、スハルト体制期のバリ島の観光開発における大量の資本導入は、国家主導によるものであった。同様に、米国とジャカルタの開発が、郊外へと広がりをもっていったことに対して、バリ島においては、既存の地域社会への影響が大きく、社会変容はいっそう激しいようにみえる。

　もちろん、バリ島が東京都の2.5倍ほどの大きさでしかなく、バリ州都デンパサールが位置する南部の平野を除くと、切り立った山と幾筋もの細く急な河川に分断されているという地理的条件、複雑かつ比較的強固な伝統的土地所有構造によって、面的広がりをもつ大規模開発が不可能であったという理由はあるだろう。しかし、バリ島においてツーリズムに伴う開発と社会変容は、観光に直面した地域社会や労働従事者だけでなく、労働者の送り手側であった遠方の村落にもさまざまなかたちで影響を及ぼしてきた。1960年代のマス・ツーリズムの展開以降、1974年のバリ州政府条例において、観光を地域社会から切り離し、地域の文化と観光のための文化を区別し別々に発展させていこうとする方針がとられた（Picard 1996）。しかし結果として、

バリ島南部を中心としながらも、全土において、伝統のゆらぎと再解釈、社会関係の合理化、消費文化の流入が生じてきた。

1998年以降の地方分権化と民主主義の進展の時代にあって、各地域の変化はさらに多様なかたちであらわれている。例えば、デンパサールにおいては、その開発方針の転換が迫られていることは確かであろう。後で詳しく見るように、グローバル・ツーリズムに身を寄せた発展は、急激な人口増、環境汚染、都市インフラの停滞、交通渋滞、洪水、犯罪等、さまざまな都市問題をうみ、都市を浸食している。地域社会は互助的な気勢や相互関与を失いつつ、他方で、それを食い止めようと伝統や慣習の強化に向けたバリ・ナショナリズムともいえる動きが生じている（菱山2009）。バリ島のゲーテッド・コミュニティ開発は、こうした都市環境の変容から生じる需要をうけ急速に進んでいる。以下、バリ島の伝統的家屋における門と地域社会における多元的集団構成が、グローバル・ツーリズムと都市化のなかでどのように変容しているのかを明らかにした後、バリ島のゲーテッド・コミュニティの特徴を探りたい。

4-1 バリの伝統的住居とゲートの意味世界

今日、バリ島の観光地や道路上に多くみられる伝統的な門（ゲート）は、もともと、バリ・ヒンドゥーの世界と密接に関わるものであり、寺院に設置されるものと、王宮等伝統的な屋敷地の出入り口に設置されるものとの二種類であった（以下、門と住居に関してはスティア（Setia 1986=2007: 第三章）を参照）。バリ人の伝統的な家屋敷は、『アスタ・コサラ・コサリ Asta Kosala Kosali』と題する古文書にもとづき、屋敷内の寺院、主人夫婦の寝室、家族の寝室、成長儀礼を行う場所、台所といった機能に分化された複数の建物から構成される。それらの建物の距離、柱の寸法と数、配置や大きさは、主人や大工の棟梁のからだの寸法等をもとに決められ、独自の意味をもつ。

この家屋敷は壁で囲まれ、道路から内部を伺うことはできない。伝統的に家屋敷内の建物は平屋建てであり、壁は屋根が見えるくらいの高さである。唯一の出入り口が、パムスアン（pamesuan）あるいはプムダラン（pemedalan）と呼ばれる門である（以下、家屋敷の門についてはドゥイジュンドラ（Dwijendra 2008: 第三章）を参照）。このバリ語は、「外の場所への理解をもっていること」を意味し、単に出入り口というだけのものではない。後で述べるように、門とその外側の空間が、一種の公共空間を形成していることを意味する。

門の幅は、主人が両腕を組んだ際の身体の幅（mapejengking）ほど、あるいは、主人の足の裏の長さ（tapak kaki）三つ分と半分（tapak ngandang）ほどであると規定される。道路から門へは数段の階段をのぼり、また住居の敷地内へは数段の階段を下りるように、門はやや高い位置に設置される。こうした階段の設置とあわせ、出入りする人に注意を喚起し、秩序と敬虔さを保つように、あえて門は狭くつくられる。高さもまた、良い影響と注意喚起の意味がこめられ、主人が腕を上方に伸ばした時の人差し指の高さ（apenyujuh）とされる。

門を入ってすぐ目の前には、アリン・アリン（aling-aling）と呼ばれる遮蔽壁が立てられ、左右方向の階段で敷地に下りることになる。アリン・アリンは、門そのものとともに、訪問客や外部からの様々な影響の流れ（arus）をゆるめ、訓化する機能をもつ。さらに、門の中心が置かれる場所にも特有の意味がある[11]。

門から続き家屋敷を取り囲む壁の外側には、テラジャカン（telajakan）と呼ばれる空間がとられ、そのさらに外側に公共の水路、そして道路となる。このテラジャカンの幅は、最小で鶏の篭ひとつ分と主人の足裏の長さ一つ分、最大では、主人が両手を横に拡げたときの指先から他方の指先までの長さ（depa）であり、ここまでが家主の所有となる。壁沿いのテラジャカンには

11　門の中心が据えられる場所は、家屋敷を囲む東西南北の方角の壁のうち、さらに各々の方角の壁を9等分した、あわせて36地点の可能性をもつ。例えば、南側の壁における一番東側は、1.「大災害、大きな危険（Baya Agung）」という意味をもつ。そこから西につづけて 2.「子供ができない（Tan panak）」、3.「大きな喜び・幸せ（Suka mageng）」、4.「金の雨（Udan Mas）」(栄誉・名誉)、5.「ブラーマ神の神殿（Brahmastana）」、6.「財を成す（Dana wredi）」、7.「健康（Sugih bayu）」、8.「負債（Utangan）」、最も西側は 9.「死（Kapaten）」となり、悪い意味をもつ地点は避けられる。

観葉植物や宗教的祭礼時に用いられる椰子の木、プルメリア、チュンパカといった植物が植えられる。門の前のテラジャカンには何も無いスペースがとられ、ここで、住人が鶏に日光浴をさせたり、隣人とちょっとした会話をする場所となる。門の前のテラジャカンは、さらに、一般的な利用にも供され、旧来であれば馬や馬車といった公共の交通手段が停留される場所、朝夕に行商人が荷物を下ろして商売をする場所とされた。そこは、「社会の相互作用や活動を調整する場所」（Dwijendra 2008: 87）であった。

　以上のように、バリ島の伝統的家屋敷における門は、敷地の内側から道路の側までに張り出し、その間に幅のある空間をもつものであった。同時に、そうしたいわば中間的な空間は、排除を生むというよりは、むしろ多くの利用に開かれたものであり、一種の公共空間であったと言えよう。門によって形成される安全・安心は、排除の物語によるというよりも、身体的・伝統的・宗教的意味世界から生じる物語を濃密に宿すこと、さらに門自体のなかに公共空間を内包することによって生じていたといえるだろう。

4-2　多元的集団構成

　ここで、バリの社会の中核をなす「多元的集団構成」の概念も明らかにしておきたい。この概念は、C. ギアツによって提示されたものであり、バリ社会の複雑かつ多元的な構造を表すものである。吉原（2009）が指摘するように、この概念についてはキャロル・ウォレン（Warren 1993）の説明ならびに一般化が明快であろう。バリ島南部の村落での日常生活は、特定の目的をもち「交差しながら半自律的である協同の単位を通して織りなされている」。それは、「バンジャール（banjar）」という市民共同体、灌漑や農業面をとりまとめる水利組織「スバック（subak）」、父系家系に基づく親族集団「ダディア（dadia）」ないし「ソロ（solo）」、家族や親族や祖先に関わる儀礼、地域儀礼を担う会衆組織「プマクサン（pemaksan）」、これら以外のことでそのつどの目的のために形成される集団（例えば、クラブや自由参加のサークル、ワークグループ等）「スカ（suka）」がある。

　バンジャール、プマクサン、スカは、通常、ひとつのデサ（村落共同体）

内からその成員を集める。他方で、スバックとダディアの成員資格は、複数のデサにまたがることが多い。バリ社会では、「家屋敷の場所によっておそらくは世帯の属するバンジャールが決まり、その農地の水源によってどこのスバックに加入しなくてはならないかが決まり、祖先との紐帯によってダディアの義務が規定され、個人の利益あるいは経済的な必要性によって自由参加のスカへの加入の基準が形成されている」(Warren 1993: 8)。

このようにして、「多様な機能の個々別々の集団が、部分的にのみ秩序を保ちつつ集積」(Geertz 1980=1990: 61) し、「互いに重なり合いながらも一つにはまとまらない協同集団の複雑に絡み合いながらも高度に構造化された布置関係」(Warren 1993: 8) が生じている。そのため、バリの村落の社会構造には、「強固な集合性と、しかしながら特殊に複雑でフレキシブルなパターンとの両者」(Geertz 1963: 85) が見いだされ、「個人主義的ではない。しかし、にもかかわらず、その特殊で伝統主義的な方法においてむしろ自由主義的」(Geertz 1963: 85) であることが可能になっている。

4-3 都市化と社会変容

上述した、一連の意味と役割をもった広義の「門」、そして「多元的集団構成」は、今日、大きく変容している。門は自動車の出入りできる幅と高さに拡げられ、アリン・アリンや階段も取り払われている。そこには頑丈な鋼鉄製のゲートが設置される。テラジャカンもまた、屋敷地の敷地面積を拡げるために取り払われ、敷地をめぐる壁は水路のすぐ脇から立ち上げられる。水路は、水質汚染による悪臭を避けたり、歩道への転用のために暗渠となっている。このことで、水路にゴミが詰まりやすくなり、溢れた水は、かつてあったテラジャカンの緑地に吸収されることもなく、道路へと溢れ出すことになる。

洪水は、農地の急激な宅地転用、集水域での違法建築、ゴミの不法投棄といった問題とも関連する。デンパサール市における水田面積は、1995年に3,590ヘクタール、2005年には2,770ヘクタールと820ヘクタール減少し、他方で、屋敷地は6,890ヘクタールから7,710ヘクタールへと820ヘクター

表 7-1　全国(都市部)とバリ(都市部)における住宅取得形態の割合 (%)

			土地と家を購入	土地のみを購入	相続	賃貸	シェア	その他
全国	都市部	2001	24.17	31.08	38.29	1.27	2.56	2.63
		2007	24.3	28.33	41.69	1.21	2.62	1.85
Bali	都市部	2001	9.54	11.24	56.56	8.01	3.92	10.73
		2007	12.62	21.26	51	3.82	2.66	8.64

出典:Statistik Perumahan dan Permukiman 各年度

表 7-2　全国とバリにおける住宅購入時の支払い方法の割合 (%)

		現金	銀行・クレジット会社貸付	その他貸付	その他
全国	2004	69.4	20.95	5.89	3.76
	2007	69.99	18.28	7.17	4.55
Bali	2004	60.11	36.61	1.09	2.19
	2007	41.5	46.26	11.28	0.96

出典:Statistik Perumahan dan Permukiman 各年度

ル増加した(永野 2009: 149)。住宅取得の形態をみた場合、バリ島の都市部では、全国と比べて「購入」による割合が増加しており、伝統的な「相続」による土地取得が減少している(**表 7-1**)。近年では、クレジット経済の浸透も顕著であり(**表 7-2**)、このことが、ゲーテッド・コミュニティ等近代的な様式を備えた新たな住宅購入の後押しをしているといえよう。

　ゴミ問題に関してみると、デンパサール市におけるゴミの排出量は毎日 2,000 から 2,500 立方メートルであり、朝晩の収集がなされているが、そのうち 60% に対応出来るのみであり、残りの 40% は各家庭や地域による対応にまかされている状態である(Jakarta Post 2010.6.28)。都市機能の整備をこえた人口増加も問題となっている。1995 年のデンパサール市の人口は 36万 4,419 人、2005 年には 46 万 3,915 人、2010 年には 78 万 8,445 人(Badan Pusat Statistik Kota Denpasar 2010)となった。1995 年から 2005 年の 10 年間ではおよそ 10 万人増であったことに対して、2005 年から 2010 年までの 5

年間で30万人以上の増加となり、その大部分はバリ島外からの移住者である[12]。人口の増大は、デンパサール市の水供給を滞らせている。特に2005年以降、水不足の傾向が顕著である。2005年には秒間65リットルの不足であったが、2010年には462リットルの不足にまで増大した（Jakarta Post 2010.5.24）。

同様に、バリ島の社会に大きく影を落とす問題として、交通渋滞の悪化があげられる。2005年の自動車所有台数は13万9,586台、自動二輪では102万7,136台であったものが、2009年には、それぞれ16万8,863台、131万7,026台と増加している（Badan Pusat Statistik 2010）。バリでは公共交通が発達しておらず、路線はバリの道路の2.1%をカバーするのみであり、利用者は全人口の4%でしかない（Jakarta Post 2010.2.3）。

バリを訪れる観光客の増加がさらに問題を深刻化させている。2005年には国外から131万2,294人、国内他島から54万825人、2009年にはそれぞれ、196万6,833人、62万9,538人となっている（Badan Pusat Statistik 2010）。近年では、バリ島において国際会議が開かれることも多く、ホテルの数、客室数もなお増加している。観光客、居住者の増加は、ホテル、ヴィラ、住居の開発の増加にもつながり、昨今ではグリーンベルト、農業用途区域、集水域、オフィス用途・小規模企業用途区域への違法建築、30%のオープン・スペースを厳守しないものなどもみられるという（Jakarta Post 2011.7.27）。

以上のような都市問題は、多元的集団構成を担った各組織、慣習の変容あるいは衰退と相俟って生じているといえる。吉原は、デンパサールのイン

---

[12] インドネシアの人口およそ2億人のうち、8割近くがムスリムである一方で、バリ島人口およそ300万人の約9割がヒンドゥー教徒である。バリ島外からの移民の存在を論じる場合、こうした宗教の違いだけでなく、インドネシアにおける300以上の民族の存在、500以上の言語といった民族・文化的な違い、多様性と、その接触にともなう様々な摩擦や文化変容が含意されることになる。ベネディクト・アンダーソンがインドネシアを舞台として「想像の共同体」を論じたのも、こうした多文化状況と1万以上の島々からなる広大な領土にあって、それをまとめあげるための統治の技術を、端的に見て取ることができたからであるといえよう。

表 7-3　デンパサール特別市における民間分譲住宅開発状況

年	分譲地区開発受付数	審査差し戻し	総分譲戸数	総分譲面積（㎡）	一地区の平均戸数	一地区の平均分譲面積（㎡）	一戸の平均面積（㎡）
2001	8		180	24,985.6	22.5	3123.2	150.2
2002	8		152	34,409.9	21.7	4915.7	238.1
2003	34	18	306	47,460.8	19.1	2966.3	168.6
2004	14	4	169	19,463	16.9	2162.6	140.7
2005	49	5	734	105,471.2	16.7	2397.1	154.6
2006	52	5	762	104,591.3	16.2	2225.3	151.8
2007	26	5	229	23,401	10.9	1114.3	102.2
2008	47		712	128,005	15.1	2723.5	179.8
2009	32		448	73,563	14.0	2298.8	164.2
2010	22		440	75,448.8	20.0	3429.5	171.5
2001 年～ 2010 年の平均			413.2	63,680	17.3	2735.6	162.2

出典：デンパサール市 Dinas Tata Ruang[都市計画局], Dinas Perijinan[許認可局] からの提供資料より筆者が作成

ナーシティのバンジャールを例として、そうした状況を以下のように分析する（吉原 2009）。すなわち、都市型のバンジャールにあっては、「バリ文化における集団主義志向と社会的行為のインフォーマルで表出的な面」は見られず、「行政（ディナス）目的に訓化した道具主義的な諸組織／スカの布置構成が特徴をなしている」（吉原 2009: 119）。そこでは、多元的集団構成が内包するコスモロジーがいまなお保持されつつ、「型（構造）としては維持されながらも機能としては変容を遂げている」（吉原 2009: 126）状況である。

　このような多元的集団構成の変化、温暖化がもたらす天候不順、水質汚染や洪水といった要因によって持続的な耕作を不可能にするような環境変化が生じ、そこに人口増を利益に転化しようとするディベロッパーによる開発の増加が重なり、耕作放棄地が買いたたかれるかたちでの農地の宅地への転換が生じているとみることができる。ここでその様態は、郊外の大規模開発というよりは、高密度少数分譲区画の増加であり、比較的小規模の虫食い状の開発とみることができる（表 7-3）。しかも、開発を規制するはずのデンパ

サールの都市計画は、1999年作成のものを10年間運用している状態であり、違法建築の取り締まりにも限界が生じている[13]。

さらに、今日のバリ島では、以上のような不安定な社会状況とともに二度の爆弾テロも相俟って、地域の安全への関心、伝統や慣習の強化の機運が高まっている。南西部の海浜観光地区サヌールでは、他の観光地と比較して、安全であることを売りものとするために、監視カメラを設置したり新しい自警団を組織した（菱山2008, 2009）。分譲住宅開発のなかには、警察署から近く安全であることを広告するものもある（Hishiyama 2010）。バリ島のゲーテッド・コミュニティは、社会的不安からの逃避、高まるナショナリズムと文化的対立からの逃避、伝統や慣習の逸脱に対する制裁措置からの逃避といった動機によっても促進されているとみることができよう。

こうした状況にあって、比較的早い段階で整備され、アメリカやジャカルタのゲーテッド・コミュニティに近い様式と各種レジャー施設を備えた、200軒規模のゲーテッド・コミュニティが、外来者のみならず裕福になったバリ人の需要を喚起している（Hishiyama 2010）。より周辺部では、商業施設、医療施設、託児所等を備え、400軒規模への発展を見込んだ大規模プロジェクトも進行している。しかしながら、バリ島におけるゲーテッド・コミュニティは必ずしも一様にアメリカやジャカルタの特徴との共通性をもつわけではない。本章第3節の最後に、ジャカルタ型のゲーテッド・コミュニティの特徴を用いてバリ島のゲーテッド・コミュニティの事例を位置づけたが、むしろ以下で論じるように、バリ島社会がみせるいっそう独自の特徴に焦点を当てることが、冒頭で掲げた問題の解明に役立つものと考えられる。

---

13 警察をはじめとして各種法の執行にあたる治安維持組織は、1998年の中央集権体制崩壊以降、混乱のなかにあり、各種規制・法違反の取り締まりにおける実行力を弱めてきた。それに代わって勢力をのばしたのが、プレマン（Preman）とよばれるギャングであったり、プチャラン（Pecaran）と呼ばれる伝統的自警団であった。現在は、警察を中心に新しい地域治安維持システムの形成が試みられる一方で、地域社会独自のまちづくりに資する自警団等もみることができる（菱山2008, 2009）。

4-4 シミュラークルとしてのローカル：中規模〈BA-GS〉の事例[14]

〈BA-GS〉（仮称）は、デンパサールの西部、西部海浜観光地区とデンパサールとの中間に位置し、2010年の時点で賃貸9軒を含む全89軒（もと地主の家を含まず、一部造築中）、約18,000㎡の敷地（分譲面積：12,474.1㎡、一戸の平均面積：140.2㎡）からなるゲーテッド・コミュニティである。既出表7-3と照らしあわせると、BA-GSの一戸の平均面積は他の地区よりやや小さいものの、分譲数、分譲面積ともに比較的大きな規模をもつ地区といえる。ディベロッパーはバリ島地元資本として、バリ島内で最大規模をほこる業者であり、住宅開発だけでなく、家具の販売や、庭園の造成・管理業務なども手がけている。そこで、住宅開発においても、敷地内の協同利用プールの運営管理、緑地管理等、総合的な開発・運営も自前で行っている。

住民構成を世帯主においてみると、会社経営者46、会社員29、ホテル従業員7、専門職7となっており、居住者の社会的地位はハイ・ミドルといえる。同様に世帯主の出身地をみると、バリ37、ジャワ23、中国系17、パダン8、ブギス2、バタック1、オランダ1となり、半数以上がバリ島外の出身者である。

このゲーテッド・コミュニティにおいては、将来、住民への運営の委譲が標榜されているものの、それまでの間、地元ディベロッパーが積極的に介在するという意思表明と実際の活動を行っている点が特徴である。ディベロッパーのスタッフが実際に居住しており、そのスタッフが、住民の一時的なリーダーとして、住民とディベロッパーの間のやりとり、意見収集（直接の会話、電話、メール、手紙）、地元政府への人口登録、住民会議の招集（2011年3月までに二回、顔合わせ・設備管理の話し合い）等を行っている。ここには、周辺環境の整備と受け渡しも含まれる。例えば、ガードマンのシステム整備であり、警察からの紹介と住民による会議をうけ、6名の実働隊員と2名の

---

14 現地調査として、ウダヤナ大学文学部 I Made Budiana 氏の協力のもと、ディベロッパーへの聞き取り（2009年12月、2010年9月、2011年3月、2011年9月）、BA-GS居住スタッフへの聞き取り（2010年9月）、旧地主家族への聞き取り（2010年1月）を複数回行い、あわせて一次資料を収集した。

連絡係が勤務時間に従って配備されている。同様に、造園師2名が雇用されている。

　これに加えて、ここには、おそらくは他のゲーテッド・コミュニティにおいて見ることができない光景がある。それは、近代的な家屋に囲まれて敷地の奥まった一角に残された、元地主の伝統的家屋敷とその親族（ダディア）の家寺の存在である。屋敷地には米の貯蔵庫（ルンブン）や、家畜の飼育小屋などもふくまれ、牛、豚、鶏が飼育されている。ダディアの家寺に参拝する親族のために、普段はかたく閉じられているものの、ゲーテッド・コミュニティの外壁の一角に裏口が存在する。これらは、元地主の意向が反映され、設置されたものである。ディベロッパーからすれば、これらの存在は、自分たちがバリ島の伝統や文化に敬意を払い適切な開発を行っている事の証であり、そうした配慮が、運営の委譲においても住民への配慮としていっそうの価値をもつこととなる。

　この区画の宅地化について地主家族へのインタビューを行ったところによると、可能であれば宅地化せずに稲作を続けたかったのだという。しかし、灌漑用水路へのゴミの山積、農業用水管理組合（スバック）の衰退によって、雨のたびに水が溢れ、ゴミとともに水田へと流れ込み、事実上耕作が不可能となってしまった。そこに、ディベロッパーが入り、土地を買い取り、宅地へと転用したのである。地主家族には一時的に大金が手に入ったものの、家主は今後どのようにそれを使ったら良いかわからず、また、土地を失ってしまったことの不安を抱えていた。

　ここには、歴然として市場主義的なリベラリズムが存在する。しかしそのなかで、住民への配慮、その証としての地元への配慮、そして地元ディベロッパーによる開発の正当性を示すかのように、バリの伝統家屋と家寺が内部に残された。しかしそれは、壁と近代的住宅に取り囲まれ、土地やスバックとの連帯を失い、ルンブンに米が蓄えられることのなくなった、シミュラークルとしての存在でしかない。ここにあるバリの伝統の残り香は、ディベロッパーがコントロールし、無害化したうえで、「住民自らの管理」という新たな価値のうえに住民に手渡されるもの、「浄化された公共圏」をうむ

ものでしかないといえよう。

4-5　インナーシティのローカルと不確実性の侵入：小規模〈PAG〉の事例[15]

〈PAG〉（仮称）は、既述の〈BA-GS〉よりもデンパサール市中心部に近く、インナーシティにあたる場所に、2007年に完成したゲーテッド・コミュニティである。デンパサール市中心を東西につらぬくガジャ・マダ（Gaja Mada）通りを西に進み、交通量の多い通りから自動車一台が通れるほどの細い路地を南へと入ると、小路の中間地点あたりに、小路に面してゲートとガードマンの詰め所をもったPAGの入り口があらわれる。周辺には、乗り合いバスターミナル、デンパサールでも有数の巨大生鮮食品市場、伝統工芸品市場等がひしめいている。

　PAGのゲートは、中心にガードマン一人分の詰め所をはさみ、左右におよそ4.5mの道幅で入り口と出口が設置されているという構成となる。ゲートを入り右に曲がると、直線の袋小路まで、左右あわせて36軒の個建て住宅がならぶ。宅地面積4,225平方メートル（全面積の68.93%）、一軒の面積は平均136.7平方メートルである。既出表7-3と比較すると、一軒の面積はやや小さく、戸数と宅地面積はやや大きい。とはいえ、BA-GSに比べると戸数も面積も3分の1ほどとなる。図7-1はPAGと近隣の見取り図である。

　世帯主の出身地をみると、バリ島地元出身者は19、中国系インドネシア人10、その他バリ島以外の島出身者が7となっており、地元出身者の多さが目をひく。世帯主の職業では、管理職16、専門・技術職5、事務・販売・サービス業15であり、既述のBA-GSと比べると職業的地位はやや低くなる。36軒中13軒は賃貸である。ここ2年間でそのうち11軒が転居・転入しており、住民構成は流動的である。PAGの運営費用としては、持ち家か賃貸かに関係なく、各世帯単位で毎月10万ルピアが居住者から集められている。

15　現地調査として、ウダヤナ大学文学部I Made Budiana氏の協力のもと、ディベロッパーへの聞き取り（2009年6月）、PAGの区画長B氏への聞き取り（2009年6月、2009年12月）、ガードマンへの聞き取り（2009年6月、2010年9月）、住民への聞き取り（2010年1月）を複数回行い、あわせて一次資料を収集した。

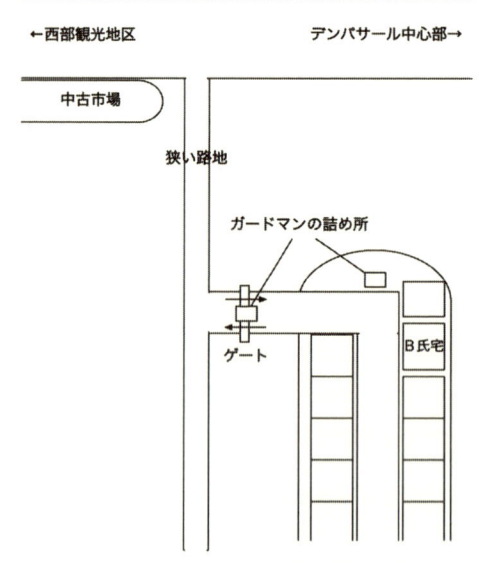

図 7-1　PAGと周辺の見取り図
出典：筆者が作成

　このなかで、PAGの地区リーダーであるB氏（仮称）に着目したい。B氏は不動産業を営み、PAG完成以前はクタ地区に居住していた。クタ地区では、2002年と2005年の爆弾テロをうけて、地元の伝統維持活動が活発化し、さまざまな規制や慣習が強化されていった。これに対してB氏は、自らの仕事に集中することが可能であるような場所、かつ自由で便利な場所をもとめてPAGへと転居した。その後ほどなく、人間関係の広さや区域内整備の意欲をかわれ、住民投票によりPAGの地区のリーダーに選出された。B氏は月ごとの集金を制度化し、それを基金として地区内の環境改善に勤しんだ。特に、街灯の増設に尽力し、地区全体での利用として登録することで、各世帯が支払う電気料金の減額も行った。その他に、PAGが面する細い道路は車一台ぶんの幅であったため、大通りからの自動車の出入りや自動車の行き違いに不都合が生じており、時に大通りの渋滞を引き起こしていたことを受けて、隣接する地元近隣住民組織の長とともに、入ってくる自動車優先

の取り決めと注意の看板の設置を行った。

　B 氏は当初、安全であるということはそれほど気にせず、むしろ PAG において、負担にならない程度にバリ島の伝統に係わりつつ、しかも伝統や慣習による規制にしばられずにインフラを整備することができるという点で、より自由な生活環境をもち得ることを評価していた。B 氏にとって PAG の環境は、プライバタイズし自らの思い通りの環境とすることができるものであった。そのため、B 氏がリーダーに就任して少しの間まで、ガードマンは設置されず、ゲートは上部のアーチ部分が存在するのみであった。

　しかし、その後、2008 年末になって、深夜に PAG 区内をバイクで暴走する若者集団があらわれ、住民を困らせることとなった。これに対して、B 氏が最初に行ったことは、警察に連絡して取り締まりを強化してもらうことではなく、また、ディベロッパーを通して専門のガードマンを配置するというものでもなかった。B 氏は、近隣地区のなかで周辺のギャング集団に詳しいとされるガードマンを探してもらい、雇用し、同時に、ゲートを設置してそのガードマンに管理させることとした。これを機に、暴走集団は現れなくなった。

　雇用されたガードマンは、その直後から、PAG が面する小路へと入る角のすぐ脇、大通りに面したバイク部品等の中古市場のガードマンを兼任するようになった。PAG のゲートに滞在していないときは、中古市場から PAG への路地の出入りを確認し、市場の店員や客との会話のなかで周辺の治安の状況を把握するようになった。休憩時間には、PAG のゲートに戻り、その途中で近隣の人びととも会話をするようになった。ガードマンが設置される以前、地区と道路の境界は、あくまで、ゲート内住民が自動車で行き来し、通り過ぎる一地点でしかなかった。しかし、ガードマンが滞在し、歩き、話すこと、さらにガードマンが時に自分の子どもと一緒にいることで、ゲート内外のスペースは、ゲート内住民のみならずゲート外近隣住区の子供達の遊び場ともなった。ガードマンは、点として PAG のゲートにおいてのみ監視の目を光らせるのではなく、よりいっそう流動的な場所に身をおくことによって、住民と都市環境の媒介を担う役割をもった。同時に、ゲートと市場

を行き来することによって、近隣とPAGの環境とをとりもつことにもなった。いわば、PAGのゲートは市場にまで延長されつつ、一定の交流の空間として位置づけなおされたといえよう。

　他方、住民の間には、PAG区内のバイクの暴走とあわせて、大通りのバイク部品等の中古市場は盗品を扱っており、ギャングが取り仕切っているのではないかという噂、バイクの暴走はギャングが仕組んだものではないかという噂が広まっていた。同様に、ガードマンは、PAGでの雇用をきっかけに、さらに市場での雇用を得たのではないかと考えられていた。これらの噂話の組み合わせから、ガードマンとギャングの間に何らかの関係があるのではないかとの噂さえ生じていた。しかし結局、住民は、ガードマンが市場において雇用されている状況を確認するとともに、ガードマンとのコミュニケーションをとおして、市場をはじめとした地区外部の状況に意識を向けることで、治安への不安要素を取り除くことができた。

　B氏はさらに、セキュリティをガードマンのみに一任するのではなく、住民の不安に応えるかたちで、近隣住民組織による防犯パトロールの巡回地点として、PAGが含まれるよう交渉を行った。同時に、自らの人脈を用いて、警察による巡回地点のひとつに加えてもらうよう取りはからった。B氏は、いわば、セキュリティにおける多元的集団構成を取り戻すような方向性に、PAGの安全を見いだした。このことはまた、非移動による排他的空間の形成により不確実性を排除するのではなく、パトロールという移動を伴ったセキュリティによって、不確実性に対応しようとする試みであるともいえよう。

　PAGは結果的に、「便利で新しく制御しやすい集合住宅」から、ゲーテッド・コミュニティへと転換が図られた。しかし、そのセキュリティにおいては、ガードマン、警察、近隣の自警団といった要素を内部に呼び込み、多層化することとなった。しかも、住民においては、うわさ話というかたちではあったが、外部環境に注意をはらい物語化する必要に迫られ、その延長に、ガードマンの存在意義を見いだすこととなった。ガードマンの行き来は交流を促すゲート空間を導いた。すなわちPAGにおいては、外部からの不安定要素の流入に対してそれらを完全に遮断し排除しようとするのではなく、

ゲートから市場までの幅をもった緩衝地帯として、いわばバリ島の伝統的家屋敷に据えられた門にも似た「幅のあるゲート空間」が見いだされることで、むしろ流動的であったり多層的であったりする性質をあわせもつかたちで対処するしくみへと至った。この事例によって、本章第2節において提示したコミュニティ評価の視点、多層的な地域社会構成（多様なセキュリティの担い手）とネットワークの不確実性（ガードマンの存在、ゴシップ、インナーシティの都市的環境）を一定程度備え、かつ、境界としてのゲートの交流空間化という諸特徴によって、ゲーテッド・コミュニティの可能性を示すことができたといえよう。

5. おわりに

5-1 コミュニティ論と地域社会研究への応用可能性

　本章では、第2節において、ゲーテッド・コミュニティを「今日のコミュニティ」の濃縮として捉え、そのうえで、公共圏と物語の消失という問題に対して、社会組成の多層性とネットワークの曖昧さを見出すことの重要性を論じた。バリ島の伝統家屋や事例においては、それらをより具体的に明らかにしつつ、さらに空間的かつ流動的なゲートの存在を提示することで、境界の交流空間化という新たな知見を導くことができた。残る課題として、より大規模かつハイ・クラスのゲーテッド・コミュニティにおいて同様の議論が可能であるか、さらに制度的次元への応用や構造化の側面について、いっそうの探求が求められよう。

　しかしながら、以上の議論を踏まえることで、今後のコミュニティのあるべき方向性の提示と地域社会研究に対する提言が可能であると考える。前者については、より一般に、例えば現在、日本におけるコミュニティをめぐり議論されている「地域セキュリティ」に関する活動について、以下のように論じることができる。それら地域社会の安全や安心に関わる諸活動の特徴は、かつてあった伝統的共同体の理想化と、そこから引き出される即時的な物語

を背景とした、曖昧なものの排除、リスクの排除である（菱山 2011）。それは、擬似的な物語・擬似的な公共圏の導入を意味するだろう。その限りで、相互関与の不在、脱政治化、「両義性を消滅させ、境界を強化し、内部と外部の区別を厳密にし、そしてまさしく『主権を再興する』原理主義への傾向」（Sandel 1996=1999: 65）という諸問題を帰結する可能性がある。ここではむしろ、日本の地域社会の多様性や多層性に再度目を向け、曖昧さを許容するネットワークを結びながら物語の生成を促し、様々な境界を交流空間化する思考と実践が求められるだろう。

　本章の事例から引き出される第二の視点として、特に「移動」との関わりから、地域社会研究に対する提言をあげることができよう。社会学において移動を論じる際、その中心は、社会職業的地位を前提とした社会階層論における垂直移動（いわゆる社会移動）についての議論であり、ヒト・モノ・情報等の水平移動についての視点は弱かった（Kaufmann 2002: 5）。また、シカゴ大学社会学科由来の地域社会学や都市社会学は、コミュニティを閉じて安定した領域として措定し、研究を行ってきた。両者の限界にこたえて、E. カステルは、「フローによって特徴付けられた社会」（Castells 1999=1999：253）における多様な移動（フロー）に着目し、ネットワーク論を発展させている。これに加え、M. シェラーと J. アーリらは、空間的・水平的移動についての社会学的議論を発展させている（Sheller and Urry 2006）。これらの新しい「移動」論によって、様々な移動のみならず、一見不動にみえる諸現象の移動に関わる特徴を論じる可能性と、その必要性が提示されている。本章はこうした議論を背景として、ゲーテッド・コミュニティを移動との関わりから論じるものであった。ここからさらに、地域社会研究やコミュニティ論において、対象となる地域あるいはコミュニティがいかなる移動やフローの結果あるいは要因として存在し、かつ、いかなる移動の可能性・潜在性すなわち「運動性」（Kaufmann 2002）を持ち得るのか、さらに移動にまつわる自由と抑圧を明らかにすることが今後の研究指針となるであろう。

5-2 補論：「運動性」概念からみたゲーテッド・コミュニティ

　最後に、こうした課題に応えるために、バリ島のゲーテッド・コミュニティ〈PAG〉の特徴を「運動性」概念から整理してみたい[16]。運動性（motility）とは、「個人が可動的になるための能力、あるいは、個人が移動の領域において可能であることを利用する方法、個人がその可能性を自らの活動に利用する方法」（Kaufmann 2002: 37）と定義される。さらに「運動性」は、様々な形式と程度をもつ移動への「1. アクセス access」、アクセスの認識と利用のための「2. 能力 skill/competence」、特定の選択の「3. 相応しさ appropriation」の評価という三つの要素からなるものである。カウフマンとウィドマー（Kaufmann and Widmer 2006: 113）によれば、「1. アクセス」とは、サービスに関わり、利用可能な運輸とコミュニケーションの方法に必要な、全ての経済的、時間—空間的条件、移動するための選択肢群である。「2. 能力」とは、主体が動き回るための獲得されたノウハウ、時間と空間において活動を計画・設計する方法であり、アクセスを利用するために行為者に必要とされる能力である。「3. 相応しさ」とは、行為者が、アクセスする移動の選択肢についてどのように考えるかを表し、知覚されたあるいは実際のアクセスと能力をどのように解釈、評価し、行為するのかの前提となり、移動するヒトの、規範・価値観・移動の文化等を背景とした需要・価値・志向によって形成される（Kaufmann, Bergman, and Joye 2004: 750）。

　こうした「運動性」概念によって、PAG について以下のような分析が可能となる。PAG 全体のセキュリティにおいては、ゲートや壁という物的構造への依存ではなく、動的セキュリティとしてのパトロール手段の選択可能性という「アクセス」（自警団や警察のパトロールの利用）、近隣の状況を把握するための一定の「能力」（ガードマンとの会話やゴシップ）、それらをバリ島の地域社会の要素として評価する「相応しさ」への認識がみられる。このような、いわば「動的セキュリティの運動性」が担保される場所が、PAG にみられる「幅のあるゲート空間」であるといえよう。

　今後、「運動性」概念についてのより詳細な検討とともに、ゲーテッド・

---

[16] 「運動性」概念についてのより詳細な検討については菱山（2012 近刊）を参照。

コミュニティの移動的側面の解明、さらに地域社会の「運動性」の評価についての枠組みを探求したい。

参考文献

Aalbers, M., 2003, "The double function of the gate: social inclusion and exclusion in gated communities and security zones", Paper presented at the conference Gated Communities: Building Social Division of Safer Communities?, University of Glasgow. (http://dare.uva.nl/document/2021, 2011年10月30日参照)

新井健一郎, 2005, 「寡占的郊外化──スハルト体制下のインドネシア首都圏開発」『アジア経済』46(2): 2-34.

東浩紀・大澤真幸, 2003, 『自由を考える──9・11以降の現代思想』NHKブックス.

Badan Pusat Statistik [統計局], 1997, *Statistik Pembangunan dan Perumahan Indonesia 1997* [インドネシアの建築・住宅統計 1997], Jakarta: BPS.

─────, 2001, *Statistik Perumahan dan Permukiman 2001* [インドネシアの住宅・居住統計 2001], Jakarta: BPS.

─────, 2004, *Statistik Perumahan dan Permukiman 2004* [インドネシアの住宅・居住統計 2004], Jakarta: BPS.

─────, 2007, *Statistik Perumahan dan Permukiman 2007* [インドネシアの住宅・居住統計 2007], Jakarta: BPS.

─────, 2010, *Bali Dalam Angka 2010* [数字によるバリ], Denpasar: BPS.

Badan Pusat Statistik Kota Denpasar [デンパサール市統計局], 2010, *Hasil Sensus Penduduk 2010: Data Agregat per Kecamatan* [住民センサス結果 2010 ──郡別集計], Denpasar: BPS Kota Denpasar.

Bauman, Zygmunt, 2000, *Liquid Modernity*, Cambridge: Polity Press. (= 2001, 森田典正訳『リキッド・モダニティ──液状化する社会』大月書店.)

─────, 2001, *Community: Seeking Safety in an Insecure World*, Cambridge: Polty Press. (= 2008, 奥井智之訳『コミュニティ──安全と自由の戦場』筑摩書房.)

Bellah, Robert N., Richard Madsen, William M. Sullivan, Ann Swidler, and Steven M. Tipton, 1985, *Habits of the heart: Individualism and Commitment in American Life*, Berkeley: University of California Press. (= 1991, 島薗進・中村圭志訳『心の習慣──アメリカ個人主義のゆくえ』みすず書房.)

Blakely, Edward James, Mary Gail Snyder, 1997, *Fortress America: gated communities in the United States*, Washington, D.C.: Brookings Institution Press. (= 2004, 竹井隆人訳『ゲーテッド・コミュニティ：米国の要塞都市』集文社.)

Castells, Manuel, 1999, *Global Economy, Information Society, Cities and Regions*. (= 1999, 大澤善信訳『都市・情報・グローバル経済』（著者自選集）青木書店.)

Chapman, David W. and John R. Lombard, 2006, "Determinants of Neighborhood Satisfaction in Fee-Based Gated and Nongated Communities", *Urban Affairs Review*, 41(6): 769-799.
Dwijendra, Ngakan Ketut Acwin, 2008, *Aristektur Rumah Tradisional Bali: Berdasarkan Asta Kosala-kosali* [バリの伝統家屋の構造：アスタ・コサラ・コサリを基本として], Denpasar: Udayana University Press.
遠州尋美, 1996,「都市産業の衰退と再生」鈴木浩・中島明子編『講座現代居住　3 居住空間の再生』東京大学出版会.
Etzione, Amitai, 2001, *Next: The Road to the Good Society*, Cambridge: Basic Books.（= 2005, 小林正弥訳『ネクスト——善き社会への道』麗澤大学出版会.）
Federal Highway Administration, 2011, *National Household Travel Survey 2009: Summary of Travel Trends*, U.S. Department of Transportation.
福島茂, 2002,「インドネシアにおける民活型低コスト住宅政策の経験と政策的含意」名城大学総合研究所『総合学術研究論文集』1: 47-58.
布野修司, 1991,『カンポンの世界——ジャワの庶民住居誌』PARCO 出版.
Geertz, Clifford, 1963, *Peddlers and Princes: Social Development and Economic Changes in Two Indonesian Towns*, Chicago: University of Chicago Press.
———, 1980, *Negara: The Theatre State in Nineteenth-Century Bali*, New Jersey: Princeton University Press.（= 1990, 小泉潤二訳『ヌガラ—— 19 世紀バリの劇場国家』みすず書房.）
Giddens, A., 1998, *The Third Way: The Renewal of Social Democracy*, Cambridge: Polity Press.（= 1999, 佐和隆光訳『第三の道——効率と公正の新たな同盟』日本経済新聞社.）
菱山宏輔, 2008,「地方分権化時代のインドネシアにおける地域セキュリティ組織の展開——バリ島サヌールのティムススを事例として」『アジア経済』49(8): 2-27.
———, 2009,「ツーリズムと治安維持体制」倉沢愛子・吉原直樹編『変わるバリ、変わらないバリ』勉誠出版 : 129-43.
———, 2011,「安全安心コミュニティと防災」（第 6 章）吉原直樹編著『防災コミュニティの基層』御茶の水書房 : 131-64.
———, 2012（近刊),「空間的移動に関する社会学的考察——国境を越える移動・日常的な移動と V. カウフマンの『運動性』概念に関する試論」鹿児島大学法文学部『経済学論集』78.
Hishiyama, Kosuke, 2010, "Uneasy society in Indonesia: with special attention to the gated community and CCTV in Bali," *Procedia - Social and Behavioral Sciences*, 2(1): 14-23.
Jakarta Post, "Bali plans to improve public transport", 2010.2.3.
———, "Denpasar city residents face tap water shortage", 2010.5.24.
———, "House waste a community responsibility, says mayor", 2010.6.28.
———, "Denpasar struggles to preserve open, green sanctuaries", 2011.7.27.

Jürgens, Ulrich and Martin Gnad, 2002, "Gated communities in South Africa—experiences from Johannesburg", *Environment and Planning B: Planning and Design*, 29(3): 337-353.
Kaufmann, Vincent, 2002, *Re-Thinking Mobility: Contemporary Sociology*, Farnham: Ashgate.
Kaufmann, Vincent, Manfred Max Bergman, and Dominique Joye, 2004, "Motility: Mobility as Capital", *International Journal of Urban and Regional Research*, 28(4): 745-756.
Kaufmann Vincent and Eric D. Widmer, 2006, "Motility and family dynamics: Current issues and research agendas", *Zeitschrift für Familienforschung*, 18: 111-129.
北野尚宏・水野兼悟・城所哲夫, 2001,「東南アジア住宅セクターの課題——インドネシア・タイ・フィリピン・マレーシア」『開発金融研究所報』8: 88-113.
倉沢愛子, 2001,『ジャカルタ路地裏フィールドノート』中央公論新社.
Leish, H., 2002, "Gated communities in Indonesia", *Cities*, 19(5): 341-350.
McKenzie, Evan, 1994, *Privatopia: Homeowner Associations and the Rise of Residential Private Government*, London: Yale University Press.（＝ 2003, 竹井隆人・梶浦恒男訳『プライベートピア——集合住宅による私的政府の誕生』世界思想社.）
村上陽一郎・市野川容孝, 1999,「安全性をめぐって」『現代思想』27(11), 70-91.
永野由紀子, 2009,「エスニシティと移住者」倉沢愛子・吉原直樹編『変わるバリ、変わらないバリ』勉誠出版: 146-165.
Picard, Michel, 1996, *BALI: Cultural Tourism and Touristic Culture*, Singapore: Archipelago Press.
Pisarski, Alan E., 2006, *COMMUTING IN AMERICA III: The Third National Report on Commuting Patterns and Trends*, Transportation Research Board, Washington D.C.
Putnam, Robert D., 2000, *Bowling Alone: The Collapse and Revival of American Community*, New York: Simon & Schuster.（＝ 2006, 柴内康文訳『孤独なボウリング——米国コミュニティの崩壊と再生』柏書房.）
Raposo, 2006, "Gated communities, commodification and aestheticization: The case of the Lisbon metropolitan area", *GeoJournal*, 66: 43-56.
酒井隆史, 2001,『自由論——現在性の系譜学』青土社.
Sandel, Michael J., 1996, "In Search of a Public Philosophy", *Democracy's Discontent: America in Search of a Public Philosophy*, Cambridge: Harvard University Press（＝ 1999, 中野剛充訳「公共哲学を求めて——満たされざる民主主義」『思想』904: 34-72.）
Sennett, Richard, 1998, *The Corrosion of Character*, New York: W.W.Norton&Company（＝ 1999, 斎藤秀正訳『それでも新資本主義についていくか——アメリカ型経営と個人の衝突』ダイヤモンド社.）
Sheller, Mimi and John Urry, 2006, "The new mobilities paradigm", *Environment and Planning A*, 38: 207-226.
渋谷望, 2003,『魂の労働——ネオリベラリズムの権力論』青土社.
澤滋久, 2001,「ジャカルタ暴動の都市社会構造——都市社会研究への試論」『地誌研究年

報』10: 87-101.
Setia, Putu, 1986, *Menggugat Bali: Menelusuri Perjalanan Budaya*, Jakarta: Grafitipers.（= 2007, 鏡味治也・中村潔訳『プトゥ・スティアのバリ案内［増補新版］』木犀社.）
Thuillier, 2005, "Gated Communities in the Metropolitan Area of Buenos Aires, Argentina: A challenge for Town Planning", *Housing Studies*, 20(2): 255-271.
Vesselinov, Elena, 2008, "Members Only: Gated Communities and Residential Segregation in the Metropolitan United States", *Sociological Forum*, 23(3): 536-555.
Vesselinov, Elena and Renaud Le Goix, 2009, "From Picket fences to iron gates: Suburbanization and gated communities in Phoenix, Las Vegas and Seattle", *GeoJournal*, Articles available before print publication.
（http://www.springerlink.com/content/q1l808k13x33g230/fulltext.pdf, 2011年10月30日参照）
Warren, Carol, 1993, *Adat and Dinas*, New York: Oxford University Press.
渡久山幸功, 2011, 「第6章 フリーウェイの果てに見るもの——陶酔と狂気のはざまで」山里勝己編著『〈移動〉のアメリカ文化学』ミネルヴァ書房: 133-156.
Wilson-Doenges, Georjeanna, 2000, "An Exploration of Sense of Community and Fear of Crime in Gated Communities", *Environment and Behavior*, 32(5): 597-611.
Wu, F., 2003, "The post-socialist entrepreneurial city as a state project: Shanghai's regionalization in question", *Urban Studies*, 40(9): 1673-1698.
吉原直樹, 2009, 「バリ・コミュニティと多元的集団構成」倉沢愛子・吉原直樹編『変わるバリ、変わらないバリ』勉誠出版: 110-127.

あとがき

　本書が全体としてめざしているところとそこを貫く特徴については、大西仁教授が「まえがき」で達意に述べておられるので繰り返さない。ここでは、本書を通して浮かび上がってくる論点をいくつか指摘することによって、あとがきに代えることにする。
　まず移動ということであるが、これまではどちらかというと定住との対比で論じられる傾向にあった。しかしグローバル化がすさまじい勢いで進むいま、果たして定住と移動という二分法は有効な枠組みといえるのであろうか。少なくともそのリアリティについて問い質してみる必要があるように思われる。語弊を恐れないでいうと、ヒト、モノ、カネ、そして情報がボーダレスに行き交っている状況下で、どこまでが定住でどこまでが移動であるかを識別することは困難である、と言わざるを得ない。むしろ定住と移動の相互浸透が進んでいるとさえ言える。そしてそうしたなかで、移動を線形的な文脈だけで論じることが難しくなっている。考えてみれば、ヒトを通しての送出国と受入国との関係は、コロニアル体制下では旧宗主国と旧植民地との関係と重ね合わせて理解することができた。しかしポストコロニアル体制になると、二つの関係の間にズレが生じるとともに、送出国と受入国という設定自

体が再審に附されるようになる。基本のところでの定式化のありようが問われているのである。

こうしてみると、結局のところ、移動とは何か、ということに落ち着く。しかし移動についての定式化を競うのは、ここでの本意ではない。ただ一つだけ言えることは、こんにち移動が非線形的な文脈で流動性とか複雑性の含意を担って論じられるようになっていることである。モビリティを複層的なフローとして語るのが移動研究のフロンティアでもある。実はこのことに関連して新たにいくつかのことが問題になるのだが、とりわけ本書の内容に引き寄せて言うと、これまでひとことで移民と言われてきたものにいくつかの分岐が刻まれるようになっていることをどう読み解くかが問われる。そして移民の間に生じているディバイドを含めて、移民にたいする多様性認識がもとめられるようになっているのである。本章の各章がこの多様性認識をどの程度担保しているかはさておき、そうした認識の戸口に立っていることはたしかである。

さて以上の点と多少とも関連しながら立ちあらわれている二つ目の論点は、移動をめぐって生じている障壁(かべ)をどう理解するかということである。考えてみれば、移動は常に障壁とともにあった。近代以降に限定しても、移動は国境を越え、体制の設けた壁を打ち破ってなされてきた。グローバル化はこうした流れを加速させながら、そのさきに新たな障壁を作りだしている。移動する人びとは障壁を乗り越えることによって、皮肉にも新たな障壁に晒されるのである。移動は社会のハイブリッド化をおしすすめると同時に、単一の文化とか民族の伝統にこだわる側からの新たな障壁の形成を招いている。しかもその障壁は容易に突き破ることはできない。だからそれを回避して小さな世界に閉じこもるのか、それとも困難でも乗り越える努力を続けるのか——それがいま問われているのである。もちろん、後者を択ぶなら、そうしたことを可能にするような制度の設計が不可欠であろう。本書の各章は、筆致に違いはあれ、そのことの重要性と必要性を陰に陽に示唆しているように思われる。

限られた紙幅で最後に提起しておきたい論点は、移動研究がいかなる専門

知の上に展開が可能であるかという点である。この点については、「まえがき」で大西教授がきわめて適切に論じているように、個別の専門知が覇を競うのではなく、複数の専門知が協働する地平でより稔りのある展開がのぞめるようになっている。グローバル化研究がそうであるように、移動研究においても境界知がこれから中心的な役割を果たすことになるであろう。もっとも、ここでいう境界知は個別の専門知を寄せ集め交差するところにではなく、個別の専門知のレゾン・デートルを踏まえながらそれらを節合（アーティキュレイト）したところで成り立つものである。移動研究は、その名のもとにさまざまな対象を含み込んでいる。また研究そのものの裾野も拡がっている。したがって個別の専門知がそれらにどう分け入るかという課題とともに、個別の専門知を越えたところでの知の体系をどう構築するかが問われることになる。こうした移動研究はようやく始まったばかりであるが、本書はそうした研究に向けての貴重な一里塚をなすものであるといっても過言ではない。

とはいっても、以上三つの論点にたいして本書はようやく緒についた段階にあることは疑いようもない。本書の執筆を契機に、各論者がそれぞれのテーマでの研究の進展とともに新たな研究の地平に向けて一層彫琢することが期待される。

最後に、監修者が同じ監修者に謝辞をささげるのはおかしな話かもしれないが、本書は大西教授のそれぞれの論稿にたいする微に入り細をうがつ指導なしにはあり得なかった。感謝して記す次第である

2012年1月　吉原直樹

索　引

【ア行】

ASEAN　153, 164
アドボカシー・コアリション　159
意義申立数　178
移住の女性化　5
移住労働者権利条約　7
1.5 世代　58
1.75 世代　58
1.25 世代　58
移動の自由度　6
移民の子ども　43
EU　153, 165
医療従事者の頭脳流出　130
因果関係　128
インターカルチュラル　38
インフォーマルな移動　8
運動性　215, 242-243
エスニックコミュニティ　63
エスニックスクール　64
エスニックビジネス　36

【カ行】

外国人学校　48
外国人集住地域　65
外国人特別枠による入試制度　66
外国人の在留管理に関するワーキングチーム　204
外国人の在留管理に関するワーキングチームの検討結果　204
学習言語能力　56
学力不足　49
傘モデル　169
仮滞在　196
仮放免　196
感情労働　8
帰国移民　139
帰国プレミアム　141
技術への対価　140
偽造結婚　32
規範企業家　158
規範のカスケード　158
規範の誕生　158
規範の内面化　158
規範のライフサイクル　158
逆ハイパガミー　16
キャパシティ・ビルディング　167, 169
キャリア・パス　93
キャリア形成　105
教育達成　43
教育の収益率　136
行政主導国際結婚　14
グローバリゼーション／グローバル化　4, 91, 211, 222
グローバル・ツーリズム　211, 225-227
グローバルな人権規範　152
グローバルハイパガミー　17
ケアシステム　36
経済関係　114
結婚移民　3
結婚詐欺　32
郊外　212-213, 219-224, 226, 233
高技能労働者　121

公共圏　210, 213-214, 217, 236, 241
高等教育　91
高度人材　92
高度人材予備軍　95
国際移動　91, 121
国際競争力　92
国際的な学力調査（PISA）　50
国費留学生　101
国連国際組織犯罪防止条約　152
コミュニタリアン　212-213
コミュニティ　32
コミュニティの制度的完全性　77

【サ行】

差異化　35
再生産労働　4
自助組織　34
自然移動　8
自動車　212, 219-222, 230, 232, 238-239
私費留学生　97
シミュラークル　214, 225, 235
社会的包摂　184
ジャカルタ　209-211, 222, 224-226, 234
周縁化　16
就労経験　103
主体性（agency）　15
出身階層と学力格差　51
商業的な移住システム　32
条約難民　188
省略変数バイアス　138
新移民　9
人身取引　155
人身取引議定書　152, 155, 156
人身売買　151, 152
人的資本　136
人的ネットワーク　96
人道配慮　175

垂直的移動　7
水平的移動　7
ステレオタイプ化　32
ストップ・プログラム　166
頭脳獲得　136
頭脳獲得競争　95
頭脳還流　140
頭脳流出　121
頭脳浪費　132
生活言語能力　56
生活体験　106
性的搾取　152
政府開発援助　143
世界人権宣言　181
セキュリティ　209-214, 219, 240-241, 243
セグリゲーション　210, 219-221
専門的教育研究　110
戦略的不可視化　35
送金　142
送金の家族構成効果　146
送金の資金制約緩和効果　146
相互関与　214, 227

【タ行】

第2世代　58
第三国定住制度　185
多元的集団構成　218, 225, 229, 232-233, 240
多元的所属　210, 218
脱政治化　213-214
ダフネ・プログラム　166
多文化共生　38
多文化ファミリー　38
地域機構　153, 160
仲介型国際結婚　5
定住者　197
デンパサール　225, 227, 230-233, 235, 237

同化圧力　66
同化理論　73
動的セキュリティ　243
特定活動　198
都市問題　227, 232
トランスナショナリズム　9
トランスナショナル・アイデンティティ　9

【ナ行】
内生性バイアス　137
ナショナル・アイデンティティ　9
難民認定申請者に対する保護措置（保護費）　201
難民認定制度　188
難民の地位に関する条約　187
難民の地位に関する議定書　187
日常的な移動　211
日本社会への同化　63
ニューカマー　43
人間開発　94
人間の安全保障　183
ネットワーク　35, 218, 241-242
ノン・ルフールマン原則　182

【ハ行】
排除　214-215, 220-221, 224, 229, 240-241
ハイパガミー　17

花嫁送出国　3
幅のあるゲート空間　240, 243
犯罪に強い社会の実現のための行動計画　205
東アジア　151, 162
庇護数　179
ブーメラン・モデル　168
不確実性　210-11, 218, 237, 240-41
不就学　46
プッシュ・プール要因　4
文化接触　29
分節された同化理論　45

【マ行】
南から北への移住　125
ムラの国際結婚　11
物語　210, 213-218, 221, 229, 240-242
モノカルチャリズム　66
モノリンガリズム　66
モビリティ　31

【ラ行】
リージョナル・アドボカシー・ネットワーク　170
リスク　33
留学生の選択プロセス　93
留学生誘致政策　94
流動性　209, 211

執筆者紹介（○印編者）

○李善姫（イ　ソンヒ）【第1章】

1968年、韓国ソウル生まれ。
2004年、東北大学大学院国際文化研究科国際地域文化論博士後期課程単位取得退学。東北大学21世紀COEプログラム「男女共同参画社会の法と政策研究センター」のフェローを経て、現在、東北大学国際高等研究教育機構助教（国際文化学博士／文化人類学）。
主な研究分野は、日韓のコミュニティとジェンダー、結婚移民女性と地域社会。
主著：「『多文化ファミリー』における震災体験と新たな課題──結婚移民女性のトランスナショナル性をどう捉えるか」駒井洋監修、鈴木恵理子編『移民・ディアスポラ研究2　災害と外国人』明石書店（2012年）、「韓国における『多文化主義』の背景と地域社会の対応」『GEMC journal』no.5（2011年）。

永吉希久子（ながよし　きくこ）【第2章】

1982年、大阪府生まれ。
2007年、大阪大学大学院人間科学研究科博士前期課程修了。2010年、大阪大学大学院人間科学研究科博士後期課程修了。2010年、ウメオ大学客員研究員を経て、現在、東北大学大学院文学研究科准教授（社会学）。
主著：「シティズンシップ──誰が、なぜ外国人への権利付与に反対するのか？」田辺俊介編『外国人へのまなざしと政治意識』勁草書房（2011年）、"Support of Multiculturalism, but for Whom?: Effects of Ethno-National Identity on the Endorsement of Multiculturalism in Japan" *Journal of Ethnic and Migration Studies*. Vol. 37, No. 5（2011年）

土田久美子（つちだ　くみこ）【第3章】

1978年、青森県生まれ。
2002年、神戸市外国語大学外国語学部卒業。2009年東北大学大学院文学研究科博士課程後期修了。東北大学大学院文学研究科グローバルCOEリサーチ・フェローを経て、現在、東北大学国際高等融合領域研究所助教（社会学／エスニック・マイノリティ論、社会運動論）。カリフォルニア大学ロサンゼルス校アジア系アメリカ人研究科客員研究員。2010年度日本法社会学会学会誌最優秀論文賞受賞。
主著：「過去の不正義に対する法的救済の意義と限界──在米日系ペルー人による補償請求運動を事例として」『法社会学』72号（2010年）、『日系アメリカ人リドレス運動の展開課程──集合的アイデンティティと制度形成』東北大学大学院文学研究科博士論文（2009年）。

竹中歩（たけなか　あゆみ）【第3章】

1966年、神奈川県生まれ。
コロンビア大学大学院社会学部博士課程修了後、オックスフォード大学研究員等を経て、現在、米国ブリンメアー大学社会学部准教授、ならびに東北大学大学院文学研究科准教授（社会学）。
主著：Global Philadelphia: Immigrant Communities, Old and New（Temple University Press 2010）（共編著）; "How Contexts of Reception Matter: Comparing Peruvian Migrants' Economic Trajectories in Japan and the U.S." (International Migration, forthcoming)

中室牧子（なかむろ　まきこ）【第2章・第4章】
1975年、奈良県生まれ。
1998年、慶應義塾大学環境情報学部卒業。コロンビア大学文理大学院修了（教育経済学）。
　日本銀行、世界銀行を経て、現在、東北大学大学院文学研究科助教（教育経済学）。
主　著：Schooling and Migrant Remittances in Transition Economies: The Case of Albania and Tajikistan, *International Development Planning Review*, Vol.32, No.3（2010年），「移民と送金の就学への影響：南アフリカの事例から」『国際開発研究』19巻，第1号（2010年）
American Economic Association、日本経済学会、日本教育社会学会、日本比較教育学会所属。

○中村文子（なかむら　あやこ）【第5章】
1973年、宮城県生まれ。
2001年、大阪大学大学院国際公共政策研究科博士前期課程修了。2009年、東北大学大学院情報科学研究科博士後期課程修了。同年、東北大学大学院情報科学研究科博士研究員を経て、現在、東北大学国際高等研究教育機構助教（情報科学博士／国際政治・国際人権）。
主著："Regional Governance against Trafficking in Persons: European Strategies towards the Implementation of Global Norms," in *GEMC journal*, No.4（2011年）、「性的搾取のトラフィッキング―男女、貧富、内外の権力格差と差別意識の理論的アプローチ―」、『国際政治』第152号（2008年）。
政治社会学会国際交流委員。

高松香奈（たかまつ　かな）【第6章】
1974年、沖縄県生まれ
2001年、アジア工科大学院修士課程修了。2008年、東京大学大学院新領域創成科学研究科博士課程単位取得退学、東京大学社会科学研究所特任助教を経て、現在、国際基督教大学教養学部准教授（国際協力学博士／国際関係学・国際協力学）。
主著：『政府開発援助政策と人間の安全保障』日本評論社（2011年）。
日本女性学会編集委員。

○菱山　宏輔（ひしやま　こうすけ）【第7章】
1977年、東京都生まれ。
2002年、中央大学文学部社会学科卒後、2007年、東北大学大学院文学研究科博士後期課程修了、東北大学国際高等研究教育機構助教を経て、現在、鹿児島大学法文学部准教授（社会学／都市社会学、地域社会学）。
主著：「地方分権化時代のインドネシアにおける地域セキュリティ組織の展開―バリ島サヌールのティムススを事例として」『アジア経済』（2008年）、"Uneasy society in Indonesia: with special attention to the gated community and CCTV in Bali," Procedia - Social and Behavioral Sciences（2010年）、「安全安心コミュニティと防災（第6章）」吉原直樹編著『防災コミュニティの基層』御茶の水書房（2011年）、他がある。

監修者紹介

大西　仁（おおにし　ひとし）

1949年、東京都生まれ。

1972年、東京大学法学部卒業。東京大学法学部助手、カリフォルニア大学バークレー校政治学系大学院博士課程、東北大学法学部助教授を経て、現在、東北大学大学院法学研究科教授（国際政治学専攻）。

オックスフォード大学セント・アントニーズ・カレッジ客員研究員、エコル・ノルマル・シュペリュール（フランス・リヨン）客員教授、日本平和学会会長、日本政治学会理事、パグウォッシュ会議評議員・日本パグウォッシュ会議代表等を歴任。

2009年、エコル・ノルマル・シュペリュールより名誉学位授与。

主著：「ナショナリズムとアナーキズム——ウエストファリア・システムにおける国際規範の一考察」（1981）、『国際政治』（共著、1984）、『現代政治学・第4版』（共著、有斐閣アルマ、2012）

吉原直樹（よしはら　なおき）

1948年、徳島県生まれ。

1972年、慶應義塾大学経済学部卒業、同大学院社会学研究科博士課程修了。社会学博士。立命館大学産業社会学部助教授、神奈川大学外国語学部教授、東北大学大学院文学研究科教授を経て、現在、大妻女子大学社会情報学部教授（社会学専攻）。東北大学名誉教授。インドネシア大学大学院客員教授、ウダヤナ大学客員教授、日本都市学会理事、コミュニティ政策学会理事、地域社会学会会長等を歴任。2008年より日本学術会議連携会員。日本都市学会賞、地域社会学会賞受賞。

主著：『開いて守る』（岩波ブックレット、2007年）、『モビリティと場所』（東京大学出版会、2008年）、*Fluidity of Place*, Trans Pacific Press.

移動の時代を生きる——人・権力・コミュニティ

2012年3月30日　初版第1刷発行　　　　　　　　　〔検印省略〕

＊定価はカバーに表示してあります

監修者 © 大西　仁・吉原直樹　発行者　下田勝司　　　印刷・製本　モリモト印刷

東京都文京区向丘1-20-6　郵便振替 00110-6-37828
〒113-0023　TEL 03-3818-5521(代)　FAX 03-3818-5514
E-Mail tk203444@fsinet.or.jp　http://www.toshindo-pub.com

発行所　株式会社 東信堂

Published by TOSHINDO PUBLISHING CO.,LTD
1-20-6, Mukougaoka, Bunkyo-ku, Tokyo, 113-0023, Japan

ISBN978-4-7989-0109-1　C3036　Copyright©2012　H. ONISHI, N. YOSHIHARA

東信堂

書名	著者	価格
地域社会研究と社会学者群像——社会学としての闘争論の伝統	橋本和孝	五九〇〇円
覚醒剤の社会史——ドラッグ・ディスコース・統治技術	佐藤哲彦	五六〇〇円
捕鯨問題の歴史社会学——近代日本におけるクジラと人間	渡邊洋之	二八〇〇円
新版 新潟水俣病問題——加害と被害の社会学	飯島伸子・舩橋晴俊編	三八〇〇円
新潟水俣病をめぐる制度・表象・地域	関礼子	五六〇〇円
新潟水俣病問題の受容と克服	堀田恭子	四八〇〇円
組織の存立構造論と両義性論——社会学理論の重層的探究	舩橋晴俊	二五〇〇円
自立支援の実践知——阪神・淡路大震災と共同・市民社会	似田貝香門編	三八〇〇円
[改訂版] ボランティア活動の論理——ボランタリズムとサブシステンス	西山志保	三六〇〇円
自立と支援の社会学——阪神大震災とボランティア	佐藤恵	三二〇〇円
NPO実践マネジメント入門	パブリックリソースセンター編	二三八一円
個人化する社会と行政の変容——情報、コミュニケーションによるガバナンスの変容	藤谷忠昭	三八〇〇円
《大転換期と教育社会構造：地域社会変革の社会論的考察》		
第1巻 教育社会史——日本とイタリアと	小林甫	七八〇〇円
第2巻 現代的教養I——生活者生涯学習の地域的展開	小林甫	近刊
第3巻 現代的教養II——技術者生涯学習の生成と展望	小林甫	近刊
第4巻 学習力変革——地域自治と社会構築	小林甫	近刊
社会共生力——東アジアと成人学習	小林甫	近刊
ソーシャルキャピタルと生涯学習	J・フィールド 矢野裕俊監訳	三二〇〇円
NPOの公共性と生涯学習のガバナンス	高橋満	二八〇〇円
《アーバン・ソーシャル・プランニングを考える》（全2巻）		
都市社会計画の思想と展開	橋本和孝・藤田弘夫・吉原直樹編著	二三〇〇円
世界の都市社会計画——グローバル時代の都市社会計画	橋本和孝・藤田弘夫・吉原直樹編著	二三〇〇円
移動の時代を生きる——人・権力・コミュニティ	吉原直樹監修 大西仁	三二〇〇円

〒113-0023 東京都文京区向丘1-20-6　TEL 03-3818-5521　FAX 03-3818-5514　振替 00110-6-37828
Email tk203444@fsinet.or.jp　URL:http://www.toshindo-pub.com/

※定価：表示価格（本体）＋税